国家社会科学基金西部项目成果（08xzs016）

明毛晋汲古阁刊《史记索隐》研究

张兴吉◉著

明毛晋汲古阁刊《史记索隐》研究

西南交通大学出版社

图书在版编目（CIP）数据

明毛晋汲古阁刊《史记索隐》研究 / 张兴吉著.
成都 ：西南交通大学出版社，2024. 10. -- ISBN 978-7-
5774-0177-5

Ⅰ．K204.2
中国国家版本馆 CIP 数据核字第 2024CH6540 号

Ming Mao Jin Jiguge Kan《Shiji Suoyin》Yanjiu
明毛晋汲古阁刊《史记索隐》研究
张兴吉　著

策 划 编 辑	吴　迪	
责 任 编 辑	吴　迪	
助 理 编 辑	李奕青	
封 面 设 计	原谋书装	
出 版 发 行	西南交通大学出版社	
	（四川省成都市金牛区二环路北一段 111 号	
	西南交通大学创新大厦 21 楼）	
营销部电话	028-87600564　028-87600533	
邮 政 编 码	610031	
网　　　址	http://www.xnjdcbs.com	
印　　　刷	成都蜀通印务有限责任公司	
成 品 尺 寸	170 mm × 240 mm	
印　　　张	20	
字　　　数	279 千	
版　　　次	2024 年 10 月第 1 版	
印　　　次	2024 年 10 月第 1 次	
书　　　号	ISBN 978-7-5774-0177-5	
定　　　价	89.00 元	

目　录

在《史记》两千多年的流传过程中，历代皆有对《史记》的注释著作，它们是帮助我们深入理解《史记》的有力助手。这些注释著作中出现得较早、最有权威性的是三种注释：南朝刘宋裴骃的《史记集解》（以下简称《集解》），唐司马贞的《史记索隐》（以下简称《索隐》），唐张守节的《史记正义》（以下简称《正义》），世人将之并称为"《史记》三家注"。"《史记》三家注"不仅已经成为学者使用《史记》不可缺少的注释资料，而且已经与《史记》本文融为一体，可以看作《史记》不可分割的一部分。

在《史记》三家注中，《集解》是现存最早的《史记》完整古注，早在唐代司马贞、张守节以前，就有学者利用《集解》中的一些成果，并在其基础上对《史记》进行深入的注释，唐代出现的《索隐》《正义》是这些著作的承继者，在一定程度上也可以说是对《集解》进行研究的著作。因为《集解》的研究著作众多，这里就不一一陈述。

在《史记》三家注中，《正义》因单行本亡佚较早，目前所见《正义》，仅保存在《史记》三家注合刻本中，因而数百年来学者对《正义》给予了特别的关心。清武英殿本在刊行中，刊行者就曾慨叹《正义》的缺失；近代以来有泷川龟太郎先生著《史记会注考证》（最初版本为 1932—1934 年版），首次提出了"史记正义佚文"的概念，致力于从各种古文献中，特别是日本藏《史记》古本上所存留的日本学人批注中，全面搜寻已经佚失的《正义》文句；此后水泽利忠先生著《史记会注考证校补》（1957—1961 年版），在对泷川的成果加以修订、补充的同时，也进一步扩展了对《正义》佚文的搜寻范围。再后有张衍田先生据上述的成果，汇编了《史记正义佚文辑校》（1985 年，北京大学出版社版）。水泽利忠先生又编成了《史记正义的研究》（1994 年汲古书院发行），形成了对《史记正义》的全面索引。这些都是针对《正义》及其佚文进行专门的校勘或者辑录的著作。

与此相比较，虽然自宋代以来，学界对《史记》二家注、三家注中司马贞的《索隐》一直都有很高的评价，也有一些对《索隐》的研究，但与《集解》《正义》的研究比较而言，还是相对薄弱的。究其原因，是明末出现的毛晋汲古阁刊《史记索隐》（以下称汲古阁本《索隐》）以《史记索隐》"原本"的形态出现，使得学界认为汲古阁本《索隐》与司马贞最初的版本相近，因此研究者相对就少很多。

上述的情况直至近代之后才有较大的改观。在专题研究方面，当代日本学者青木五郎先生发表《司马贞的史学——论〈史记索隐〉在史学史上的地位》一文，对其有很高的赞誉；国内学者程金造先生著《论史记三家注解》《汲古阁单本史记索隐的来源和价值》，都是很有见地的《史记索隐》研究名篇。近年还有北京大学古典文献学专业博士应三玉先生的博士论文《史记三家注研究》，其中对《索隐》的研究也是其重要组成部分。最近十年来更有以《史记索隐研究》以及汲古阁本《索隐》为题的博士论文问世。这些内容在后文进行讨论。

通观学界数百年来对《索隐》的研究，并不是很多、很深入。笔者认为，总的来说，学界对《索隐》的研究存在着三个方面的问题：（1）长期以来没有出现研究《史记索隐》的专书，从而使《索隐》的研究还处于与三家注的研究相混杂的局面，近一两年来才有所转变；（2）目前涉及《索隐》的研究，还局限于《史记索隐》的特点以及训诂学、解释学上的分析，缺乏针对《史记索隐》自身的形成过程以及流变的研究，更没有从《史记索隐》流传史的角度深入思考，在版本校勘的基础上进行数据统计和总结，因此难以发现《索隐》流传中的变化规律，从而彻底地解决《史记索隐》研究中的各类疑难问题。突出的问题就是对《史记索隐》最初形态的研究，以及今存《史记索隐》文本的来源及其形成过程等问题的研究，还处于混沌的状态，特别是汲古阁本《史记索隐》单行本的来源问题，一直没有取得关键性的突破，这个悬案的存在已经妨碍了对《史记索隐》深入地研究；（3）对于《史记索隐》在中国史注体史书变迁中的地位，专题的研究还不深入，没有能从史注体著作发展史的角度来深入研究司马贞的史学思想，从而导致对于司马贞的学术思想来源无从做出适当的结论。

笔者认为，随着对《史记索隐》的进一步研究，必将对上述问题有更全面而深入的认识。首先要解决的是澄清毛晋刊《史记索隐》单行本的来源问题。在贺次君、程金造、安平秋、张玉春等先生研究的基础上，全面、系统地发掘这个问题。其次伴随着上述的研究梳理《史记》二家注和三家注中《索隐》的变化规律，清楚地认识历代《史记》校勘者、刊行者在《索隐》的取舍中采用的体例及原则，从而准确了解三家注的各自特点和相互关系的形成过程。

《史记》三家注原本是各自独立的著作，在相当长的时期内，它们都曾以单行本的形态流传着，《史记索隐》也是如此。此后，在《史记》版本的演变中，《史记索隐》逐渐与其他两种《史记》注释合流，在这个合流的过程中，《史记索隐》从形式到内容必然有着一系列的变化。换言之，如果比较"二家注本""三家注本"、汲古阁本中的《索隐》，我们就会发现，三者无论是在体例，还是在内容上，彼此之间都有很多差异。这些差异不仅仅是一般古籍文献流传中会出现的"异文"与讹变问题，而是由于中国古代文化思想、学术思想的变化，甚至是中国古代印刷术变迁，所导致的古书流传中的"变异"。实际上《史记索隐》从单行本，到《史记》二家注本，再到三家注本的过程中，经历了一个又一个的变化。如果说每一种《史记》注本对《索隐》的文本都有增删、取舍的话，那么在每一次对《索隐》的文本内容增删、取舍的背后，所反映的则是删定文本的学者对于《索隐》所具意义的理解，以及对《索隐》所具学术价值的扬弃。是以用今本《索隐》的文本内容，来评说《索隐》原本所具有的体例特征、思想走向，显然是不准确的。如果想要进一步研究《索隐》本来具有的学术特征、风格及价值，有一项工作就必须要做，那就是尽可能地复原《史记索隐》的原貌。当然这并不是我们的最终目的，我们的最终目的是通过发掘《索隐》每一个版本的变化过程，来探索古人注释文献的方法和思想，从而揭示中国古代学术及其思想与古典文献变迁之间的关系。

基于上述考虑，笔者认为对《史记索隐》有必要作进一步的研究，而且为此已经做了近十年的准备。学界对于《史记》三家注的研究，近年来也日益增多，如应三玉博士的毕业论文《史记三家注研究》、王勇博士的学位论文《明毛晋刻〈史记索隐〉研究》、牛巧红博士的毕业论文《史记索隐研究》、王璐博士《单行本〈史记索隐〉研究》都为这个领域增加了更丰富的内容，也鼓舞着笔者在这个问题上不断地持续自己的研究。笔者多年来致力于《史记》版本的研究，因而在此次《史记索隐》研究中，也主要力求从版本学的角度，研究《史记索隐》的变迁和特点，同时主要着力于汲古阁本《史记索隐》的研究，为《史记》版本研究再做一些基础性的工作。

本书主要集中探讨汲古阁本《史记索隐》中存在的问题，通过对汲古阁本《史记索隐》与其他《史记》版本之间全面的校勘，指出汲古阁本中《索隐》的部分条目并非司马贞《史记索隐》原本的内容，并指出这些内容可能是后来学者，包括毛晋刊行汲古阁本《史记索隐》时，有意增加的条目。再以这个问题为中心，进一步探讨上面提到《集解》《索隐》《正义》三者之间的关联性以及相互间有无影响的问题。

在研究方法上，笔者力图遵循安平秋先生《史记》版本研究的基本方法，寻求文献学理论方法的新突破，主要的方法就是要做相关《史记》版本及《史记索隐》的全本校勘，将各本差异以数据的形式呈现，从数据分析上寻找突破点。通过数字、数据分析，对《史记索隐》的注释方法进行科学的剖析，寻找一条通过数量分析来解决古籍文献学研究的新途径，以解决这些难点问题。希望在全面校勘的基础上，实现各版本间更精确的数据统计、分析，从而揭示《史记索隐》在流变中的特点，对汲古阁本《史记索隐》的来源及体例特征得出更科学、清晰的结论，做更加准确的评价。

在理论方法上，重视从中国古典解释学发展史的角度，对《史记索隐》的形成、发展和变化展开研究；不仅把《史记索隐》研究看作《史记》研究的一部分，还要从中国古代学术史发展的角度来研究《史记索隐》在古代学术史上的地位。同时，留意域外有关《史记》古本与《史记索隐》旧本收藏与利用的信息，夯实《史记索隐》研究的史料基础；强化关注域外学界关于《史记索隐》研究的成果与方法，扩大与这些地区学界的交流，通过国际化的学术合作，不断推进《史记索隐》研究的进步。

第一章
《史记索隐》
研究的回顾

　　《史记索隐》是重要的《史记》研究著作，也是著名的《史记》三家注之一，历来为学界所重视。然而问世千余年来，对其研究及整理的工作还有所不足，有待进一步地推进。这一章主要是对历代研究与使用《史记索隐》的情况做初步的总结与回顾。

一、20 世纪以前的《史记索隐》研究

《史记索隐》问世不久，学者们就开始关注这部新的《史记》注释著作，在使用的同时，也开始对其存在的问题、特点展开了多方面的探讨。

《史记索隐》很早就在古书目中有所著录。《史记索隐》最早见于《新唐书·艺文志》卷六十四："司马贞《史记索隐》三十卷，开元润州别驾。"此后《史记索隐》的名称多见于公私书目。南宋晁公武《郡斋读书志》中说："《史记索隐》三十卷，唐司马贞撰，据徐、裴注纠正抵牾，援据密致，如东坡辩宰我未尝从田常为乱，[1]盖本诸贞也。"从中已经可以看出，当时的学者已经注意到了司马贞的《史记》考辩，并认识到这些考辩影响了后来的《史记》研究者。有趣的是，《郡斋读书志》将《史记索隐》列入"史评类"著作。陈振孙《直斋书录解题》对《史记索隐》的著录较详，此书的卷四云："《史记索隐》三十卷，唐宏文馆学士河内司马贞撰，采撷异闻，释文演注。末二卷为述赞，为《三皇本纪》，世号《司马贞史记》。"这是最早对《史记索隐》文本构成的具体描述，有意思的是，这个记载刚好与明末毛晋刻汲古阁本《史记索隐》（以下简称汲古阁本《索隐》）的文本构成相吻合。《直斋书录解题》在"《史记索隐》三十卷"条目下，还有一条著录"《附索隐史记》一百三十卷"载："陈氏曰：淳熙中，广汉张杅介仲刊于桐川郡斋，削去褚少孙所续。而附以司马贞《索隐》，其后江阴耿秉直之复取所削者，别刊之。"元马端临《文献通考》中也引录了晁公武的记载，之后又引录了陈振孙《直斋书录解题》中的记载。值得注意的是，这里出现了两个名词"史记索隐""附索隐史记"，前者指单行本的《史记索隐》，后者则指《史记》二家注本。这也就说明当时的学界完全了解这两部著作，知道两者是不同的著作，并且有意地进行了明确的区分。

---

[1] 兴吉按：此事见《史记》卷六十七《仲尼弟子列传》（七、2195）。此处括号中的大写数字为中华书局本的册数，阿拉伯数字为页码，下同。

南宋尤袤《遂初堂书目》、郑樵《通志·艺文略》、元脱脱《宋史·艺文志》中也有著录《史记索隐》，但都过于简略，大多仅有书名、卷数而已。不过，上述记载表明，至少在元代，单行本《史记索隐》还是存世的。

明初的《文渊阁书目》卷五记载："司马贞《史记索隐》一部六册阙。"[1]笔者认为：《史记》一百三十卷刊本，无论是单《集解》本，还是二家注本、三家注本，传世各本的册数都在二十册以上，故此六册的《史记索隐》当不是"附索隐"的一百三十卷的《史记》，而是三十卷的单行本《史记索隐》。[2]或亦可见，在明初，单行本的《史记索隐》还在明宫廷中有保存，只是我们无从知道此本是抄本还是刻本。

历代书目中对《史记索隐》著录最详细者当属清人编《四库全书总目提要》，然而此书所依据的是毛晋刊《史记索隐》单行本。其文曰：

> 唐司马贞撰。贞，河内人，开元中官朝散大夫、宏文馆学士。贞初受《史记》于崇文馆学士张嘉会，病褚少孙补司马迁书多伤踳驳。又裴骃《集解》旧有《音义》，年远散佚。诸家《音义》，延笃《音隐》、邹诞生、柳顾言等书亦失传，而刘伯庄、许子儒等又多疏漏。乃因裴骃《集解》，撰为此书。首注《骃序》一篇，载其全文。其注司马迁书，则如陆德明《经典释文》之例，惟标所注之字，盖经传别行之古法。凡二十八卷。末二卷为《述赞》一百三十篇及《补史记条例》。欲降《秦本纪》《项羽本纪》为系家，而《吕后》《孝惠》各为《本纪》。补《曹》《许》《邦》《吴芮》《吴濞》《淮南》系家，而降《陈涉》于列传。《萧何》《曹参》《张良》《周勃》《五宗》《三王》各为一传，而附《国侨》《羊舌肸》于《管晏》，附《尹喜》《庄周》于《老子》，附

---

[1] 兴吉按：《文渊阁书目》共著录《史记》7 部，除此书之外，册数最多者40 册，最少者12 册。

[2] 兴吉按：查各大图书馆收藏的汲古阁本《史记索隐》三十卷本，册数上不外乎是 4 册与 6 册两种。

《韩非》于《商鞅》，附《鲁仲连》于《田单》，附《宋玉》于《屈原》，附《邹阳》《枚乘》于《贾生》。又谓《司马相如》《汲郑》传不宜在《西南夷》后，《大宛传》不合在《游侠》《酷吏》之间，欲更其次第。其言皆有条理。至谓司马迁《述赞》不安，而别为之，则未喻言外之旨。终以《三皇本纪》，自为之注，亦未合阙疑传信之意也。此书本于《史记》之外别行。及明代刊刻监本，合裴骃、张守节及此书散入句下，恣意删削。如《高祖本纪》"母媪""母温"之辨，有关考证者，乃以其有异旧说，除去不载。又如《燕世家》"启攻益事"，贞注曰："《经》《传》无闻，未知其由。"虽失于考据《竹书》（案今本《竹书》不载此事，此据《晋书·束皙传》所引），亦当存其原文。乃以为冗句，亦删汰之。此类不一，漏略殊甚。然至今沿为定本，与成矩所刊朱子《周易本义》，人人明知其非，而积重不可复返。此单行之本，为北宋秘省刊板，毛晋得而重刻者。录而存之，犹可以见司马氏之旧，而正明人之疏舛焉。[1]

四库馆臣对司马贞的介绍以及对《史记索隐》构成的议论，是前所未有的详细介绍，其结论大致中肯，然其中亦不乏失当之处。其一，四库馆臣对《史记》版本的源流缺乏基本的了解，《四库提要》中所说的"及明代刊刻监本，合裴骃、张守节及此书散入句下"，[2]似乎是指明监本开始，《索隐》始与其他二家注合入《史记》本文，其实这是大错的。四库馆臣不知二家注本、三家注本开始于南宋，尚可理解，然而明刊《史记》三家注本也有早于明监本者，这是清代学者普遍知晓的常识，四库馆臣还做如此随意、武断的论说，真是匪夷所思。其二，四库馆臣虽然知道《索隐》曾经是单行本的事实，但他们依然相

---

[1] 永瑢等：《四库全书总目》卷四十五，中华书局 1965 年版，1985 年印件，第 398 页。

[2] 兴吉按：类似的记述还见于《四库总目提要》中对汲古阁本《史记集解》的提要中，其中有"自明代监本以《索隐》《正义》附入其后，又妄加删削。讹舛遂多。"可见四库馆臣的见识。

信汲古阁本就是来自所谓北宋秘省刊本，轻信了毛晋的跋文，立论不甚充分。其三，其云明刊监本《史记》对三家注"恣意删削"，是四库馆臣迎合清廷的旨意，刻意对明刊《史记》大加批评。明刊《史记》固然有其刊行中的不足，但《史记》刊行史上，各版本对于各家注释的删削，并不始于明监本，而是伴随着各家注释和《史记》本文的合刻就出现的。四库馆臣对此一无所知，其断语也就显得毫无意义了。

自《史记》诞生到司马贞时，已经有七八百年的时间，司马贞依据当时的史料及知识，对《史记》加以进一步的注释，自然是一个很大的贡献。《史记索隐》问世之后，开始为学界所注意，自南宋《史记索隐》与《史记集解》合刻，并在《史记》的不断翻刻中，形成了《史记》二家注本。历代不断地使用《史记索隐》，推动了其本身的研究，学者也都对《史记索隐》有了更准确的评价。元刻中统本《史记》中董浦序说："《索隐史记》，近代号为奇书，比之杭本，多《述赞》一百三十篇，注字几十五万言，司马贞氏之学亦勤矣。"[1]明末毛晋在汲古阁刊本《史记索隐》的跋中曾说过："读史家多尚《索隐》，宋诸儒尤推《司马贞史记》，与《小颜氏汉书》如日月并照。"由此可见，自南宋到明代，《史记》二家注本多有刊行，学界对于《史记索隐》十分关注。不过，明以前，学者虽然重视《史记索隐》，但还只是限于从中了解《史记索隐》在《史记》音义、训诂方面的成果，对于《史记索隐》本身的演变还没有深入地研究。在明清之际，这种情况有了很大的变化。毛晋较早地注意到了《史记索隐》在不同版本中的文字差异问题，类似的发现将《索隐》的研究引入更高的阶段。

清人王念孙做《读书杂志》，在其中《读史记杂记》卷末集中地说明了他的发现，他以其他《史记》版本校勘毛晋汲古阁刊《史记索隐》，发现汲古阁

---

[1] 这里所说的杭本，应该是指南宋在杭州刊行的《史记》，即南宋刊行的监本《史记集解》；此本是单《集解》本，自然没有《索隐》注与《索隐述赞》。又笔者据汲古阁本《史记索隐》统计，其摘录史文与注释合计超过了30万字。元中统本董浦序说有近15万字，与后者30万字，有很大的出入。

本有许多地方的文字与当时的通行本不同。他的发现开启了后人留意毛晋刊单《索隐》本中所保存的"《史记》旧文"的新局面。后来的贺次君、张玉春等先生的研究中，都利用过他的发现。清人方苞做《史记注补正》，[1]对三家注中的问题展开讨论，其中也有对《史记索隐》的讨论。

清人钱大昕从考据学的角度，对司马贞生活的时代做了研究，他在《十驾斋养新录》卷六中有"司马贞"的专门条目，比较全面介绍了司马贞的生平。他提出的一些观点，后来成为《史记索隐》研究中的重要问题。比如他试图将司马贞与张守节生活的时代先后做比较，力求澄清两人著作的关系。他在《廿二史考异》卷五中，提出了司马贞、张守节"两人生于同时，而其书不相引"的观点。钱大昕还指出《史记索隐》与《史记正义》各自具有的特点，即"司马长于辩驳，张长于地理"，[2]这是一个很精准的评价。此外他对司马贞也有一些批评，他在"史记旧本"中指出："即以汤谷一条推之，知旧本为小司马辈改窜者多矣。"[3]

和清代的学者一样，钱大昕对宋本《史记》极为重视，在他的《三史拾遗》卷一中，他还专门全文收录了南宋淳熙三年（1176）张杅桐川[4]郡斋刊本以及南宋淳熙八年（1181）澄江耿秉重修本的跋。[5]他在写《三史拾遗》的时候，也使用过耿秉本。[6]清人邵晋涵《江南文抄》卷三《史记正义提要》中则说："守节能通裴骃之训辞，折司马贞之同异。"认为张守节晚于司马贞，所以其著

---

[1] 方苞：《史记注补正》，见《史记订补文献汇编》，北京图书馆出版社 2004 年版。

[2] 钱大昕：《二十二史考异》（上册）卷五，上海古籍出版社 2004 年版第 89 页。兴吉按：钱氏所说的"汤谷"，指史文"旸谷"下《索隐》曰："旧本作汤谷，今并依《尚书》字。案：《淮南子》曰"日出汤谷，浴于咸池"，则汤谷亦有他证明矣。又曰昧谷，徐广云一作'柳'，柳亦日入处地名。太史公博采经记而为此史，广记异闻，不必皆依《尚书》。盖都夷亦地之别名也。"兴吉按：查宋代各本史文皆作"旸谷"（一、17）。可见，司马贞所据或有所本。

[3] 钱大昕：《十驾斋养新录》卷六，上海书店 1983 年 12 月版，第 120 页。

[4] 兴吉按：桐川，即当时的广德军，今安徽省广德市。

[5] 参见钱大昕《考史拾遗》商务印书馆 1958 年 12 月版第 26~27 页。又见上海古籍出版社 2004 年 4 月版《二十二史考异》（下册）第 1392~1393 页。

[6] 钱大昕《考史拾遗》卷一，第 7 页。

作的《正义》对《索隐》有所修正。以上学者的观点是研究《史记索隐》和《史记正义》关系中截然不同的两种对立观点，一直影响到了今天的学者。

清人王鸣盛著《十七史商榷》，也对《史记索隐》中存在的问题有所注意，其卷一中有"索隐改补皆非"条。[1]此条主要是针对司马贞欲改订《史记》篇次以及《补史记》的行为所进行的论述，指出："贞所移易篇次有非是者，有似是而不必者。"基本上是对司马贞的改订《史记》篇次以及《补史记条例》的全面否定。

清代张文虎校刊金陵书局本《史记》，在说明其校勘版本时说：他使用了汲古阁本《史记索隐》（也称为"单《索隐》本"）和刘燕庭本，[2]其文曰：

> **北宋本**，诸城刘燕庭方伯所藏。集宋本残卷之一。但有《集解》，"恒"字不避，知为北宋本。此下并据嘉兴钱警石博泰吉校录本。**宋本**，集宋本残卷之二。但有《集解》，"恒"字"慎"字不避，盖亦南宋以前本，今统称为"宋本"为别。**南宋本**，集宋本残卷之三。有《集解》《索隐》，"恒"字"慎"字避缺。**南宋建安蔡梦弼刻本**，集宋本残卷之四。有《集解》《索隐》，卷后题"建安蔡梦弼谨案京蜀诸本校理梓真于东塾"。详见嘉定钱氏《十驾斋养新录》及昭文张氏《爱日精庐藏书志》。[3]

张文虎所言上述的残卷之四是蔡梦弼本，笔者研究后认为，残卷之三就是耿秉本。我们知道，金陵书局本中的《索隐》基本上来自于汲古阁本《史记索隐》，但张文虎还是想借助更早的宋刻二家注本《史记》来对《史记索隐》进行再次的考订。他之所以在刊行金陵书局本《史记》时，采取了更多版本相校的方法，其中一个主要的原因大抵是他对汲古阁本《索隐》有所怀疑。

---

[1] 王鸣盛：《十七史商榷》。上海书店出版社 2005 年 12 月版第 8~10 页。

[2] 兴吉按：此百衲本《史记》，后由商务印书馆涵芬楼影印，又有刘世珩影刻本传世，其原本曾被《史记》版本研究者认为已经失传，但笔者认为：其原本虽几经辗转，但现在依旧保存在国家图书馆。参见拙文《影宋百衲本史记考》（《中国典籍与文化》2010 年第 2 期）。

[3] 张文虎：《校刊史记集解索隐正义札记》卷一，第 1-2 页。

正如他在《校刊史记集解索隐正义札记》的跋文中说,《集解》"著注寥寥,大非完帙。惟《索隐》有汲古阁单刻,所出史文远胜于通行之本。然其注改大字为小字,颇有混淆,又或依俗本改窜,所失司马贞之真",他还认为,"张氏《正义》仅存于南宋以来之合刻本,删削既多,舛误弥甚。三家注互有重复错乱者",他还指出当时有钱泰吉等学者进行了很多的《史记》各本的校勘工作。[1]以此可见,张文虎在校勘《史记索隐》的实践中,已经注意到毛晋有"依俗本改窜"的毛病。

在欣赏《史记索隐》注释、校勘成就的同时,历代学者对《史记索隐》也颇多批评。这些批评主要集中于三个方面,其一是对司马贞所作《史记述赞》的批评;其二是对司马贞补《史记》部分,即《三皇本纪》的批评;其三是针对司马贞的《史记》评论进行批评。

第一,历代学者对于司马贞所补作的《史记述赞》一百三十篇,大多没有很高的评价。《史记》最早的二家注本之一的张杅本、耿秉本中都没有收录司马贞的《史记述赞》,表明了宋代也有人对这部分内容有不同的看法,这表明司马贞的补作并不成功。后代学者对《史记述赞》也罕作评论,有者也以批评为多。至于极端者,认为其可以删去。日本江户时代的汉学家中井积德说:"《索隐述赞》百三十篇,无一可观,并删之可也。"[2]

虽有较多批评之声,然自南宋二家注本出现《史记述赞》以来,大凡有《索隐》的《史记》版本大多附有《史记述赞》,亦可见后来学者对《史记述赞》中评论的某些认同。比如元刊本《东莱先生增入正义音注史记详节》中,此本虽然以"正义音注"为标榜,同时也为了增入《正义》以及宋代学者三苏等人的议论,对《集解》《索隐》都有大幅删削,但却在部分重要的卷次中保留了司马贞的《索隐述赞》,将《述赞》的位置放在史文之后(与二家注本、三家

---

[1] 参见张文虎:《校刊史记集解索隐正义札记》札五,见《史记订补文献汇编》第192页。此跋不见于中华本《校刊史记集解索隐正义札记》。

[2] 参见泷川资言、水泽利忠:《史记会注考证附校补》(上)第17页左下。

注本相同）、三苏等人评论之前，可见吕祖谦对于《述赞》的重视。司马贞的某些词句，也为后代学者所使用。近代学者崔述在《史记探源》卷一中，在论及《史记》的"补缺"时说："余皆非才妄续，说详各篇下。"[1]实际上，"非才妄续"的语句，是司马贞在论《史记》"残缺"时用过的。《太史公自序》后的《史记述赞》中说："惜哉残缺，非才妄续！"

　　第二，司马贞补作的《三皇本纪》，也遭到历代学者的猛烈批评。明刊《史记评林》引柯维骐的说法："三皇五帝之书，见于周官外史之所掌，楚左丘倚相之习是已。迨经秦火，全书不见于世。其名号靡得而稽。太史公所述五帝以古文《五帝德》为据，若三皇出于后人臆说也。"[2]不过，《史记评林》作为《史记》的会评本，还是将《三皇本纪》保留下来，并放在《史记目录》之前，在说明其理由时说："司马贞补《三皇本纪》，兹列于《目录》之前，以非一百三十卷之原数也。"清武英殿本中《史记目录考证》说："按监本此行前有三行，一曰《史记补目录》，一曰唐弘文馆学士河内司马贞著，一曰《三皇本纪》。以补书而先正书，以唐司马贞而先汉司马迁，乖舛倒置，总因三皇必在五帝前也。夫删书断自唐虞，孔子岂未见黄帝之书。谓其荒远难稽，不欲传疑于后世也。迁史始黄帝，已失孔子之指。贞复等而上之及于伏羲，益又甚矣。顾迁之所以始黄帝者，盖以武帝好神仙、神仙家言，并托之黄帝。《封禅书》载帝语：'我若得如黄帝，视弃妻子如敝屣耳。'迁是以据古史著黄帝事实，以言黄帝亦人耳，非能乘云驾风，长生不死。如彼所言神仙者也，故《五帝》中独著黄帝之葬桥山，余并不书葬者，言黄帝之死有可据也。贞之补《三皇》，并失迁之旨矣。"[3]认为司马贞的补《三皇本纪》，是有悖于司马迁著《五帝本纪》的本意的。

---

[1]　崔述：《史记探源》第 18 页。

[2]　凌稚隆：《史记评林》"三皇本纪"页一。

[3]　清武英殿本《史记》卷首"史记目录考证"，民国五年（1916）涵芬楼影印本。经查，《史记目录》中有上述特征者，是明嘉靖九年南监本、明万历二十四年南监本和明万历二十年六北监本《史记》。

清代学者梁玉绳对司马贞关于古史方面的知识与史观深表怀疑，他曾说："唐司马贞补《史记》，云：'上宜自开辟，下迄当代，不合全阙'。殊不知三皇之事若存若无，五帝之事若觉若梦，况皇、帝以前之荒邈乎？《列子·杨朱篇》曰：'太古灭矣，孰志之哉？'《楚辞》屈平《天问》曰：'遂古之初，谁传道之？'司马贞补《三皇本纪》，虽不补亦可也。"[1]这是个近乎全盘否定的批评，比较准确地指出了司马贞在古史认识方面存在的问题。

清人李景星在论《五帝本纪》的行文时说，《五帝本纪》"盖《史记》开首第一篇文字，亦全部《史记》中第一篇加意文字也。后人不达史公本旨，或终于此纪之前，更补《三皇本纪》"。[2]虽然清人以后人的见识评价司马贞的《三皇本纪》，并不是非常公平的议论，然而司马贞在补作的当时，即是以晚出的资料来构思古史，多少是不太严肃的态度，这或者就是司马贞自身学识的局限吧。此种观点延续到民国年间，黄文弼先生在《史记源流及其体例》一文中说，司马贞"所补《三皇本纪》一篇。赘于卷末，观其体例，其所改补，皆无意义，而《三皇本纪》亦无特点，而追纪天皇、地皇、人皇，则更谬矣"。[3]

第三，司马贞对于《史记》的一些议论，也为学者所批评。宋人周紫芝《太仓稊米集》卷六十七有《书史记索隐后》一条，对司马贞议论班马及其议论《史记》五体的看法给予了激烈的批评。其文曰：

> 前人所为《赞述》，后人从而贬剥之，将以正前人之失也。独不知又从而贬之者，出其后至于更相矛盾，互为得失，殆无时而已焉。

---

[1] 梁玉绳：《史记志疑》卷一，中华书局 1981 年版第 1 册第 2 页。此处梁玉绳是节引司马贞的话，必非原文。此段文字，实为《三皇本纪》下的小注（小引），原文是"太史公作《史记》，古今君臣宜应上自开辟，下迄当代，以为一家之首尾。今阙三皇而以五帝为首者，正以《大戴礼》有《五帝德》篇，又《帝世》皆叙自黄帝已下，故因以五帝本纪为首。其实三皇已还，载籍罕备，然君臣之始，教化之先，既论古史，不合全阙。（下略）"笔者据蔡梦弼本所载录入。

[2] 陆永品点校整理：《史记论文·史记评议》中《史记评议》第 2 页。

[3] 黄文弼：《史记源流及其体例》，《说文月刊》1944 年第 4 卷。

《史记》一书成于司马氏父子之手，本出一家，而其首尾舛错，岁月颠倒，不免时有谬误。此后人所以得而议之也。晋有徐广，宋有裴骃，南齐有邹诞生，大唐有刘伯庄，各有《音义》，见于注解，不可谓无得。然亦未免于失也。今司马贞又作《索隐》三十卷，且自为之序，以谓《迁史》比于《班书》微为古质，故汉晋名贤未之见重，岂其然乎？《班书》所记独一代之事，犹二十年而后成。《史记》上下数千载，而其论述如出一时，《迁史》简严而叙事详，《班史》辞费而褒贬少。迁之为文如行云流水，出于自然；班固镂金刻玉，力尽愈奇，要其大率皆依仿迁而为之者也。谓其以古质不为人所推重，何其谬哉？贞所议论不可胜究，姑以首篇较其乖误，余固可知。

贞谓《史》有十二纪，以象岁星十二年，而一周天也；《史》有十表，以法天之刚柔十日，以记时也；《史》有八书，以法时有八节，以成岁也；世家三十，以法三十日而成月也；列传七十，法人臣七十而致仕也；百有三十篇，以象闰余而成岁也。迁作《史记》上自五帝，下逮汉武，世代之数，岂出人为？然则《春秋》十有二公，自隐至哀，岂亦法天之数而为之乎？历年二百四十有二，孔子将何所取法哉？所谓八节、三十日与夫闰余成岁之说，皆不可合也。七十而致仕，何关《列传》？如《滑稽》《龟策》《日者》之类，何预致仕？是数者，使儿童见之，皆知其非，固不待攻而明其失矣！余所以言之，非固欲为，是纷纷也，盖伤贞之缪，用心以贻笑后人而已矣。

上述言论直指司马贞史学思想的缺点，言辞很是激烈，可能是历代对司马贞最严厉的批评了。

虽然有诸多的负面评论，但《史记索隐》较之《史记正义》，更早、更多为学界所使用，其影响也在逐渐扩大。笔者认为，最主要的原因在于《史记索隐》在《史记》本文词语、典故的训释方面的成果比较突出，同时，《索隐》

对《史记》本文以及《史记集解》的注释，在各卷的分布上比较均衡，在内容上更加全面，例如《索隐》还是保持着要增补《史记》本事的思想倾向与努力，也有相当的一些成果。关于这个问题，在以后的章节里还有探究，这里就不再多加说明。

二、20世纪至今的《史记索隐》研究

20世纪的《史记索隐》研究，大致是与20世纪的《史记》研究，特别是《史记》版本研究的进步是相一致的。这个时期，虽则研究《史记》版本的学者涉入的程度有所不同，但毫无例外地都注意到了《史记索隐》中存在的问题，并有一些新的成果出现。就时间阶段而言，大致可以分为三个阶段。第一个阶段，在20世纪80年代之前；第二阶段指20世纪80年代到20世纪末；第三阶段在进入21世纪之后。

第一个阶段，20世纪80年代之前是草创时期。《史记索隐》的文献学研究，开始于20世纪40年代，代表人物是朱东润先生，他发表了一系列与《史记》相关的论文，后整理成《史记考索》一书，其中有《司马贞〈史记索隐〉说例》的专论，文中指出了司马贞史学的特点是"捍于立言"，这一句话抓住了司马贞著作的突出特点。这个观点，也引导我们这些后来者从此出发，进一步研究司马贞这个特点形成的学术背景，即唐代经学与史学的变化，以及唐代义疏体的变化对司马贞思想的影响等问题。文中朱先生还对《索隐》与《集解》的关系也有辨证，他指出：《索隐》为《集解》做注，表明《集解》在唐代是为学界所推崇的。同书中的《邹诞生〈史记音义〉辑佚》《刘伯庄〈史记音义〉辑佚》等文章，也深入探讨了《索隐》的资料来源问题，用一种史源学的探索，开启了学界研究邹诞生、刘伯庄《史记》著作的新方向。

在《史记索隐》的版本学研究方面，20世纪50年代贺次君先生的研究，为当时国内《史记》版本研究的最高水平。他在《史记书录》这一《史记》版本研究的经典著作中，著录了他当时所能见到的全部包含《史记索隐》的

版本，特别是宋元版的二家注本、三家注本，并对这两类版本的起源也有明确的论断。书中还对毛晋刊《史记索隐》有专门的介绍，初步地说明了毛晋刊单《索隐》本的特点，指出了《史记索隐》价值。概括起来大致有如下几个方面：

第一，贺次君先生比较全面地描绘了汲古阁本《史记索隐》的版本形态。他在《史记书录》中对汲古阁本《史记索隐》有详细的著录，对其形制也有细致的描绘。同时，他还注意到了汲古阁本与二家注本的文本差异，并在版本校勘的基础上做了具体的探究，他指出，此本所引录的史文与二家注本不同者，不乏为毛晋所修改，"至若注文之经后人窜改及传抄翻刻错讹者，每篇皆有，亦非司马贞之旧，亦非北宋之真本，必须重为考核，定其是非，然后乃可为考正之资"。[1]贺次君先生认为汲古阁本"并非司马贞之旧，亦非北宋之真本"以及《索隐》注文可能也存在后人窜改的观点极为重要。他对已经流传了近三百多年的汲古阁本《史记索隐》的真实性直接地提出了质疑[2]，启发我们对这个晚出的《史记索隐》本进行大胆的思考与研究。

第二，贺次君先生对司马贞"繁征博引，颇有发明"给予了高度评价的同时，也具体地指出了司马贞的错误。他认为，汲古阁本《索隐》"信为北宋之遗，故其注文多胜于南宋诸刻"。此刻虽也有后人的窜改，但"唐人之旧所存尚多"，可以用来校刊今本《史记》。笔者认为，这个结论是贺次君先生的核心观点，今天也具有一定的参考价值。

第三，贺先生还最早从版本学的角度入手研究《史记索隐》，并且注意到了《史记索隐》单行本的来源可能多样的。在《史记书录》一书中，他共开列了64种《史记》版本，对各版本的命名及关系，都有深入的研究，其中对《史记》二家注本、《史记索隐》单行本著录的研究非常地深入，有很

---

[1] 贺次君：《史记书录》第40页。
[2] 兴吉按：毛氏汲古阁本的真实性，在此之前，还没有人怀疑过。《四库总目提要》中说：此本"犹可以见司马氏之旧"；王鸣盛在《十七史商榷》中也说：此本"是司马贞本来面目"。

高的成就，只是这些问题在多年以后，还没有引起学界的注意，这是非常遗憾的事。

例如贺次君先生在介绍南宋张杅本时，又说："此本《索隐》注文，字句之间与蔡梦弼本略有不同，其《五帝》《夏》《殷》《周》《秦本纪》五卷则与毛晋翻刻北宋秘省大字单行本《索隐》同，而与蔡本及后来合刻诸本异。单行本《索隐》文字与两宋合刻本差异太大，或谓乃合刻时后人增饰删削之故，然据张杅跋语及此本《索隐》文字，疑《索隐》单行时亦有数本，毛晋汲古阁据北宋秘省大字本覆刻者乃其一，蔡、张所据者又各为一本，由于流传日久，读者颇有增饰删节，故互有差异，实非尽出合刻人之手。"[1]这段话提到了一个关键的问题，就是《索隐》在单行本时期，就可能不是一个本子，而是有数种，所以，今天二家注本、汲古阁本的差异可能就是不同系统本子的差异，而不是简单的流传中的变化结果。这引导我们对《史记索隐》的形成与流变进行更深入、细致的研究。

《史记索隐》研究历来与《史记》三家注密不可分，《史记》三家注研究者中，成就最大当属程金造先生，他发表过《从史记三家注商榷司马迁的生年》《史记正义索隐关系证》《汲古阁单本史记索隐之来源和价值》《论史记三家注解》等著名论文，后来收入《史记管窥》中。而他对于《史记索隐》的研究也有很大的贡献。他在《汲古阁单本史记索隐之来源和价值》一文中指出："毛晋当初所据之本，是唐初传下来司马贞旧规模的一个抄本。因其历时较久，辗转誊抄，讹误脱夺，自然渐渐生出。然而毛晋《跋语》声称所得是北宋秘省刊本，不过是为高其声价而已。"[2]这是继贺次君先生之后的又一著名论断。虽然程金造先生的结论虽未必是定论，但其直指毛晋本《史记索隐》的底本不是北宋本的勇气以及严谨态度，还是令我们敬佩。

程金造先生过世后才出版的《史记索隐引书考实》是其一生中的另一部《史

---

[1] 贺次君：《史记书录》第82页。
[2] 程金造：《史记管窥》陕西人民出版社1985年版，第240页。

记》研究力作，其突出的贡献就是对司马贞所引用的资料作了全面的梳理，全盘罗列了《史记索隐》所引证的各种书籍的名称、作者，并做了比较详细的说明，其中具体的数据不仅给后来学者以启发，也为后人深入研究《史记索隐》奠定了基础。

《史记》作为世界性的名著，海外学者的研究水平也很高，其中许多的研究成果涉及《史记索隐》。20世纪60年代中期到70年代中期，当中国的《史记》研究处于停滞的时期，海外的《史记》研究还在更深入地进行。其中日本学者在《史记索隐》方面的研究成果非常突出。日本在《史记》版本方面的研究，有着悠久的传统，水泽利忠先生的《史记会注考证校补》是其中突出的代表。他所编撰的《史记会注考证校补》并不是完全意义上的《史记》研究论著，它更像是一部大型《史记》索引工具书。水泽利忠先生对《史记》的各主要版本做了近乎逐字逐句的对勘，列出了诸版本的异同，其中自然包括了《史记》主流版本中《史记索隐》的异同。虽然就今天的研究水平而言，水泽先生的比勘还不是真正意义上的全版本校勘，其中也还有很多的疏漏，然而此书指出的众多版本中《史记索隐》的异同，还是对我们研究《史记索隐》有很多的启发，其中也有许多的资料是我们研究《史记索隐》版本的基础成果。

水泽利忠先生在《史记会注考证校补》中以图版的形式直接展示了存世的《史记》版本形态，在此书第八、第九册中的长文"史记之文献学的研究"中著录、介绍了《史记》各版本的基本情况，尤其是日本所藏的各类《史记》版本。此外，他对《史记》宋、元刻本和日本古代抄本、刊本进行了广泛而深入的研究，特别是对《史记》注家，比如刘伯庄、邹诞生等注释的辑录，达到了前人从未企及的高度。在该书第四章"单注本"的第二节"单《索隐》本"中，对汲古阁本《索隐》有详细的介绍，此本有四点意义：一是可以看到单注本附注的形态；二是从文本校勘的方面来看，此本所引本文颇存唐人的旧注，可以此校正今本《史记》的讹误。三是就其注文而言，可以指出合刻本所引注文的删节与窜改。四是从底本历史的角度考察，其对于清刻金陵书局本、《史记会注考证》本有巨大的影响。[1]在此节之"（四）校勘学上看此书的特点"部分，水泽先生通过详尽的比勘，得出的初步结论是，此本在史文部分与古抄本、唐宋类书中所引《史记》文字相近。实际上，这样的表述也是他相信此本"颇存唐本之旧"观点的延伸。水泽先生的研究是继贺次君先生之后对汲古阁本的深入研究，与贺次君先生相比，他使用了大量的《史记》版本进行了校勘，[2]还很注意使用在日本流传的《史记》古本上的日本学者的批注资料，从而丰富了《史记索隐》研究的史料来源。

青木五郎先生发表的长文《史记索隐论考》是整个 20 世纪不多见的《索隐》专论文章，[3]在这篇文章里，青木先生从"从注释史的角度考察《索隐》"和"司马贞《史记》论说的特质——史文的批评与补史"两个大的方面展开论述。在第一个方面，又分为"与徐广《史记音义》的关系""与裴骃《集解》的关系""与邹诞生《史记音义》的关系""与刘伯庄《史记音义》的关系"四个部分，在周东润、水泽利忠等先生研究的基础上，对司马贞的史料来源展开研究。在其第二部分又分为"对褚少孙的批判""对《史记》体例的批判""《三皇本纪》及《索隐述赞》""《索隐》所表现的史文批判与补史"等四个部分。其中对于《史记索隐述赞》的研究，是学界很少涉及的研究。例如他对《五帝本纪》"述赞"进行了精细的史源学研究，指出除最后四句"明扬仄陋，玄德升闻。能让天下，贤哉二君"外的"述赞"文字皆来自《史记》本文，并加以

---

[1] 水泽利忠：《史记会注考证校补》第 9 卷第 54~55 页。在此部分的注释中，水泽还引用了日本学者冈本保孝对汲古阁本《索隐》的怀疑："单行本《索隐》，汲古阁毛晋获宋本重刊，详于毛晋跋文。今读之，窃以为本盖宋时拔于《集解索隐正义》合注本，作一书者"。水泽还列举了冈本保孝形成此种怀疑的几个例证。他在将合刻本、单行本、日本古本批注中的"索隐"做一些比勘之后，还指出：传到日本的《索隐》，其系统与汲古阁本《索隐》不是一个系统，他认为，日本所传的《索隐》系统，与元刻二家注的中统本、明刻二家注游明本是一个系统；而汲古阁本与宋刻黄善夫本、元刻彭寅翁本是一个系统。笔者认为，这个推断，是建立很少的例证基础上的，当然还不是准确的结论。但是《史记索隐》在后世的流传中，存在着不同的版本系统，却是极有可能的。

[2] 据他自己说，他使用了九个《史记》版本，来研究《史记索隐》的史文与注释，其中包括了宋刻景祐监本、蜀大字本（嘉业堂翻刻本）、耿秉本、蔡梦弼本、中统本、黄善夫本、彭寅翁本等。《史记会注考证校补》第 9 册第 92 页。

[3] 青木五郎：《史记索隐论考》，《国立京都工业高等专门学校报告书》1969 年度第 1 号。

列举。指出"明扬仄陋"之句来自《尚书》，可以认为是补史。虽然青木先生对《索隐述赞》的还是初步的，但却是别开生面的研究。

此时期日本学者大岛正二还对《史记索隐》及《史记正义》之音韵进行了研究，撰有《史记索隐·正义音韵考》。[1]

此后青木先生还发表了《司马贞的史学——〈史记索隐〉在史学史上的地位》，也是国外学者对于《史记索隐》的专题论述。其结语中说："司马贞追求准确记录的精神，产生了对《史记》体例批判的想法，是其补撰'三皇本纪'，撰述'论赞'的原动力。"[2]

第二阶段指 20 世纪的 80 年代到 20 世纪末。20 世纪 80 年代，此时期《史记》版本研究进入了新时期，对宋元版《史记》的再认识，为《史记索隐》研究提供了最好的资料支撑；同时，《史记》三家注的研究进入新的时期，新的成果不断出现。对《史记索隐》的分析也有了很大的进步，例如赵英翘先生《史记三家注体例略述》(《社会科学辑刊》1988 年第 2 期) 一文就是较早对《史记》三家注体例进行专题研究的论文。

《史记》三家注研究中，针对三家注中音注的研究是历来研究的重点，对《史记索隐》也是如此。专题论文有游尚功先生《史记索隐声类》，他指出，在剔除与研究司马贞音切关系不大的几种情况后，"实得音切 2244 条，去其重复，计有 1854 条"。[3]从这段研究成果中，我们可以看出他统计过司马贞的音切的条数，是很具体的研究，此外，此文还发现了司马贞重复注音的问题，这实际上是司马贞重复条目的问题。[4]游氏所据为中华本《史记》，而中华本中的《索隐》是历经了汲古阁本《史记索隐》、张文虎本《史记》

---

[1] 池田英雄：《史記学 50 年—日中〈史記〉研究の動向》第 168 页。

[2] 青木五郎：《加贺博士退官纪念·中国文史哲学论集》。1979 年加贺博士退官纪念论集刊行会。

[3] 游尚功：《史记索隐声类》，《贵州大学学报》1981 年第 1 期。兴吉按：作者这里只是列举了司马贞的音切，而在《索隐》中，司马贞还引用了许多前人的音切以及辩证，作者则没有对此展开讨论。

[4] 兴吉按：古籍注释中常有条目内容重复或接近的情况，即使如《资治通鉴》胡注这样的名著也存在这样的情况。

的过程，虽然游氏所据本子并无不当之处，但因为中华本（今本）与宋元二家注本之间有着很大的差异，游氏据中华本研究司马贞的声类，在资料的使用上还是有可以商榷之处的。

在三家注的音注方面的成果，还有黄宝生先生《〈史记〉"三家注"的词义注释浅析》，列举十类三家注随文立训的词义注释原则，包括：以本义生训例、以引申生训例、以具体训抽象例、以共名训别名例、以今义训古义例、以通语释方言例、以本字训释假借字例、连类而及例、因"讳"而改字相训例、多种训释方法结合注解词义例。

黄宝生先生在《〈史记〉"三家注"的语法注释浅析》一文中，则对三家注的语法学意义进行了探究。分为八点：（1）释字音以定词性。（2）加虚词以定位次。（3）注明定语关系。（4）增实词以补省略成分。（5）释一词而全句活。（6）注明词性活用者。（7）加关联词以明复句。（8）改易句式以阐明句意。黄坤尧先生通过对《史记》三家注的注音开合情况进行研究，探究古音的发展变化。他在《〈史记〉三家注之开合现象》一文中认为，《史记》三家注博引诸家读音，而开口、合口不分之例极少。他通过对徐广、韦昭、裴骃、司马贞、张守节等人审音情况的考释，得出徐广审音比较准，其开合相混者极少；司马贞、张守节开合混切较多的结论。他认为这可能是南北音系的差别。[1]

此时期《史记》版本研究的名篇，是安平秋先生的《史记版本述要》，[2]文章首先是在贺次君先生的成果之上，纵论《史记》诸家版本的优劣，值得注意的是，此文评论诸本的基础，是作者对于《史记》各本较全面的校勘，从而开创了通过全面的校勘实例来确定《史记》版本系统的方法。此文中对汲古阁本《索隐》也有评价，特别是以两则校勘实例指出："毛氏此本具体舛误甚多。"在对这两个事例的查实中，我们注意到其中包含了汲古阁本引录史文的节略问题，再有是汲古阁本的讹误问题，这些问题的提出都有利于我们

---

[1] 黄坤尧：《〈史记〉三家注之开合现象》，《中国语文》1994 年第 2 期。

[2] 安平秋：《古籍整理研究》1983 年第 1 期，上海古籍出版社出版。

更好地认识与评价汲古阁本《索隐》，从而为通过校勘探究汲古阁本《索隐》的来源提供了可行的研究方法。

20 世纪 80 年代，《史记索隐》文献研究中的名篇是吴汝煜先生的《司马贞〈史记索隐〉与〈竹书纪年〉》一文，此文深入地研究了司马贞引述《竹书纪年》的情况，对其引述特点与价值，都有客观的评价。文章从以下几个方面展开论说：（1）在时间、人物、事件等方面充实了《史记》的内容。（2）在很多具体历史问题上纠正了《史记》的错误。（3）对于无法确定的问题，则采取慎重的态度。吴先生在文中还指出：《索隐》共引《纪年》七八十条，颇具文献价值，还说：当代学者致力于搜罗《竹书纪年》的佚文，很有成绩，"搜罗较前贤更为完备，但《索隐》所引《纪年》佚文，仍占重要比重。从这个意义上说，司马贞不仅是《史记》的功臣，而且也是《竹书纪年》的功臣了"。[1]

第三阶段为进入 21 世纪之后。进入新的世纪以来，关于《史记索隐》的研究也不断有新的成果。2001 年张玉春先生《〈史记〉版本研究》是 21 世纪《史记》版本研究的极大亮点。[2]此书是他在安平秋教授的指导下完成的博士论文，是在《史记版本述要》的基础上的进一步深化研究。此书在《史记》版本研究史中，第一次对《史记》从六朝写本到明代刻本的体系进行了全面的梳理，第一次在针对《史记》版本各原本的研究中，在全面进行版本比勘的基础上，以大量的实证，对《史记》各版本之间的关系加以说明，初步得出了《史记》各版本体系之间的关系。不仅如此，此书还在《史记索隐》方面提出了一些自己的见解，比如他指出：南宋蔡梦弼本是在《史记集解》单行本基础上加上《史记索隐》而形成的二家注本；他的明末毛晋汲古阁本《史记索隐》具有唐写本特征的观点，可以看作新时期以新的校勘成果来揭示汲古阁本《史记索隐》来源的初步尝试，因此此书也可以看作力求深入研究《史

---

[1] 吴汝煜：《司马贞〈史记索隐〉与〈竹书纪年〉》，《文献》1983 年第 2 期。据《史记索隐引书考实》统计，司马贞共引录《汲冢纪年》72 条，另《汲冢书钞》2 条。

[2] 按：张玉春先生此书虽然出版于 20 世纪结束之后，而在 2000 年以前此书的一部分内容已经作为多篇单篇论文在国内的学术刊物上发表。

记索隐》沿革的重要著作。

在进入 21 世纪之后，许多博士论文、硕士论文也涉及《史记索隐》的研究。杨海峥的著作《汉唐〈史记〉研究论稿》（齐鲁书社 2003 年 6 月出版）是她在其博士毕业论文《史记研究史》基础上的改写与扩大，这部书用细致的笔调论述了宋代之前的《史记》的流传以及各个时期学界对《史记》的看法。在论及唐代《史记》的流传与研究时，此书也用专门的章节针对司马贞及《史记索隐》展开研究，并第一次对《史记索隐》在注释方面的成就、《史记索隐》与史记的评论展开了深入的探究。

2003 年张兴吉博士论文《元刻〈史记〉彭寅翁本研究》（凤凰出版社 2006 年出版），是研究《史记》三家注彭寅翁本的著作。此书集中地研究了彭本的形成与流变，特别是对三家注本增删三家注的情况进行了初步的研究，书中还指出了汲古阁本《史记索隐》与三家注本之间存在着巨大的差异，强调学界应注意《索隐》自单行本到二家注本、三家注本的变化过程，才能更好地了解三家注之间的相互关系。2004 年应三玉博士论文《〈史记〉三家注研究》（凤凰出版社 2008 年出版），是近年出现的研究《史记》三家注的新作。这部著作旨在通过对《史记集解》《史记索隐》和《史记正义》的版本、注释以及相关情况的考释，从整体上把握《史记》三家注的全貌。其中他在书中设专章《史记索隐考释》，对《史记索隐》进行了全面的探究，在《史记索隐》的特点方面，分设了七个方面进行了论说：（1）广引典籍及相关注家；（2）依托《集解》，"解其所未解，申其所未申者，释文演注"；（3）重辨证甚于辑录诸家之解；（4）多辩疑，驳正他家注者多有之（首先或驳或辩他家注者；其次志疑司马迁者；再次辩司马迁之误者）；（5）司马贞虽多辩驳，好作案语；（6）司马贞亦有不吝推许者；（7）注释内容丰富、方法多样（首先列版本文字异同；其次辩字；再次重视注音；然后释义；最后考证史事原委）。书中还进一步将《史记索隐》所引各家说例罗列，同时也对《索隐》所引最多的学者进行了排序，指出："《索隐》所引较多者依次为：韦昭 260 条，刘伯庄 199 条；徐广 171 条，颜师古 136 条，服虔 119 条，郭璞 106 条，如淳 101 条。"具体数据,直观地展示了司马贞资料来源的分布,具有史源学分析上的价值,对于我们深入评价《索隐》颇有帮助,接着作者对各注家的基本情况进行了介绍,使得此书在扩展《索隐》周边研究方面有很大的突破,是近年来罕见的针对《史记索隐》展开专题研究的著作。

这一时期还有两篇以《史记》三家注为研究对象的硕士论文。其一是 2004 年暨南大学硕士研究生崔芸的毕业论文《〈史记〉"三家注"研究》。作者在言及自己论文的主旨时说,这篇论文"旨在通过对三家注释进行多角度的比较,以期对'三家注'有一个比较全面的认识,从而为汉唐的训诂学研究提供借鉴和帮助,并为《史记》的相关研究提供一些语言文字方面的依据"。从论文的内容看,作者的研究重点放在了对三家注释的训释内容和方法。同时,作者也注意到了《史记》三家注之间的关系,专门探讨了《索隐》与《集解》《正义》的关系。在《索隐》与《集解》的关系方面,论文指出了《索隐》与《集解》两者之间存在着互补、《索隐》补充《集解》《索隐》阐明《集解》《索隐》不从《集解》《索隐》沿袭《集解》等关系。在《正义》和《索隐》的关系方面,论文也采用了类似的分类,指出《正义》与《索隐》两者间存在着互补、《正义》补充《索隐》《正义》阐明《索隐》《正义》不从《索隐》《正义》沿袭《索隐》等方面的情况。

从上述的分类可以看出,作者不熟悉《史记》版本的流变,也不熟悉三家注之间基本关系。他所说的所谓三家注之间存在的互补情况,是不了解三家注流变的过程所导致的错误。我们知道,今天三家注之间互补关系的形成,并不是三家注三位作者著作之初就有的默契。今本中三家注的这种形态,实际上是《史记》版本不断翻刻过程中历经无数次扬弃的结果。基于如此错误的知识结构,导致作者这部分的论说,大多是无的放矢,降低了论文的学术研究价值。

2005 年南昌大学周振风《〈史记〉三家注研究》,分为四个章节,主要内容从"三家注在训诂学上的价值""三家注注语商榷"两个方面展开研究。从这篇文章来看，作者的出发点还是从训诂学的角度研究三家注，对《索隐》也是如此；同时，作者对《史记索隐》的研究是混杂在其他二注的研究中，全篇中没有针对《史记索隐》的专题讨论。此外，作者的方法还是例说式的研究方法，不足以揭示《史记索隐》所具有的内容与特点。

2008 年山东大学王涛博士论文《元前〈史记〉诠释文献研究》，其中第三章"隋唐时期《史记》诠释文献研究"中，设第三节专节做"注释类《史记》诠释文献——《史记索隐》《史记正义》研究"。集中在"文献征引、训释内容及训释方法、考辨正误、校勘、目录、辨伪和辑佚"等方面讨论了以下几个问题：（1）两种《史记》注释著作的主要特点；（2）两种《史记》注释著作所引各家著作的数量；（3）二者引用资料对《史记》进行的辩证。

近年来，硕士、博士论文中陆续出现了以《史记索隐》为专题展开的集中研究，是一个新的研究动向。2009 年，南京师范大学王勇博士论文《明毛晋刻〈史记索隐〉研究》，是《史记索隐》研究中第一部以《史记索隐》为主题的专题研究。该文对毛晋的生平与刊刻汲古阁本《史记索隐》的情况，都有详尽的介绍，作者还通过将汲古阁本与较早的二家注本进行校勘，对汲古阁本的底本问题提出了自己的一些看法；论文还通过汲古阁本与三家注本的对校，纠正了中华本《史记》的一些错误，为中华书局再次整理《史记》提供了参考。龙向平的《〈史记索隐〉训诂内容研究》（西南大学 2013 年硕士论文）、韦琳《〈史记索隐〉词义训释方法研究》（西南大学 2013 年硕士论文）是专门研究《史记索隐》训诂的专题研究。《〈史记索隐〉训诂内容研究》从司马贞的生平与著作、《史记索隐》校勘研究、《史记索隐》文字研究、《史记索隐》注音研究、《史记索隐》词语与训释研究、《史记索隐》语法与修辞研究、《史记索隐》的语言观念初探等七个方面展开研究；《〈史记索隐〉词义训释方法研究》则以《史记索隐》中的词义训诂为素材，分为词义训释方法分析、词义训释的特点与成就两个方面进行了深入的探讨。都是近年来不多见的针对《史记索隐》训诂成果的研究，具有一定的开创性。

同年，牛巧红完成了《司马贞〈史记索隐〉研究》(郑州大学 2013 年博士论文)，作者在其论文摘要中说，这篇论文对"《史记索隐》的作者、成书、版本、引书、注释成就、注释特点、与《史记集解》的关系以及对后世《史记》注书的影响等都进行了详细的梳理、深入的考证。本文可谓是目前对《史记索隐》较为系统的专门的研究"。显然，此篇博士论文的研究领域与前面两篇硕士论文的研究截然不同，是对司马贞与《史记索隐》的专题研究，也可以看作近年来《史记索隐》研究的重大变化。此论文最大的问题在于作者对于《史记》版本以及源流的了解不很深入，所以一些观点存在一些问题，例如其说：日本现在还保存着比毛晋汲古阁本早的《史记索隐》单行本——"明慎独斋刊本《史记索隐》残本四卷，此本为残本，今存四卷（卷十五至卷十八四卷），共一册，为明正德九年（1514）慎独斋所刊。现存于日本足利学校遗迹图书馆"。上述内容记载在严绍璗《日藏汉籍善本书录》一书中。殊不知此处的《史记索隐》实际上是明正德九年（1514）慎独斋所刊《史记集解索隐》本，即《史记》的二家注本。

最近出现的一批学位论文，将《史记索隐》的研究逐步推向了高潮。在单行本《索隐》研究方面，以《单行本〈史记索隐〉研究》(陕西师范大学 2020 年王璐博士论文）为代表，此论文作者在前言中指出："本文主要以现存各单行本《史记索隐》为研究对象，旨在从文献学的角度出发，在阐明司马贞所作《史记索隐》的成书与流传、传播与接受的基础之上，探讨单行本《史记索隐》在刊刻与流布、内容与版本形态上的有关特点，并通过通校现存且可以得见的六种不同版本的单行本《史记索隐》，即毛晋汲古阁刻《史记索隐》、文渊阁《四库全书》本《史记索隐》、文津阁《四库全书》本《史记索隐》、丁丙补抄文澜阁《四库全书》本《史记索隐》、广雅书局本《史记索隐》《丛书集成》本《史记索隐》，探求其源流，阐明其异同，比较其优劣。"

从上述的情况看，这篇博士论文的主旨是针对汲古阁本《索隐》展开讨论，因此，对于《史记索隐》文本的校勘，是以汲古阁本《索隐》为基础底本，展开对其后续版本的研究。只是第五章中，采用了后人的版本校勘成果。总体而言，作者相信汲古阁本《索隐》就是宋本的后继版本，以此展开其后继版本的研究。然而这篇论文不以毛氏本为底本，而是以毛氏本的抄本《四库》本为底本，似乎有舍近求远的嫌疑，或失古籍校勘当以最古本为底本的原则。另外，其参校本中，最早含有《索隐》的宋刻蔡梦弼刻本实际上出校并不多，最多的是清抄《四库》本。因而没有实现古籍校勘广采诸本、从善而择的目标。

在宋刻《史记》二家注本研究方面，有《〈史记〉耿秉本研究》（南京师范大学顾晗 2021 年硕士论文），此文是针对宋刻二家注本《史记》耿秉本的专题研究，作者在记述了耿秉本的刊刻与存世情况之余，主要将耿秉本与景祐本、淮南路本、蔡梦弼本、他本《索隐》进行了比较研究。从上述的版本看，作者力求找到耿秉本与此前的单《集解》本以及三家注本间的差异，是一个很细致的努力方向。然而作者没有对校黄善夫本，特别是"他本《索隐》的校勘"只是与元刻中统本进行了对勘，显然是忽略了其他可能与耿秉本相关的版本。或者说作者对于《史记》版本系统的认识还不是很充分。不过，作者在校勘后的一些结论，颇有可取之处。如"中统本《索隐》的版本情况较为复杂，总的来说，与蔡本《索隐》更为接近，或与蔡本《索隐》同源，抑或段子成合刻《史记》时曾据蔡本校勘，或参考与蔡本近似的本子。无论中统本《索隐》与蔡本有无源流关系，它与耿本《索隐》的关系明显是更为疏远的"。作者对耿秉本的版本系统进行了校勘，认为此本与蔡梦弼本接近，而与景祐本、淮南路本、中统本、单《索隐》本较远。这是一个比较有趣的结论。

三、当前《史记索隐》研究中存在的问题与未来的发展趋势

在《史记索隐》的研究中，有几个问题依旧是困扰着《史记》学界的焦点问题，这几个问题并不是彼此孤立的，而是几乎纠缠在一起，解决起来难度很大，需要几代人的努力才能解决。

首先是汲古阁本《史记索隐》的来源问题，这是个老问题，也是学界与笔者多年想要解决的问题。但是关于这个问题，学界还很少有专门的著述，即使在《史记索隐》的专题研究中，研究也比较少，仅有张玉春先生的一篇文章。原因大概是很多学者依然相信，《史记索隐》的流传系统是完整的，因此多是绕开了这个问题。关于这个问题，笔者将在下面的论说中做具体的探究。

其次，三家注之间的相互关系是历代学者研究的重点，上面已经有所说明。其中又以《索隐》与《正义》的关系最为突出。这个问题与上面所说的汲古阁本《史记索隐》来源问题，可以说是一体化的问题。

程金造先生在1957年发表论文《从史记三家注商榷司马迁的生年》，指出："三家之注，固然不似《五经正义》那种诠释本文寸步不离的态度。而《索隐》《正义》两家都在推广《集解》未备之外，有着疏通的关系。"还用10条例证，说明《正义》对《集解》加以训释，或批驳，或加以申明。这篇文章中程金造先生坚持了它的一贯主张，即三家注之间有很多的关联，同时指出，《索隐》对《集解》也有同样的关系，他主张："在《索隐》与《正义》之间，也有相当的结合。钱大昕《二十史考异》卷一说'两人生于同时，而其书不相引'的话，完全是不符合事实的错误看法。《史记集解》《史记索隐》《史记正义》这三家注，如果从彼此分离不相联系去看问题，则总认为三家时有矛盾。如果把三家结合在《史记》之内，联系起来去加以阅读，则实在可以发现它们在彼此联系的矛盾之外，还有其统一之处。"[1]

对于程金造先生的观点，很快就出现了反对的意见。黄烈先生于《关于史记三家注的关系问题——读程金造先生"从史记三家注商榷司马迁的生年"一文以后》一文中，主要针对三家注之间的关系对程金造先生的观点进行批驳。指出："《集解》为刘宋时人裴骃所作，《索隐》和《正义》则为唐

---

[1] 程金造：《史记管窥》第88页。

开元时人司马贞和张守节所作。据钱大昕考征，张守节或稍后。《索隐》《正义》两书同《集解》的关系是非常明显的，不仅《索隐》《正义》两序均提及，且两家注文针对《集解》而发者亦颇不少；但这仅是关系的一面，而在更多的场合往往是《索隐》《正义》直接诠释《史记》本文，并不以裴氏注为依归。因此应该说《索隐》《正义》对《集解》确有关联；但并不能看作《索隐》和《正义》处处针对《集解》。至于《索隐》和《正义》的关系，不仅在两家序中均互不提及，在文内亦不见称引，因此历来学者认为他们虽同时，但互不为谋。"

在之后的行文中，黄烈先生针对程金造先生所列举出的 15 条证据进行了逐条批驳，重申了上述的观点。

同年，程金造先生再写成《史记正义与索隐关系证》一文，首先针对钱大昕的否定两者关联与邵晋涵的肯定两者关联进行了说明，之后开始论证《索隐》《正义》的紧密关系，并用 10 条例证说明《正义》是疏通了《索隐》的。此后程先生又通过史料论述了司马贞和张守节生活的时代，认为司马贞生活年代早于张守节约二十年，张守节年辈较晚，可能看到过《索隐》。最后是针对黄烈先生的观点直接地进行批驳。

日本学者池田英雄在《史记学 50 年》中，对以上的论战进行总结时说："《索隐》与《正义》之间有无关联的争论，相互论驳，乃至今日难有定论。总之，其间订正《史记》原文的讹误，《索隐》修正《集解》注释中的失误，《正义》对《索隐》及《集解》错误和不准确之处的订正及补失，相互关联以及相互弥补各自的欠缺，可以说三家注问题的存在，具有很大的意义。"[1]

近年来，这个问题还是学者激烈论证的问题，袁传璋先生就说："司马贞与张守节生当同时，他们作注的底本同为裴骃《集解史记》，作注所用资料又大同小异，二人虽各自为书，然英雄所见略同，注文不谋而合之处比比皆是。

---

[1] 池田英雄：《史記学 50 年—日中〈史記〉研究の動向》第 46 页。

宋人合刻《史记》三家注时，由于《正义》是后附于《集解》《索隐》二注合刻本之内，编刻者以《集解》《索隐》为本注，以《正义》为增注，编者为减少《正义》与《索隐》相同的注文以免重复，书贾为压缩篇幅以降低成本，刊刻前对《正义》曾做了重大的整合工作，对其注文不仅有刊削、删节，而且某些注文的前后次第亦有调动。其刊削、删节的数量之大，实足令人震惊。自《史记》三家注合刻本风行于世，单本《正义》亦遂湮没以致失传。自明代起，学人已无缘复睹《正义》的全貌。"[1]

接着袁先生以激烈的笔调对程先生的观点进行了直接批评，他后来将上述文字修订后在《台湾大学学报》上发表：

> 然而最受世人瞩目的《史记》三家注研究者，当首推程金造先生。程氏在五十至七十年代，相继发表《从史记三家注商榷司马迁的生年》《史记正义索隐关系证》《〈史记会注考证〉新增正义的来源和真伪》《汲古阁单本史记索隐之来源和价值》《论史记三家注》等系列论文，提出几个独特的观点：《索隐》成书早于《正义》几二十年，张守节必参读《索隐》，并以《正义》疏通《索隐》；泷川资言《正义佚存》十九出自彼邦人士伪托。这些观点得到学界的普遍赞同，认为这几篇是"不可多得的考证宏文"，"论者考释谨严，举证精确，洞察入微"，"解决了钱大昕提出的'二书不相称引'的疑案"，"揭开了《正义》佚文之谜"，"至今仍然保持着在三家注研究方面的权威地位"。有人引据程文的观点企图为司马迁生年研究做出最终的论定，有人著文推崇程氏"所撰文章宜反复诵读，置之座右以为研读三家注者之指南"。

---

[1] 袁传璋：《"史记会注考证新增正义的来源和真伪"辨正》，《河南大学学报（社会科学版）》2000年第2期。

此文中言辞，较之袁先生在 2000 年初次发表的论文中言辞更加激烈，更充分地展示了袁先生一贯的学术主张和学术性格。

笔者认为，解决上述二者关联问题的方法，或因学者的研究角度以及研究取向有一定的不同，但从《史记》版本的差异和流变中寻找突破点，无疑是最好的选择。

长期以来制约着《史记索隐》研究深入的一个主要问题是，含有《史记索隐》的宋元、乃至于明代《史记》刻本，皆为公私藏家秘不示人的珍宝，学界很难同时使用这些珍稀的《史记》版本，因而对于《史记索隐》在各本中的存在状态，很难有一个全面的描绘。在商务印书馆《丛书集成初编》的补印本中，依据《史学丛书》本排印了《史记索隐》单行本。[1]在当时以及后来并没有引起学界的重视，其主要的原因在于当时还缺乏与此本进行直接对校的《史记》版本。2018 年 9 月由陕西师范大学出版社出版的张新科主编《史记文学研究典籍丛刊》中，含王璐、赵望秦整理的《史记索隐》，为排印本，可以看作一个汲古阁本《索隐》研究的新趋向。

近年来含有《史记索隐》的《史记》版本不断普及，为《史记索隐》研究的深入开辟了道路，也为解决上述问题提供了良好的资料基础。20 世纪 80 年代之后，随着《史记》研究的不断深入，许多不多见的《史记》版本与资料得以影印，特别是《史记》的二家注本、三家注本的不断影印出版，为学界进一步展开《史记索隐》的研究提供了良好的版本资料条件。

在宋元二家注本方面，中华再造善本工程中有五种《史记》的版本，其中二家注本有三种：南宋淳熙八年（1181）张杅刊耿秉重修本，据北图藏 130 卷本影印，四函 24 册，2003 年 8 月出版；《史记》，南宋乾道七年（1171）蔡梦弼本，据北图藏 130 卷本影印，四函 30 册，2003 年 8 月出版；《史记》，蒙古中统二年（1261）段子成刊明修本，据北图藏 130 卷本影印，四函 24 册，2006

---

[1] 兴吉按：《史学丛书》本即广东广雅书局清光绪十九年（1893）刻版的后印本。

年 9 月出版。

在宋元三家注本方面，在 20 世纪 90 年代之后，1995 年上海古籍出版社出版的《续修四库全书》中，包括了元刻彭寅翁本《史记》，该本是据国图藏彭寅翁本《史记》130 卷本（配中统二年本 6 卷）影印，可惜此本不是全本，而且原底本多有残破，是以影响到学界的使用。2002 年 4 月《日本宫内厅书陵部藏宋元版汉籍影印丛书》，由线装书局影印出版，其第一辑中有元刊本三家注《史记》彭寅翁本，此本据日本宫内厅书陵部藏枫山文库本影印，是真正意义上的全本彭寅翁本。

同时，在中华再造善本工程中也有三家注本《史记》二种：南宋黄善夫本和元刊彭寅翁本。1995—1998 年日本汲古书院据日本历史民俗博物馆所藏南宋刊《史记》黄善夫本，全本影印出版，无疑是对《史记》版本研究的极大推动，也为《史记索隐》研究提供了很好的版本资料。

同时，在明清时期较常见，而民国时期之后反而不多见的版本，也得到重视。比如《史记评林》的影印，明凌稚隆辑校，明李光缙增补，于亦时整理，天津古籍出版社 1998 年 3 月出版，全 6 册。此本据万历年间刊刻的李光缙增补本影印，并以日本明治 32 年翻刻本校补。再有 2001 年陕西省图书馆历史文献部与三秦出版社合作影印明嘉靖九年张邦奇、江汝璧所刻南监本《史记》。是目前唯一影印出版的明刊《史记》三家注本。近年来，随着《史记》研究的不断推进，海外刊行的《史记》版本也不断地被介绍到国内，特别是朝鲜日本刊行的《史记》，其中有三家注活字本，更多的是《史记评林》等版本，这些本子中都含有《索隐》，所以也值得我们注意。

近年来，随着电子与网络技术的发展，推动了古籍数字化的过程，在这一过程中，大量《史记》的稀少版本开始得以在网络上浏览，为《史记》版本研究提供了较大的便利。这些保存在中国大陆、中国台湾、日本、韩国及欧美等地的《史记》版本，可以比较容易地获得数字图像资源，从而使得更大规模与深度的《史记》版本校勘成为可能，在此基础上实现更精确的《史记》版本系统的研究，进而揭示《史记》在不同历史阶段的文学与历史价值，具有重要的意义。也许在未来，随着电子技术的发展，《史记》版本校勘将可以改变目前人工"死校"的方式，而采用现代的 AI 技术，实现便捷《史记》版本全校勘，取得包括《史记》在内的古籍研究的新突破。

第二章

《史记索隐》诞生的时代

在《史记》的流传中，各家《史记》注释的连续出现，在为学界提供了研究《史记》基础材料的同时，也标志着《史记》学的不断发展，因此可以说《史记索隐》的出现，和《史记》学的整体发展相同步。在中国注释著作演变史中，以儒家经典注释体著作——经注为开始，积累了丰富的注释经验与方法，并逐渐运用于各类专门学科注释体著作中，史注就是其中受益者之一。《史记索隐》作为中国史学中的史注体著作，正是经历了这一变迁过程。因此，我们研究《史记索隐》的形成与特点，全面地了解《史记索隐》在这一过程中的地位，可以澄清史注体发展中的一些问题，更清晰地勾勒中国注释著作史的全貌。

一、司马贞的生平与著作

虽然单就司马贞的生平展开讨论，在学术上并不具有太大的意义，但通过此种研究，还是可以使我们深入了解唐代《史记》研究的发展状况，推进唐代史学发展研究。经过学者们多年的研究，司马贞大致的活动年代已经比较明晰。

司马贞的生平，史籍记载不多。他在新、旧《唐书》中皆无传，因而很难详细地叙述其生平。《史记索隐》虽较早为人关注，但关于司马贞的研究，却依旧以清人钱大昕最早，他在《十驾斋养新录》卷六中著有"司马贞"条，其文曰：

> 司马贞、张守节二人，新、旧《唐书》皆无传，守节《正义序》称："开元二十四年（736）八月杀青斯竟"；而贞前后序不见年月。按《唐书·刘知几传》："开元初，尝议《孝经》郑氏学非康成注，当以古文为正，《易》无子夏传，《老子书》无河上公注，请存王弼学。宰相宋璟等不然其论奏，与诸儒质辩。博士司马贞等阿意共黜其言，请二家兼存，唯《子夏易传》请罢。诏可。"今《补史记序》自题"国子博士宏文馆学士"。唐制，宏文馆皆以他官兼领，五品以上为学士，六品以下曰直学士。国子博士系正五品上，故得"学士"之称。神龙以后，避孝敬皇帝讳，或称昭文，或称修文，开元七年（719）仍为宏文。以题衔验之，贞除学士当在开元七年以后也。《高祖本纪》"母刘媪"，《索隐》云："近有人云母温氏，贞时打得班固泗水亭长古碑，其字分明作温字，云母温氏。贞与贾膺复、徐彦伯、魏奉古等执对，反复沈叹。""膺复"当是"膺福"之讹。先天二年为右散骑当侍昭文馆学士，以预太平公主逆谋诛，见《唐书·公主传》。今河内县有《大云寺碑》，即膺福书也。徐彦伯卒于开元二年见《唐书》本传。贞与贾、徐诸人谈议，当中、睿之世，计其年辈，盖在张守节之前矣。《唐书·艺文志》又称贞"开元润州别驾"。盖由文馆出为别驾，遂蹭蹬

以终也。[1]

此后泷川资言、朱东润等先生围绕着这个问题皆有论说，但内容也大致没有超过钱氏的描述。

朱东润先生指出："《索隐后序》云：'崇文馆学士张嘉会独善此书，而无注义。贞少从张学，晚更研寻。'是司马贞之学出于张嘉会也；泷川资言据《梁孝王世家》'正义'张先生生旧本之说，因疑司马贞与张守节同师。今以《索隐》《正义》二本对校，其字句间之讹异，所在皆是。二人之不同师，可以知矣。"[2]由此可见朱先生认为：司马贞与张守节二人虽大致是同时代的人物，而二人的师从不同。这显然包含着认为司马贞与张守节的著作没有关联的意思。

关于司马贞的出生地，司马贞自题"河内"，隋唐时代的河内，即今天的河南省沁阳市，千余年来并没有人对这个看法提出异议。不过近人程金造先生在《史记管窥》中有新的论述。他说："小司马是吴人，所以年老归里。"[3]这个提法与司马贞自己所题迥然不同。程金造先生的结论见于《史记索隐引书考实》"自叙"附注中的说明，其文曰：

> 《吴世家》，自号句吴。《索隐》曰："宋氏见《史记》有'太伯自号句吴'之文，遂弥缝解彼云，是太伯始所居地名。裴氏引之，恐非其义。藩篱既有其地，句吴何总不知？贞实吴人，不闻别有城邑曾名句吴，则《系本》之文，或难依信。"案黄本"贞"字，别本多误作"真"。[4]

[1] 钱大昕：《十驾斋养新录》第122~123页。兴吉按：钱氏云"国子博士宏文馆学士"，是钱氏据二家注本中耿本所言。汲古阁本仅作"司马贞氏"，与此不同也。

[2] 朱东润：《史记考索》第141~142页。

[3] 程金造：《史记管窥》第180页。

[4] 程金造：《史记索隐引书考实》第3页"自叙"附注[一]。兴吉按：引文中下划线的文字，除上述"贞"字，与今本（中华本）文字相同，但标点不同，作"句吴何总不知真实？吴人不闻别有城邑曾名句吴"。

程先生在这里据"黄本"（实际是张元济先生影印百衲本《史记》），提出今本有误，当如黄本作"贞"字，并重新断句。[1]笔者沿着程先生的思路，对《史记》各古本进行了校勘，认为：上述引文中，作"贞"字者，不仅在黄善夫本中如此，水泽利忠《史记会注考证校补》中说：真，在宋刻黄善夫本、元刻彭寅翁本、明刻游明本、汲古阁单《索隐》本中，皆作"贞"。因而程金造先生的立论，不仅有版本中的依据，而且此段文字，若以程金造先生的标点，意义更加通顺。故而程金造先生的立论，虽未必是定论，但的确可以称得上独特的见解，较为可信。笔者查对二家注本中的张杅本、蔡梦弼本、耿秉本、中统本皆作"贞"，并缺笔，所以，程氏的结论似乎更加接近事实。

由此上述的问题，在此转化为一个古本的版本问题，即有《史记索隐》的《史记》各版本中"贞"字的情况是怎样的。笔者经查阅发现，民国以前学者们都没有注意到这个问题，无论是著作《史记志疑》的梁玉绳，还是刊行了清金陵书局本的张文虎。民国时期的学者，瞿方梅先生、日本学者泷川资言等《史记》研究者也没有发现此问题。而注意到此字最早的是张元济先生，在《百衲本二十四史校勘记·史记校勘记》中，他注意到了这个问题，并指出：清武英殿本《史记》作"真"。[2]但他没有展开具体的论说。程金造先生提出这个问题，因其涉及司马贞的出身，则此处的版本问题，就转化为更大的问题。

笔者认为，旧版二家注《史记》中，皆作"贞"字，而"真"字应出现在明刻的版本中，最早是明监本中作"真"，此后明代的评林本作简体"真"，其中还少一横，由此清代武英殿本一方面因袭前人，并进而将"真"改为"眞"。也因此，文义发生了很大的变化，《史记》的断句也就不得不随着改变。

近来有李梅训作《司马贞生平著述考》一文，虽对此问题颇有梳理，但也

---

[1] 兴吉按：中华本此处断句为"蕃离既有其地，句吴何总不知真实？吴人不闻别有城邑曾名句吴，则系本之文，或难依信"（五、1446）。

[2] 张元济：《百衲本二十四史校勘记·史记校勘记》，商务印书馆 1997 年版。第 170 页。兴吉按：张氏误记。殿本做"眞"，非"真"。

没有出上述的范围。其中其反驳程金造先生"司马贞是吴人"的结论，也不足以为定论。李氏仅以《史记索隐序》中所署"朝散大夫、国子博士、弘文馆学士河内司马贞"中的"河内"二字，以为司马贞为河内人，即今河南泌阳人。此说也是过于自信。[1]古人自称时多采用祖望，司马贞虽自称"河内"，却也未必生于河内也。程金造先生所云固然未见得是定论，但也称得上是有理有据，较之其他说法似更为可信。故而司马贞的出生地大致是吴地，[2]而生活年代大致是在比刘知几稍晚的中唐时期。

二、司马贞著作《史记索隐》的本意与变化

司马贞本人对于自己的著作宗旨有比较详尽的说明，这在他的《补史记序》中，有清楚的表述。其文曰：

> 太史公古之良史也，家承二正之业，人当五百之运。兼以代为史官，亲掌图籍，慨春秋之绝笔，伤旧典之阙文，遂乃错综古今，囊括记录，本皇王之遗事，采人臣之故实。爰自黄帝，讫于汉武，历载悠邈，旧章罕补。渔猎则穷于百氏，笔削乃成于一家。父述子作，其勤至矣。然其叙劝褒贬，颇称折衷，后之作者咸取则焉。夫以首创者难为功，因循者易为力。自左氏之后，未有体制。而司马公补立纪传规模，别为书表题目，观其[3]本纪十二，象岁星之一周；八书有八篇，法天时之八节；十表放刚柔十日；三十世家，比月有三旬；七十列传，

---

[1] 李梅训：《司马贞生平著述考》，《安徽师范大学》（人文社会科学版）2000 年 2 月第 1 期。兴吉按：此文中有"程金造以为'司马贞是吴人'，显为无根之谈"的话。笔者认为：此君的言词过于激烈，显然此君没有读过《史记索隐引书考实》，而仅据《史记管窥》中的述事展开议论，多少失之轻率。

[2] 今人牛巧红著《司马贞籍里考辨》（《大家》2012 年 20 期），力证司马贞为吴人，并说《浙江通志》中有"司马贞女"的事迹。然牛氏也指出《浙江通志》中，并无司马贞的记载。其所引用的"司马贞女"条目名称，未必是司马贞之女的意思，也可能是姓司马的贞女之意。牛氏所引文字内容，也是烈女在丈夫死后守节的故事，故而或与司马贞全无关系。

[3] 兴吉按："观其"二字，汲古阁本作"莫不"。

取悬车之暮齿；百三十篇，象闰余而成岁，其间礼乐刑政，君举必书，福善祸淫，用垂炯诫，事广而文局，词质而理畅，斯已尽美矣。而有未尽善者，具如后论。虽意出当时，而义非经远，盖先史之未备，成后学之深疑。借如本纪，叙五帝而阙三皇；世家载列国，而有外戚，邾许春秋次国，略而不书，张吴敌国，藩王抑而不载，并编录有阙，窃所未安。又列传所著，有管晏及老子韩非，乃齐之贤卿，即如其例，则吴之延陵，郑之子产，晋之叔向，卫之史鱼，盛德不乏，何为盖阙？伯阳清虚为教，韩子峻刻制法，静躁不同，德刑斯舛，今宜柱史共漆园同传，公子与商君并列，可不善欤。其中远近乖张，词义踳驳，或篇章倒错，或赞论粗疏，盖由遭逢非罪，有所未暇，故数十篇有录无书是也。然其网络古今，叙述惩劝，异左氏之微婉，有南史之典实，所以扬雄、班固等称其有良史之才，盖信乎其然也。后褚少孙亦颇加补缀，然又未能周备。贞谢颖门人。非博古而家传是学，颇事讨论，斯欲续成先志，润色旧史，辄黜陟升降，改定篇目，其有不备并采诸典籍，以补阙遗。其百三十篇赞记，非周悉，并更申而述之，附于众篇之末，虽曰狂简，必有可观，其所改更，具条于后。至如徐广唯略出音训，兼记异同，未能考核是非，解释文句。其裴骃实亦后进名家，博采群书，专取经传，训释以为《集解》。然则时有亢长，至于盘根错节，残缺纰缪，咸拱手而不言，斯未可谓通学也。今辄按今古，仍以裴为本，间以自见愚管，重[1]为之注，号曰《司马贞史记》，然前朝颜师古止注《汉史》，今并谓之《颜氏汉书》，贞位虽不逮颜公，既补旧史，间下新意，亦何让焉。[2]

以此可知，司马贞的气魄很大，要完成补《史记》这一项浩大的工程。而

---

[1] 兴吉按：汲古阁本作"伸"。

[2] 兴吉按：此序据宋刻蔡梦弼本录入，此序因不见于中华书局本《史记》，故全文收录于此。
另按：蔡梦弼此文与其他汲古阁本、三家注本尚有文字出入，引文中并未全部标出。

他力求要在"润色旧史""黜陟升降""改定篇目"、以"补阙遗"、重作"百三十篇赞记"五个方面下功夫。如果此项工作完成，可以想见会有怎样的一个《史记》新本问世。可惜，司马贞的这项工作并没有完成，最终只留给了我们一部《史记》注释之作——《史记索隐》。

司马贞为何中止了《补史记》的写作，他自己在《史记索隐后序》中有说明说："因发愤而补《史记》，遂兼注之。然其功殆半，乃自唯曰：千载古史，良难绅绎，于是更撰音义，重作赞述，盖欲以剖盘根之错节，遵北辕于南司也。为三十卷，号曰《史记索隐》云。"在《史记索隐序》中也有类似的话。可见，司马贞有两个指向，其一是补《史记》，其二是兼注《史记》。一部著作中要兼容两种不同体例的内容，当然是很困难的。我们看到的是，在最后，司马贞放弃了补《史记》的想法，主要精力放在了注释《史记》上。但事实真如司马贞所言，是尊重古史而完全放弃了《补史记》的写作吗？未必尽然。笔者力求通过司马贞已经完成的《补史记》，对这个问题进行初步的探讨。

从今天传世的《史记索隐》（无论是二家注本，还是单《索隐》本）中不难发现，司马贞完成了部分《补史记》的工作，并且被保存到了今天，其内容有两个完整的部分，即一百三十篇《史记述赞》和《三皇本纪》。一百三十篇《史记述赞》见于《史记》的多种版本，包括今本《史记》（中华书局本）。而司马贞所作《三皇本纪》，不见于今本《史记》（中华本），但在清刻金陵书局本之前的各种《史记》版本中，有《史记索隐》者多有《三皇本纪》。[1]后文引自明毛晋刊汲古阁本《史记索隐》：

> 太皞庖牺氏，风姓，代燧人氏继天而王。母曰华胥，履大人迹于雷泽，而生庖牺于成纪。蛇身人首，按：伏羲，风姓，出《国语》。其华胥已下，

---

[1] 兴吉按：宋刻张杅本、耿秉本无《三皇本纪》。汲古阁本的《三皇本纪》在卷三十，题为"三皇本纪第一"，在司马贞改定篇目各条之后，即全书之末。

出《帝王世纪》。然雷泽，泽名，即舜所渔之地，在济阴。其成纪亦地名。[1]按，天水有成纪县。

有圣德。仰则观象于天，俯则观法于地，旁观鸟兽之文与地之宜，近取诸身，远取诸物，始画八卦，以通神明之德，以类万物之情。造书契，以代结绳之政。于是始制嫁娶，以俪皮为礼。按：谯周《古史考》伏羲制嫁娶，以俪皮为礼也。结网罟，以教佃渔，故曰宓牺氏。按：事出《汉书·历志》。宓，音伏。养牺牲以庖牺，故曰庖牺。有龙瑞，以龙纪官，号曰龙师。作三十五弦之瑟。木德王，注春令，故《易》称帝出乎震，《月令》孟春，其帝太皞是也。按：位在东方，象日之明，故称太皞。皞，明也。都于陈，东封太山。立十一年崩。按：皇甫谧，伏牺葬南郡。或曰冢在山阳高平之西也。其后裔当春秋时有任、宿、须、句[2]、颛臾，皆风姓之胤也。

女娲氏亦风姓，蛇身人首，有神圣之德，代宓牺立，号曰女希氏。无革造，惟作笙簧，按：《礼·明堂位》及《世本》皆云女娲作笙（蔡本无此字）簧。故《易》不载，不承五运。一曰女[3]娲，亦木德王，盖宓牺之后，已经数世。金木轮环，周而复始，特举女娲，以其功高，而充三皇，故颇木王也。当其末年也，诸侯有共工氏，任智刑以强霸，而不王，以水乘木，乃与祝融战。不胜而怒，乃头触不周山，天柱折，地维缺。女娲乃炼五色石以补天。断鳌足以立四极，聚芦灰以止滔水，以济冀州。按：其事出《淮南子》也。于是地平天成，不改旧物。

女娲氏没，神农氏作。按：三皇，说者不同。谯周以燧人为皇，宋均以祝融为皇，而郑玄依《春秋纬》以女娲为皇，承伏牺，皇甫谧亦同，今依之[4]。炎帝神农氏，姜姓，母曰女登，有娲氏之女，为少典妃，感神龙而生炎帝。人身牛首，长于姜水，因以为姓。按：《国语》，炎帝、黄帝皆少典之子，其母又皆有娲氏之女。据诸子及《古史考》，炎帝之后，凡八代五百余年，轩辕氏代之，岂炎帝、黄帝是昆弟而同母氏乎？皇甫

---

[1] 按：此勾中汲古阁本"帝王世纪"作"帝王代纪"，"地名"下空一格。

[2] 按：汲古阁本此处空一格。

[3] 兴吉按：汉古阁本作"水"。

[4] 兴吉按：黄善夫本此下多"为说也"三字。

谨以为少典、有蜗氏,诸侯国号,然则姜、姬二帝同出少典氏,黄帝之母又是神农母氏之后代女,所同是有蜗氏之女也。火德王,故曰炎帝。以火名官,斫木为耜,揉木为耒,耒耜之用,以教万人。始教耕,故号神农氏。于是作蜡祭,以赭鞭鞭草木,始尝百草,始有医药。又作五弦之瑟教人。日中为市,交易而退,各得其所。遂重八卦为六十四爻。初都陈,后居曲阜。按:今淮阳有神农井,又《左传》鲁有大庭氏之库是也。立一百二十年崩,葬长沙。神农本起烈山,故《左氏》称烈山氏之子曰柱亦曰历山氏,《礼》曰历山氏之有天下是也。按:郑玄云:历山,神农所起,亦曰有烈山。皇甫谧曰:历山,今随之历乡也。神农纳奔水氏之女,曰听詙为妃,生帝哀。哀生帝克,克生帝榆罔。凡八代五百三十年,而轩辕氏兴焉。按:神农之后凡八代,事见《帝王代纪》及《古史考》,然古典亡矣,况谯、皇二氏皆前闻君子,考按古书而为此说,岂至今凿空乎?此纪亦据以为说。其《易》称神农氏没即榆罔,犹袭神农之号也。其后有州、甫、甘、许、戏、露、齐、纪、怡、向、申、吕,皆姜姓之后[1],并为诸侯,或分四岳。当周室,甫侯、申侯为王贤相,齐、许列为诸侯,霸于中国。盖圣人德泽广大,故其祚胤繁昌久长云。

一说三皇谓天皇、地皇、人皇,为三皇。既是开辟之初,君臣之始,图纬所载,不可全弃,故兼序之。天地初立,有天皇氏,十二头。澹泊,无所施为而俗自化。木德王,岁起摄提。兄弟十二人,立各一万八千岁。盖天地初立,神人首出行化,故其年世长久也。然言十二头者,非谓一人之身有十二头,盖古质,比之鸟兽头数故也。地皇十一头,火德王,姓十一人,兴于熊耳、龙门等山,亦各万八千岁。人皇九头,乘云车,驾六羽,出谷口。兄弟九人,分长九州,各立城邑,凡一百五十世,合四万五千六百年。天皇已下皆出《河图》及《三五历》也。自人皇已后,有五龙氏、五龙氏兄弟五人,并乘龙上下,故曰五龙氏也。燧人氏、按:其君钻燧出火,教人熟食,在伏牺前,谯周以为三皇之首也。大庭氏、柏皇氏、中央氏、卷须氏、栗陆氏、骊连氏、赫胥氏、

---

[1] 兴吉按:汲古阁本此处空一格。

尊卢氏、浑沌氏、昊英氏、有巢氏、朱襄氏、葛天氏、阴康氏、无怀氏。斯盖三皇已来有天下者之号。按：皇甫谧以为大庭已下一十五君，皆袭庖牺之号，事不经见，难可依从。然按古封太山者，首有无怀氏，乃在太昊之前，岂得如谧所说？但载籍不纪，莫知姓王年代，所都之处。而《韩诗》以为自古封太山、禅梁甫者，万有余家，仲尼观之，不能尽识。《管子》亦曰：古封太山七十二家，夷吾所识十有二焉。首有无[1]怀氏，然则无怀之前，天皇已后，年纪悠邈，皇王何升而告？但古书亡矣，不可备论，岂得谓无帝王耶？故《春秋纬》称：自开辟至于获麟，凡三百二十七万六千岁，分为十纪，凡世七万六百年。一曰九头纪，二曰五龙纪，三曰摄提纪，四曰合雒纪，五曰连通纪，六曰序命纪，七曰修飞纪，八曰回提纪，九曰禅通纪，十曰流讫纪。当黄帝时，制九纪之间，是以录于此，补纪之也。

司马贞自己在《三皇本纪》前还有个小序，[2]云：

太史公作《史记》，古今君臣，宜应上自开辟，下迄当代，以为一家之首尾。今阙《三皇本纪》，而以五帝本纪为首者，正以《大戴礼》有《五帝德》篇，又《帝系》皆叙自黄帝已下，固因以五帝本纪为首。其实三皇已远，载籍罕备，然君臣之始，教化之先，既论古史，不合全阙，近代皇甫谧作《帝王代纪》，徐整作《三五历》，皆论三皇已来事，斯亦近古之一证。今并采而集之，作《三皇本纪》，虽复浅近，聊补阙云。

司马贞认为司马迁对上古历史的描绘不足，故欲补《史记》，但从上述的

---

[1] 兴吉按：汲古阁本无"无"字，此据蔡梦弼本补。

[2] 此序在《史记索隐》本卷三十，题为"三皇本纪第一"，在《补史记序》之后，为司马贞《补史记条例》之首条。而《三皇本纪》在《史记索隐》本《补史记条例》之末条之后，题为"三皇本纪第二"。在黄善夫本以及蔡本中，此小序在"三皇本纪·补史记"的篇首，为小字，形同注释。而今本如此内容皆无。

资料来源而言，并无新的资料，而只是杂糅汉代以后的各种资料而已。考察上述的记载，其资料大致来自于以下几个方面。

首先从司马贞《三皇本纪》中的引书来看，笔者据程金造先生《史记索隐引书考实》的记载进行了统计，发现司马贞所引用的资料共有 8 种，即《小戴礼》《礼记》郑玄注、《左传》杜预注、《国语》、谯周《古史考》、皇甫谧《帝王世纪》《世本》《淮南子》，合计 9 条。其中引《帝王世纪》最多，有 3 条，其他皆为 1 条。

其次司马贞作《三皇本纪》所依据的资料，大致和《史记·五帝本纪》中的各家注释资料相同。《史记·五帝本纪》史文"轩辕之时，神农氏世衰（一、3）"下，《集解》："皇甫谧曰：'《易》称：庖牺氏没，神农氏作，是为炎帝。'班固曰：'教民耕农，故号曰神农。'"《索隐》："世衰，谓神农氏后代子孙道德衰薄，非指炎帝之身，即班固所谓'参卢'，皇甫谧所云'帝榆罔'是也。"《正义》："《帝王世纪》云：'神农氏，姜姓也。母曰任姒，有蟜氏女登，为少典妃，游华阳，有神龙首，感生炎帝。人身牛首，长于姜水。有圣德，以火德王，故号炎帝。初都陈，又徙鲁。又曰魁隗氏，又曰连山氏，又曰列山氏。'《括地志》云：'厉山在随州随县北百里，山东有石穴。（曰）[昔]神农生于厉乡，所谓列山氏也。春秋时为厉国。'"

以上种种表明，司马贞所引用者，大多是常见的资料，而且都是汉代以后的资料，因为资料不多、不新，故难以超越前人。上述资料中，有与前人不同者，如关于炎帝死亡地的记载，各种前后矛盾的资料，令司马贞难以处理：如《国语》等表明，炎帝是流行于西北地区的人或神的传说，而司马贞却据西晋皇甫谧《帝王世纪》中的记载，说炎帝葬于长沙。这无论如何是矛盾的，即西北说和南方长沙说不能两立。笔者认为，炎帝显然曾经是西北族群所敬仰的主神之一，《史记·封禅书》中有"其后百余年，秦灵公（公元前 424—415 年在位）作吴阳上畤，祭黄帝；作下畤，祭炎帝"（四、1 364）的记载。顾颉刚先生指出："是秦君于四百年中陆续设置七畤，白帝三而青、黄、炎各一。凡此诸帝，皆秦之上帝也。"[1]即炎帝是秦人信仰的主神之一。笔者认为，顾颉刚先生的话极有道理。司马贞欲缝合西北·长沙两说，但并没有解决其内在的矛盾。一段文字中，前言"长于姜水"，后言"葬长沙"，两者相去数千里。这里要注意的是，司马贞此处不是在说神话，而是在写历史，如此自相矛盾的记载，如何称得上信史？观后来的史家，如郑樵《通志》中有《三皇纪》，其内容大致和司马贞相同，但他对炎帝的记事止于"在位百二十年"，[2]却不说其死于何地，后人何其慎矣！

《史记·五帝本纪》因叙事含糊，内容矛盾，颇为历代学者诟病。如唐人刘知几说，《五帝本纪》"固无所取"。[3]明人杨慎说："《五帝纪》亦非太史公极笔。"[4]明人归有光也说："史公终究是秦汉时人，作《始皇》《项羽本纪》，其事雄伟，笔力与之。称《五帝》《三王本纪》，便时见其陋。然古书存者，盖亦少矣。"[5]司马迁尚且如此，后世学者论司马贞的《补史记》，则更是几无赞同者，而批评者言辞多不恭敬。清代学者梁玉绳曾说："司马贞补《三皇本纪》，虽不补亦可也。"近乎全盘否定。近人朱东润先生对司马贞的《史记》注释虽颇有赞扬，但他对司马贞的补《史记》，却有激烈地批评，指出："今就其篇论之，蛇身人首之记，断鳌聚灰之说，三百二十七万六千岁之世，聚图谶之言，悠谬之谈，就前人所鄙弃，缀拾成文，欲以补五十万言百三十篇之阙，固亦甚矣。"[6]朱先生此处的言辞显然过于激烈，如在今日，针对近人，有损人名誉之嫌，或致于诉讼。然先生所举，未必不是事实，司马贞虽有干云之豪气，而奈何资料无多，不得不铩羽而退，这当是停止补《史记》的原因。想到金陵书局本删去《三皇本纪》，而今本《史记》因之不录，虽然张文虎以及今本的点校者并没有加以说明，笔者认为，这或许是因为司马贞文章自身存在问题。

除了补《三皇本纪》之外，司马贞还想补《曹叔振铎》《许男》《邾子》《张

---

[1] 顾颉刚：《史林杂识初编》第 177 页。

[2] 郑樵：《通志》卷一。

[3] 刘知几撰、浦起龙释：《史通通释》第 166 页。

[4] 《史记评林》卷一第二页眉批。

[5] 参见《归震川评点本史记》卷一"五帝本纪第一"。

[6] 朱东润：《史记考索》第 144 页。

耳》《吴芮》《吴濞》《淮南》等世家。有意思的是，《史记》有十篇的缺篇，司马贞不思补缺，却有对《史记》既成篇章加以改写或增补的意图。然而曹、许、邾三国在春秋末已是微弱小国，史料缺乏，司马迁时期已是无奈，不得全面描绘，司马贞在司马迁七八百年后，如何能描绘得清楚？司马贞的最后放弃，实在是史料不足的原因吧。

三、司马贞与同时代的《史记》注家

唐代《史记》注家众多，在为司马贞提供了丰富的注释资料的同时，他们所代表的学术思想也深深地影响着司马贞。特别是唐代史学深受经学的影响，所以在司马贞的注释中，不乏受经传影响而出现的空洞说教与臆测。例如对于《史记》体例的研究，就是其思想水平的具体体现。其在《补史记序》中说："司马公补立纪传规模，别为书表题目，观其《本纪》十二，象岁星之一周；《八书》有八篇，法天时之八节；《十表》，放刚柔十日；《三十世家》，比月有三旬；《七十列传》，取悬车之暮齿；百三十篇，象闰余而成岁，其间礼乐刑政，君举必书，福善祸淫，用垂炯诫，事广而文局，词质而理畅，斯已尽美矣。"

司马贞此段议论完全不从《史记》的具体情况进入研究，而是套用前人解经的空话，据当时经注的说法，来解释《史记》的五体。"岁星之一周"的说法，《春秋左传集解》卷二鲁隐公三年杜预注曰："日行迟，一岁一周天；月行疾，一月一周天。一岁凡十二交会。"[1]杜预讲的是天象，说的是太阳、月亮的运行规律。而司马贞是以天象来比附《史记》的体例著作结构，皆不得司马迁本义的要领。

不过我们也注意到，类似的思想，似乎并不是司马贞一个人才有的思想。与司马贞生活在同一时期的张守节也用类似的话，来解释《史记》的五体，似乎表明此种观点在唐代比较流行。张守节在《史记正义论例谥法解》中说：

---

[1] 《春秋左传集解》（上）第 16 页。

作本纪十二，象岁十二月也；作表十，象天之刚柔十日（《礼记注疏》卷十一）；以记封建世代终始也；作书八，象一岁八节，以记天地日月山川礼乐也；作世家三十，象一月三十日，三十辐共一毂，以记世禄之家、辅弼股肱之臣、忠孝得失也；作列传七十，象一行七十二日，言七十者举全数也，余二日，象闰余也。以托王侯、将相、英贤略立功名于天下，可序列也。合百三十篇。象一岁十二月及闰余也。

上述的内容中，仅有"作世家三十，象一月三十日，三十辐共一毂"一句是来自于《太史公自序》，其他都是各类经传的文字。与司马贞的话比较，两者的思路几乎是一样的。南朝梁人刘勰在《文心雕龙·史传》中，论说司马迁体例时高度评价司马迁的史学述事，说："故《本纪》以述皇王，《列传》以总侯伯，《八书》以铺政体，《十表》以谱年爵，虽殊古式，而得事序焉。"这是比司马贞、张守节早的学者对于《史记》体例的精确概括，而司马贞、张守节二人不从《史记》体例本身入手研究，只是套用经注的说法，固然与二人的学术水平有关，然而我们更认为，二人受传统学术的影响太深，导致二人还不能从经学的束缚中摆脱出来，对史学规律有更深入的探究。

如果回到司马迁本人对于《史记》体例的描述，我们比较《太史公自序》中司马迁自己的话，不难发现，"三十辐共一毂"的说法只是一个形象的比喻，与天地阴阳毫无关系。两相比较，两位晚司马迁七八百年的作者的思想水平，立刻呈现在我们的面前。

两人的这些思想因此也为后来的学者所批评。宋人吴子良在《荆溪林下偶谈》卷四"司马贞张守节论史记"一条中说：

司马贞云：《史记》十二纪，象岁星一周；八书，法天时八节；十表，仿刚柔十日；三十世家，比月有三旬；七十列传取悬车之暮齿；百三十篇，象闰余而成岁。张守节亦云：而独以《列传》七十，象一行七十二日，言七十者举全数也，余二日象闰数也。余按：迁书本无此语，盖后人穿凿臆说也，亦可谓谬矣。

金人王若虚《滹南集》卷三十一也说：

（司马贞）述《史记》，以为十二本纪，象岁星之一周，八书，法天时之八节，十表，放刚柔十日，三十世家，比月有三旬，七十列传，取悬车之暮齿，百三十篇，象闰余而成岁。妄意穿凿，乃敢如此不已甚乎！

史注体的发展，受到当时学术趋势的影响，特别是经注体的影响巨大。在上面提到的司马贞、张守节分析《史记》体例中，使用经传中的现成结论来演绎《史记》五体的情况，表明两人在思想上还不能摆脱经注思想及理论对于其史注思想的束缚，还不能从客观的角度来解析《史记》的体例，甚至离开了《史记》本文中的描述来表达自己的思想。这个情况似乎可以表明，二人所处的时期，还处于从经注到史注的过渡时期，史注体的思想理论基础还不牢固。从二人对经传引用的程度来说，二者较《集解》有着很大的进步，但过于依赖经传及其注释理论的思想还没有根本的改变。

同时，司马贞个人的学术能力也是一个重要的方面。司马贞虽长于注释，但训释古人思想的能力不足，更为突出的是，司马贞缺乏阐释理论的能力。一旦需要其展开思想翅膀的时候，司马贞思想的贫弱的态势立刻呈现出来。

如《五帝本纪》卷一卷首，《索隐》曰"纪者，记也。本其事而记之，故曰本纪。又纪，理也，丝缕有纪。而帝王书称纪者，言为后代纲纪也"（一、1）。刘知几说："盖纪者，纲纪庶品，网罗万物。考篇目之大者，其莫过于此乎？及司马迁之著《史记》也，又列天子行事，以本纪名篇，后世因之，守而勿失。"又说："盖纪之为体，犹《春秋》之经，系日月以成岁时，书君上以显国统。"再云："又纪者，既以编年为主，唯叙天子一人。有大事可书者，则见之于年月，其书事委曲付之列传，此其义也。"[1]两相比较，司马贞所注，并没有揭示"本纪"在史书中的纲目与编年的作用，几乎是不知所云。张守节《正义》曰"本者，繫其本系，故曰本；纪者，理也，统理众事，繫之于年月，名之曰纪"（一、1）。以此处的注释而论，《正义》虽也并非正论，然较之《索隐》则更为明晰。

---

[1] 《史通通释》（上）第36、37、38页。

　　单行本《史记索隐》何时消失，目前学界还没有定论。在明末毛晋刊《史记索隐》单行本刊行之前，社会上流行的《史记索隐》都保存在《史记》的二家注本、三家注本中，因单行本《史记索隐》的再次出现是在明末，其底本的来源至今还是学界争论的焦点。笔者认为，今天存世的《索隐》文本，以《史记》二家注本中所保存的为最早，所以研究《史记索隐》的源流，就必须从研究《史记》的二家注本、三家注本入手。本部分主要是介绍《史记》这两种本子的主要版本以及它们之间的传承关系，特别是要说明《索隐》文本在上述各本的保存情况。

一、《史记集解索隐》本研究

所谓《史记》二家注本是在《史记集解》单行本的基础上，增加《史记索隐》内容所形成的本子，就是我们通常所说的《史记集解索隐》本。宋元时期《史记》版本以二家注本为主，甚至压倒了传统的《史记集解》本，几乎成为两宋时期《史记》的主流版本，对后来的《史记》版本产生了很大的影响。

《郡斋读书志》中说：

> 《补史记》一百三十卷，唐司马贞补司马迁之书也。《补三皇纪》于五帝之前，每篇各注《索隐》之说，以百三十篇赞附于每篇之末，希弁尝考诸家之说，为读史补注一书，颇加详焉。

笔者认为：这里所说的《补史记》一百三十卷，是二家注本《史记》。笔者依据上述的记载，对宋、元《史记》版本进行了比对，认为《郡斋读书志》所指为南宋蔡梦弼本。[1]

陈振孙《直斋书录解题》卷四说：

> 《附索隐史记》一百三十卷，淳熙中广汉张材介仲刊于桐川郡斋，削去褚少孙所续，而附以司马贞《索隐》，其后江阴耿秉直之复取所削者别刊之。[2]

这里对包含《史记索隐》的一百三十卷本《史记》（即二家注本）用了两个名称，分别是《补史记》和《附索隐史记》。在后来的一段时间内，学界逐渐舍弃了《补史记》这个名称，人们提到的《补史记》多指司马贞附在《史记

---

[1] 兴吉按：宋元各本中仅有蔡梦弼本中《三皇本纪》首行小题"史记一上"，在此本的"史记目录"中，《三皇本纪》与《五帝本纪》同为第一卷，《三皇本纪》在前，黄善夫本目录与蔡本同，见图版1。黄善夫本、中统本有《三皇本纪》，单列一篇，其首行上题"三皇本纪"，下题"补史记"。张杆本、耿秉本无《史记述赞》。

[2] 兴吉按：此引文中"张材"当作"张杆"，前文已有说明。

索隐》中《三皇本纪》等内容。同时，《附索隐史记》这一名称被广泛地使用，如蒙古中统本目录末有"《附索隐史记》目录卷终"的标示。鲜明地指出了自身版本的特征，董浦在中统本序中还有《索隐史记》的称呼，当是《附索隐史记》的略称，再后来《索隐史记》这个名词被用来指代《史记集解索隐》本，即二家注本。《史记索隐》或《索隐》这两个名称则被用来指保存在《史记》版本或《史记》选本中的司马贞注释条目，如元刻《东莱先生增入正义音注史记详节》中就有"司马贞《索隐》"的提法。

关于《史记》二家注本的起源，学界的看法不尽相同。大致有三种说法，第一种说法是贺次君、陈连庆先生主张的唐代说，是以日本高山寺所藏唐写本《殷本纪》残卷为二家注本的开始，[1]不过，贺先生说得比较温和，只是说，此残本"是《集解》《索隐》合钞最先之形式，亦可推知司马贞《索隐》早在晚唐已有合《集解》并行者矣"。而陈先生则明确指出："它还是最早的二家注本。"第二种说法是安平秋先生主张的南宋高宗绍兴（1131—1162）杭州本说，即以清人刘燕庭所集百衲宋本残卷为二家注本之源头。[2]第三种说法是傅增湘先生、张玉春先生主张的南宋乾道七年（1171）蔡梦弼刊本说。[3]张先生进一步认为，由蔡梦弼刊本衍生了元、明两代的二家注本。

笔者在比勘蔡梦弼本、张枋本（含耿秉本）之后，认为在这两个本子之前，《史记索隐》可能已经被附到《史记》本文之中，即所谓《史记》二家注本的形成当在这两个本子之前。理由有二：一是此二本的《史记》本文及"索隐"的异文（与汲古阁本以及今本不同者）大致相同，出入不大。二是此二本中作

---

[1] 贺次君：《史记书录》第 19 页，北京：商务印书馆 1958 年版；陈连庆：《中国古代史—陈连庆教授学术论集》"《史记》版本述略"，长春：吉林文史出版社 1991 年版，第 51 页。贺先生观点的证据仅有二条，即日本藏高山寺写本中有二条"索隐"注，过于单薄，学界多不从信。

[2] 安平秋：《史记版本述要》，《古籍整理与研究》1987 年第 1 期。安先生此文中的"杭州本"，实际上是南宋耿秉本，笔者已经在拙文《影宋百衲本史记考》有所辨明。

[3] 傅增湘：《藏园群书经眼录》，北京：中华书局 1983 年版，第 166 页；张玉春：《史记版本研究》，北京：商务印书馆 2001 年版，第 212 页。

为注释的"索隐"被插入《史记》本文下的位置几乎完全相同，这表明二本在刊行之时，并不是自创体例，而是有所依托，即旧本作为底本。蔡梦弼在蔡本牌记中只是说自己刊行时参校京本、蜀本，并没有说自己刊行《史记》时添加《索隐》，而张杅则是在跋中，明确提出自己添加《索隐》，张杅的话是否是事实，还值得深入地研究。同时，笔者经过研究，初步认为：虽蔡本在前，张杅本在稍后，但二者之间并无相继的关系。所以，二家注本的出现或早于蔡梦弼本、张杅本的出现。我们还注意到两种二家注本刊行时，所依据的单《集解》本底本有交叉，即张杅本的底本是蜀小字本，而蔡本则以蜀本作为自己的校本，此点也许是二本中出现上述两种情况的原因。

首先我们对现存世最早的二家注本——南宋蔡梦弼本中所包含的《史记索隐》做一个考察。此本存世者多种，主要收藏在国家图书馆。主要有以下三种：

（1）一百三十卷，卷四三配清光绪元年杨宝彝影宋抄本。30册。

（2）一百三十卷，国图著录为蔡梦弼东塾刻本。据 1987 年版《北京图书馆古籍善本书目》的记载："《史记》一百三十卷：南宋乾道七年（1171 年）蔡梦弼东塾刻本，卷七~九、一百二十四~一百三十配宋淳熙三年（1176）张杅桐川郡斋八年（1181）耿秉重修本，余九十四卷配其他两宋本，二十四册。"[1] 笔者查证，此本由四部分组成，其一为集解本，即南宋绍兴初翻北宋本（即 1955 年文学古籍刊行社影印本之底本同版）七十五卷，卷一~六，十九~二十六，二十三~二十六，三十一~三十三，三十九~六十，七十一~八十，九十~一百一十六。半页十四行，行二十五~二十七字；其二亦为集解本，即北宋景佑监本十九卷，十~十五，二十七~三十，六十二~七十，半页十行，行十九字（间有十七八字，或二十字以上者），其中有补刊页；其三为集解索隐本十卷，包括卷七八九卷一百二十四~一百三十。有《索隐》注，而无"索隐述赞"。半页十二行，行二十四五字；其四为南宋乾道七年（1171）建溪蔡梦弼刊集解索隐本二

---

[1] 兴吉按：1991 年版《中国古籍善本书目·史部》中的记载，与此大致相同，不过后者详细地记载了组成 130 卷中四个本子的具体卷数。

十六卷，卷十六~十八，二十二，三十四~三十八，六十、八十一~八十九，一百一十七~一百二十三，半页十二行，行二十二字。二十四册。[1]

（3）九十二卷，其中原本八十六卷：卷一~七、十三、十四、二三~四〇、五五~六八、七四~一〇〇、一〇二~一〇九、一一一、一一八、一一九、一二四~一三〇。又耿秉重修本配补四卷：卷一二〇~一二三；卷一〇一、一一〇配清抄本。二十六册。以上三种皆藏国图。

《中华再造善本》中据第一种影印出版，是上述三个本子中的最全本，故而以下据《中华再造善本》本对蔡梦弼本的版本形态加以说明。

蔡梦弼刊本，半页十二行，行二十一~二十二字；注双行二十八字，白口，左右双边。版心双鱼尾，下鱼尾下记页码。卷首《史记集解序》（再造本为抄配）；次为《史记索隐序》；次为《补史记序》（十一行，行二十字，上述二序皆四周双边）；次为《史记目录》，《史记目录》中首先开列《史记》五体，用"帝纪""年表""八书""世家""列传"相标示，其下题五体的卷数；次为《三皇本纪》，首行大题"三皇本纪第一上"，其下小题"史记一上"。此种的标示是二家注本、三家注本中在《五帝本纪》前加《三皇本纪》特有的方法。次为《五帝本纪》，首行题"五帝本纪第一"，其下有《索隐》一条；次行题"史记一"，下有《集解》一条。

蔡梦弼本里有多处牌记，其中在《补史记序》后有"建安蔡梦弼傅卿谨案京蜀诸本校理真梓于东塾"的牌记，[2]京本当是指宋代的监本，而蜀本是指蜀地刊行的《史记》，[3]这说明其刊行时，使用了不同的版本进行过校勘。不过此本没有序、跋，所以对此本刊行过程中进行校勘的具体情况，若是不经过全面

---

[1] 兴吉按：此本即 1909 年涵芬楼借涊阳陶氏本影印出版的《影宋百衲本史记》，参见拙著《影宋百衲本史记考》，《中国典籍与文化》2010 年第 1 期。

[2] 兴吉按：贺次君先生《史记书录》在说此牌记见于"补史记序""乐书""历书""秦汉之际月表""汉兴以来诸侯年表"。上述表述有些错误，笔者查对中华再造善本中的蔡本，发现"乐书"当为"律书"。此外，此序还见于"六国年表"之后；再者中华再造本中此牌记中的"建安"，贺先生作"建溪"，当是贺先生的笔误。

[3] 兴吉按：蜀本《史记》有大字、小字两种。蔡本据其中哪一个本子到行，则不得而知。

的校勘对比，就难以深入地进行说明。

此本在《史记目录》最前部分分列《史记》五体卷数，"帝纪以十二卷""年表一十卷""八书八卷""世家三十卷""列传七十卷"。

因为是二家注本，为区分注文为小字的《集解》与《索隐》，蔡梦弼本采用了空一格的方式。这种方式，在宋版中并不多见。蔡梦弼本在《史记》每卷末有司马贞所撰《索隐述赞》，是收录《索隐》比较全的版本。

其次，我们介绍《史记集解索隐》南宋淳熙三年（1176）张杅桐川郡斋本。此本半页十二行，行二十五字，注双行，行二十五字。白口，左右双边。版心单鱼尾下题"史记一"三字，其下记刻工姓名。存六十三卷（因为张杅本对褚少孙所补《史记》各篇有删节，所以实存六十卷），二十册，存卷一到十八（其中卷十一、十二仅有标题，内容被删节，即人们一般所说的有目无书）、卷四十四到八十八。此本现藏国图。

此本有长篇跋文云：

> 右太史公《史记》，采录先秦古书及秦汉间事，其文雅奥简古，至有难句者，读之当绅绎再四，玩味深思，方见其义趣，不然则直以为淡薄无味，如魏文侯之听古乐，意欲坐睡耳，是以读之者殊鲜，解诂训释世有其人，弟皆疏略未能详尽。惟唐司马贞氏，用新意撰《索隐》，所得为多，至有不可解者，引援开释明白，每恨其书单出，于披阅殊未便，比得蜀本，并与其本书集而刊之，良惬意，意欲重模与南方学者，共未暇也。揭来桐川，年逾，郡事颇暇，一日与友人沈伯永语及前代史，则以为先秦古书以来，未有若太史公之奇杰。班孟坚已不逮，而况其余乎。因搜笥中书，蜀中所刊小字者偶随来，遂令中字刊之，用功凡七十辈越，肇始四月望，迄六月终告成，伯永请予序，予谓太史公书安敢序，当书岁月、识目录后可也。然其间删削是正者，不可不书，旧注谓十篇有录无书，后褚少孙补之，

其文猥妄不经，芜秽至不可读，每翻阅至此，辄败人意，不知何人遽续而传之，凡少孙所书者，今皆删阙之，然其间亦有可喜，如《日者传》，则大类庄周书意，其因皆本书之残缺者。少孙因以附益，今则以注字别之，或可见其遗意。又如《伯夷》《孟子》《张苍》《仓公》《魏其》《货值》《自序》之类，盖一篇之文，接连回复，不可断绝，安可断节起题以碎乱其文，今皆连书，以归其元。或谓太史公取《尚书》语辄更定以为非是。予谓不然，《书》虽经孔子所定，然其文皆史官所记，故唐虞三代之《书》，语皆不类，则非一人之可知矣。一代之事，必有一代之史。安可必同哉。太史公迈往之气，度越前古，意欲自成一家，故取《书》所载训释其义，而定以今言。若悉如《书》之语，则曰不类。故特裁正而不辞，盖更易旧史官之书，非遽变孔氏之书也。尚何议。予平时读《史记》，所见如是，故并书之。淳熙丙申立秋日，广汉张杆谨书

上述的跋文中，张杆有"每恨其书（《史记索隐》）单出，于披阅殊未便，比得蜀本，并与其本书集而刊之"的话，可以理解为张杆当时见到的《史记索隐》为单行本。因为阅读不便，所以他有将蜀刊小字本（估计是十四行本的小字本，[1]张杆本为十二行本，即所谓中字本）与《史记索隐》单行本合刻的想法。这是二家注本刊行中第一次明确表示，自己在刊行新本时候，是将《索隐》的内容加在单《集解》本合刻。张杆本还有张杆弟子沈椿的跋文，其中说："于是缮为定本，附以《索隐》，命予考校，板行于世。"也进一步验证了张杆的话，表明张杆本在刊行时，是在原有的单集解本《史记》之上，增加了《史记索隐》的新注。

张杆本的最大特点是，张杆将非司马迁原著，即后人增补的《史记》部分（特别是褚少孙所补的部分），全部删去；却增加了新的注释《史记索隐》。由

---

[1] 兴吉按：由此十四行小字本出发，似乎可以想见毛晋为何要将大字本《索隐》改为同样十四行的小字本了。

此可以看出，张杅虽然不满褚少孙的续补，却可以接受司马贞的增补。可见在南宋时期，学界是比较关注司马贞的《史记索隐》的。

因为张杅桐川郡斋本刊行中删去了褚少孙的续补，与当时传世的《史记》版本不同，为了恢复《史记》旧版的原貌，所以刊行后不久出现了一个重修本，即《史记集解索隐》一百三十卷南宋淳熙八年（1181）澄江耿秉重修桐川郡斋本。此本的版式和张杅本相同，只是将张杅桐川郡斋本所删节的文字又加以补刻，重新加入到这个本子中来。现存两种传本：

（1）一百三十卷，二十四册。藏国图。

（2）元递修，九十九卷：卷八～一五、一八～二六、二八～三〇、三八～一一六。二十四册。卷末有抄补张杅序，藏日本静嘉堂文库。[1]

此本卷首有耿秉序文云：

> 淳熙丙申，郡守张介仲刊《太史公书》于郡斋，凡褚少孙所续悉削去，尊正史也。学者谓非全书，怀不满意，且病其讹舛。越二年，赵山甫收郡，取所削别刊为一帙，示不敢专，而观者复以卷第不相入览，究非便置而弗印，殆成弃物。信乎，流俗染人之深，夺而正之，如是其难，然星之于月，其不侔亦昭昭矣。屏之使不得并，孰若附之其旁，则大小较然，不意愈尊乎。别以所续从其卷第而附入之，两存其板，俾学者自择焉。其讹谬重脱，因为是正，凡一千九百九字，以辛丑仲秋望日毕工，澄江耿秉直之谨书。

据安平秋先生的研究及笔者的查对，耿秉重修本和张杅本最大的版本特征是属于无《索隐述赞》本，[2]即两个本子中都没有司马贞所作的一百三十篇《索隐述赞》，这一点是和蔡梦弼本最大的差别，也是与后来的二家注本最大的不同之处。

---

[1] 参见尾崎康：《正史宋元版的研究》第 214 页。

[2] 张玉春先生在《史记版本研究》第 225 页云："蔡本、耿本皆有《述赞》"。以耿秉本为有《索隐述赞》本，有误。

从全本上说，区分张杆本、耿秉本是不难的，张杆本中将褚先生等后人续补的十卷内容，在刊行时删去了其中九卷，仅有《日者列传》保存，改为小字附刊，[1]对《史记》各卷中后人续补的部分，也全部删除；但就具体卷次来区分二者，则是很有难度的，因为两个本子间的差别比较小，耿秉本仅仅是补足、恢复了这些部分，其他部分仅稍有文字改动，不足二千字。正如耿秉在跋文中所说："别以所续从其卷第而附入之，两存其版，俾学者自择焉。"也就是说，张杆本和耿秉本原来是同一版木，后者只是补充张杆所删节的部分，即耿秉本恢复了张杆本删节的褚少孙等人的续补，并对张杆本刊行中的错误进行了订正。

张杆本和耿秉重修本很早就为学者所熟知。明末毛晋在汲古阁单行本《史记索隐》的跋中就说道：他家中存有这两个版本，并与他所收藏的"北宋大字刊本单行本《史记索隐》"做过部分对校。清人对此二本也很重视，清人钱大昕在他的《三史拾遗》卷一中全文摘录了耿秉本的跋文。张文虎在校勘《史记》，刊行金陵书局本时，也使用了耿本。

此后出现的《史记集解索隐》一百三十卷本，是蒙古中统二年（1261）平阳段子成刊本。此本半页十四行，行二十五字，注双行校字同。四周双边，版心白口。同向双鱼尾，上鱼尾下题"史记一"，下鱼尾下题本卷页码。每页末行栏外上角有耳题，各标篇名。

此本的存世本子较多，大多是元刊明修本，原刻本存世却不多，现将其存世情况介绍如下：

（1）原刻八卷：卷二三~三〇。藏中国台湾"中央图书馆"。

（2）元刊明修，一百三十卷。明修版心小黑口，藏中国台湾"中央研究院"历史语言研究所。

（3）元刊明修，一百三十卷。其中卷三〇~四三配明刊本，二十册，藏国图。

---

[1] 参见安平秋先生《史记版本述要》。

（4）元刊明修，一百三十卷。其中卷二〇配清抄本，卷二一、二二配明嘉靖四年汪谅刊本。四十册，藏国图。

（5）九十二卷：卷六～三六、四九～七八、八七～一三〇。皕宋楼旧藏，现藏日本静嘉堂文库。

（6）元刊明修残本，藏中国历史博物馆。

（7）元刊明修残本，藏上海。

（8）元刊明修本，重庆。

蒙古中统二年（1261）段子成刊本卷首有董浦序云：

> 太史公之纪事，与《左氏传》相亚，盖史学之原委也。《左氏》则据例发义，以定褒贬，司马氏则据事录实，录实则褒贬亦见矣。故《史记》自黄帝，终于天汉，年世绵远，博闻异辞。其论上古唐虞之道德，三代秦汉之隆替，其事悉，其辞文，学者取据以引用，不可不务也。《索隐史记》，近代号为奇书，比之杭本，多《述赞》一百三十篇，注字几十五万言，司马贞氏之学亦勤矣。虑习者未究，目为赞辞款，宜其熟读《左氏》《系本》《国语》《战国策》诸子之说，然后知《索隐》之学不妄也。姑以三十《世家》明之，诸家注说有所不通，皆没而不论，《索隐》必以《左氏》表襮证据，四出搜抉无隐，如冰之释，如泉之达，深如《左氏》者，其知之矣。今国家方乡文学，缙绅之士，犹无是书，以备观览，况其下乎？平阳道参幕段君子成，喜储书，恳求到《索隐》善本，募工刊行，将令学者，证其违而治其阙，习其旧而知其新，史乎，史乎，愈于妄阙者，信乎！中统二年春望日校理董浦题。

董浦序后，次为《史记集解序》，有《索隐》注。次为司马贞氏的《补史记序》，次为《史记目录》，次为《三皇本纪》。此本在《史记目录》最前部分分列五体卷数，这与南宋蔡梦弼本相同，耿秉本分列五体卷数是在五体各卷之前，并将其作为分隔五体的标示，而黄善夫本是在《史记目录》的最后，目录中各体之前仅用"帝纪""年表""八书""世家""列传"相标示，这一点与中统本相同。[1]
不过，此本在五体卷数之下，又多《索隐》注释，"帝纪以十二卷"其下有注"《索
隐》曰：纪帝王之事故，法天之岁星太岁，皆十二年一周天"；"年表一十卷"
其下有注"《索隐》曰：法天之刚柔，十日以纪时"；"八书八卷"其下有注"《索
隐》曰：法时有八节以成岁"；"世家三十卷"其下有注"《索隐》曰：法三十
日而成月，故曰三十辐成一毂，亦其义也"；"列传七十卷"其下有注"《索隐》
曰：法人臣七十而致仕"。考察这几条《索隐》的来源，我们注意到，一部分
是来自于司马贞的《补史记序》，其中有"观其本纪十二，象岁星之一周；八
书，有八篇，法天时之八节；十表，放刚柔十日；三十世家，比月有三旬；七
十列传，取悬车之暮齿；百三十篇，象闰余而成岁"。其他则应是综合《史记》，
或是引用经传的训释。汲古阁本中无上述的文字，这至少表明，中统本在刊行
时，还借鉴过汲古阁本《史记索隐》所祖之本以外的版本。

　　此本推崇"《索隐史记》"，笔者认为此处的所谓《索隐史记》，并不是指《史
记索隐》的单行本，而是二家注本。[2]董浦将《索隐史记》与杭本相比较，这
里的杭本，应当是单《集解》本，所以董浦才有"多《述赞》一百三十篇，注
字几十五万言"[3]的话，也只有杭本是单《集解》本，《索隐史记》才能与之比
较。前面提到过，段子成刊本卷首"史记目录"的末页，有"附《索隐史记》
目录终"[4]的题记，也表明其以"索隐史记"（即二家注本）相标榜的意图。在

---

[1] 兴吉按：以此可见，《史记目录》中的诸多相似之处，至少表明中统本与以上各本之间存在
　　着比较紧密的相承关系。

[2] 兴吉按：水泽利忠先生认为：中统本的底本可能是耿本，见《史记会注考证校补》第九卷
　　第 135 页。他还进一步认为：中统本与汲古阁本有一定的关联。

[3] 兴吉按：《索隐述赞》一百三十篇仅有 6 920 字，所以董浦所说比杭州本多"几十五万言"
　　的《史记》版本，必定是二家注本。

[4] 兴吉按：南宋蔡梦弼本、耿秉本的"史记目录"末页，只是题"史记目录"而已。可见，
　　此时，《史记索隐》的名声还没有那么显著。明天顺七年游明本则同中统本。明嘉靖九年
　　南京国子监刻本"目录"末有"史记补目录终"。有二种明监本都是以题"史记目录
　　终"；明万历二十四年南监本此处列刊行人员名单。明嘉靖监本《史记》用"史记补"的
　　提法，在表明明人对《索隐》重视的同时，似乎也让人感觉到明人刊行三家注本的监本《史
　　记》时，可能还参考了宋元二家注本、三家注本之外的《索隐》材料。

明清两代的各家书目中，"史记索隐"这一书名，实际上都是指《史记》的二家注本，即所谓《史记集解索隐》本。此点与南宋黄善夫本在《史记目录》首行下，开列本书的内容有四："集解、补史、索隐、正义。"目的是一样的，都是出于贩书宣传的目的。而明清时期，《索隐史记》的提法已经很少见。笔者据《四库全书》电子版进行了检索，书籍正文总共有三处，其中两条是在书目中使用，其他为文章中所使用，另外书籍注释还有几处。[1]

中统二年，即公元 1261 年，当时元朝还没有建立，所以《史记》真正的元代刻本，是元大德十年（1306）饶州路儒学刻本《史记集解索隐》。此本每半页十行，行二十二字，注双行，行亦二十二字；细黑口，四周双边，三鱼尾，最上两个鱼尾同向，版心上记刊刻此卷的本路学名，计有"饶学、饶路学、锦江、番学补刊、番学、尧学、乐平、平州、尧泮"等，上鱼尾下题"史记五"，中鱼尾与下鱼尾相对，其间题页码，下鱼尾下题刻工名。存十八卷本，存卷五、四十八、四十九、五十六、六十一至七十一。又存三卷本，存卷二十三、二十五、二十六。现保存在国家图书馆。此本虽收录有《史记索隐》条目，但收录不多，可以说是一个《史记》二家注本的节略本。

就时下的观察，耿秉本、中统本[2]、大德本系统比较接近，突出的例证是在各卷《集解》之下，在说明书名的时候，三本都一致使用"骃案"的情况，而蔡梦弼本、黄善夫本则没有如此的情况。

明代《史记》版本中，三家注本逐渐成为主流的版本，明刻二家注本已经退居到次要地位，不过在明代二家注本中还是有几种二家注本值得我们的注意。除了补刊本之外，传世的明刻《史记》二家注的最早版本是明天顺七年（1463）丰城游明刊本。此本是《史记集解索隐》本。刊行者游明，字大升，江西丰城人。明正统九年（1444）举人，明景泰二年（1451）进士，明天顺七年（1463）官福

---

[1] 兴吉按：书目中的是《文献通考》《直斋书录解题》皆作"附索隐史记一百三十卷"，其他文章中的可能就是学者个人的喜好了。

[2] 兴吉按：据笔者的比勘，认为，中统本与耿秉本的关系密切。换言之，中统本的底本当是耿秉本。

建提学佥事,进副使,又九年卒。[1]此本首有董浦序,十行十九字,是此本与其他本有所不同之处。次为《史记集解序》,十四行二十五字,注双行二十五字;次为《补史记序》,十二行二十二字;次为《史记索隐序》,十三行二十三字,查对此序文字,实际是一般所说的《史记索隐后序》。首行《史记索隐序》下括号内,题"丰城游明大升校正新增";次为《史记正义序》,同正文。次《史记索隐序》。次为《史记正义论例谥法解》,与三家注本不同者,其"谥法解"部分的文字作上下各一组的排列。次为《三皇本纪》。次为《史记目录》,目录的行格同中统本,十四行,卷末页末行,有"附索隐史记目录终"九字。次为《史记》正文《五帝本纪》。值得注意的是,此本有两个《史记索隐序》,但其中一个其实是《索隐后序》,但题名都是"史记索隐序"。[2]此本正文,半页十四行,行二十五字,注双行,行二十五字。黑口,四周双边。版心同向双鱼尾,上鱼尾下空三字格,题"史记序",下鱼尾下与隔水间题页码。版心记本页大小字数,左边框外无书耳。此本的版式与蒙古中统二年(1261)平阳段子成刊刻《史记集解索隐》本全同,是据中统本翻刻的主要表现,此本对中统本也多有校改。

　　贺次君先生在《史记书录》中还著录了三种明刻《史记》二家注本。第一种是明正德九年(1514)建阳慎独斋刊本(或称之为刘弘毅本),贺先生断此本为明正德九年(1514)刊本的依据是,此本"高祖功臣侯者年表"后有"正德九年夏五月慎独斋刊行"的木记一行。但他没有说在何地见到此本。[3]

---

[1] 贺次君:《史记书录》第 123 页。

[2] 兴吉按:据此或可以认为《史记索隐》本有两个版本传世,分别有两个不同的序,后来两个序被编入同一《史记》二家注本中。

[3] 贺次君:《史记书录》第 126 页。据笔者的调查,此本在国内收藏情况不明。惟一可能是此本在山东图书馆,但查《山东省图书馆藏海源阁书目》(齐鲁书社 1999 年版)及《中国古籍善本书目》,只是说"明正德刘弘毅慎独斋本",其中对此本的版本特征的描述,和此后的两本并无差异,故难以断定其是否真是正德九年本,也未可知。台湾中央图书馆所藏实际为刘洪本。水泽利忠在《史记会注考证校补》第 8 册所附图版中明确地说日本东洋文库、京都图书馆藏有"正德九年慎独斋刊本史记"(图版 148、149),笔者未能见到此本原件,也不知道水泽先生的依据是什么,而仅据此二页图版也不能证明此二本就是正德九年本,所以日本藏本的情况也不明。因之,目前国内外书目中所说彼处有收藏明嘉靖九年慎独斋本的记载,大多不可轻信。

笔者循着贺先生的发现，查验国图藏刘洪本的胶片，结果发现在"高祖功臣侯者年表"页二前半页第九、十行的界中有此木记。由此可见，慎独斋九年本的确存在过，但仅凭此却不足以证明有此木记者即为慎独斋九年本，因为出现了如此复杂的情况，所以我们目前难以澄清此本的实在收藏情况。贺次君先生认为此本来自明刻游明本，应当是正确的结论。[1]第二种是明正德十三年（1518）建阳刊刻的建宁府官刻本（又名邵宗周刻本）；第三种是正德十六年（1521）建阳书户刘洪刻本（又名《史记大全》）。目前很多古籍版本书目中，将此三本混为一谈。因上述三本皆为《史记集解索隐》本，同时三本的版式基本相同，都是每半页十行，行二十字；注双行二十字。白口，四周双边。同向黑双鱼尾，版心上题"史记卷一"，鱼尾下题"五帝本纪"，又鱼尾下记本卷页码；卷首有蒙古中统二年（1261）董浦序。张丽娟认为："实际上所谓邵宗周刻本与慎独斋刻本是相同板片，只是加以改刻后印而已。"此说的确有一定的道理。[2]笔者在此似乎可以提出这样的结论，即这两个本子即使不是同一板片，其所据底本也应当是慎独斋九年本。不过，三本的具体关系以及其中的差别还需要经过全面校勘，才可以明确。其中包括慎独斋本是否有传世，以及建宁官刻本和刘洪本的具体关系，和二本是否是活字本的问题。[3]此外，深入研究这三个版本的意义还在于，《史记》刊行史上，二家注本到此也就终止，在此后再也没有二家注本的刊行。

二、《史记集解索隐正义》本研究

明代中期之后，《史记》版本形成了以三家注本为主的局面。《史记集解索

---

[1] 贺次君：《史记书录》第 126 页。

[2] 张丽娟：《明代建阳书坊慎独斋刻书考述》，《王重民先生百年诞辰纪念文集》，北京图书馆出版社，2003 年，第 334 页。据笔者的查验，国图藏胶片刘洪本中，多有空白行；如《老子列传》中，在老子事迹与庄子事迹之间，在同一版面上竟然有 13 行的空白。显然系改版过程中所造成的失误。

[3] 王重民在《中国善本书提要》中说，刘洪本卷四十八《陈涉世家》，"八"反倒，认为此本"颇似活字本"。笔者经查验国图此本之胶片，王先生所言不误。

隐正义》本，即我们通常所说的《史记》三家注本。目前学界普遍认为最早的《史记》三家注本是南宋刊黄善夫本，其中也包含了《史记索隐》。

《史记集解索隐正义》一百三十卷，建安黄善夫刊本。半页十行，行十八字；注双行二十三字。细黑口，左右双边。版心双鱼尾，上鱼尾下记"史记五帝纪一"等，每页末行框外有书耳。一般认为建安黄善夫刊本是南宋庆元二年（1196）刊本，而日本学者尾崎康先生认为此本是南宋绍熙间（1174—1189）刊本。在 20 世纪 30 年代张元济先生据涵芬楼自藏此本的残卷以及借拍日本所藏此本，影印出版了此本，一时间此本在学界广泛流传，影响巨大，但是在出版中，张先生对原本有大量的修改，所以涵芬楼此次影印的所谓"黄善夫本《史记》"，已经与原本有了很大的差距。而目前可以反映此本原貌的影印本是 1996—1998 年日本汲古书院古典研究会丛书本，此本据日本历史民俗博物馆藏本缩小影印，为原本的 66%。

南宋黄善夫本在"史记目录"页首行"史记目录"下，开列本书的内容有四："集解、补史、索隐、正义"。这里的"补史"是指司马贞的《补史记》，黄善夫本是《史记》最早的三家注本，为学界所熟知，但其中此刊本似乎也很看重司马贞的著作《史记索隐》，其实所谓《补史记》者，不过仅有《三皇本纪》而已。但是作为坊刻本的黄善夫本在"史记目录"中开列这个内容，应当说并不是无意为之，至少可以看作是当时的书商出于广告宣传的目的，借用《索隐》来扩大影响，这也就说明在南宋中期，《史记索隐》在社会上已经有了一定的影响力。据笔者在将蔡梦弼本与黄善夫本做了初步的比勘之后认为，张玉春先生所说的黄本是在蔡本基础上增加《正义》而形成的版本的提法，是比较合乎实际情况的。在进一步的比勘中，笔者认为，黄本中对三家注，特别是对《索隐》的删节，是受到了底本蔡本的影响，即黄本中对《索隐》内容的删削，与蔡本对《索隐》内容的删削有直接的关联。

在黄善夫本之后的三家注本，是元刻彭寅翁本。《史记集解索隐正义》一百三十卷，元至元二十五年（1288）安福彭寅翁崇道精舍刊本。有 1995 年上海古籍出版社《续修四库全书》影印国图一百三十卷本（配中统二年本六卷），2002 年北京线装书局影印日本枫山文库本。此外，中华再造善本中据国图藏本影印了此本。

经过安平秋、张玉春先生的研究，基本可以确定此本是南宋黄善夫本的翻刻本，同时，《史记》版本研究者比较早就注意到了彭寅翁本中存在着删节三家注的情况，贺次君先生依据他对彭寅翁本《周本纪》部分的调查和研究，最早注意到了这个问题。在此基础上，安平秋先生在《史记版本述要》中进一步对彭本删节三家注问题进行了初步的数据性的研究，他指出："以《周本纪》为例，较大幅度删削即有七八十处之多，其中最少删去四字，最多删去七八十字（删一二字者不计在内）。"[1]虽然安平秋先生的统计还不十分准确，而且统计范围只限于《周本纪》，但是他的这些想法，的确能给后人的研究以极大的启发，因为他的这种力求通过数据说明问题的研究方法，较之贺次君先生在《史记书录》中只是列举事例的做法，有着极大的直观性，不仅有更大的说服力，而且也便于后来的研究者利用其研究成果。笔者也是按照安平秋先生的研究方法，对彭本《本纪》部分删节三家注的情况，做过一些初步的统计，意在指出彭寅翁本对三家注的删节，实际上反映了《史记》二家注本、三家注本的形成过程中，有着互相平衡与融汇的过程，并不是一个简单的删节的过程。

彭寅翁本《史记》十二本纪中，有着明显的删节特征的是《周本纪》《秦本纪》《秦始皇本纪》《项羽本纪》。其他本纪只能说是有一些文本上的出入。这里所说的删节是指与底本黄善夫本比较而言。笔者把彭寅翁本在十二本纪中的删节《索隐》情况，制成下面的表格，以期反映其实在的情况。

---

[1] 安平秋：《史记版本述要》，《古籍整理与研究》1987 年第 1 期。

表 1　彭本十二本纪删节《索隐》卷数及对应字数表[1]　　（单位：处）

删字数	卷 数											
	卷 1	卷 2	卷 3	卷 4	卷 5	卷 6	卷 7	卷 8	卷 9	卷 10	卷 11	卷 12
删一字者	4	1	2	5	1	12	1	1	1	1		
删二字	1		1	2	2	3						
删二字以上	2			6	5	24	6					
删整条				6	8	17	3					1
删字处小计	7	1	4	19	16	56	10	1	1	1		1
删字数统计	22	1	4	266	264	684	157	1				27

　　笔者认为，彭本对《索隐》的删节，是《史记》版本流变中，不断增加新注家中的一种变化，即从单《集解》本到二家注本，再到三家注本的演变中，因为有新的注释要增加，所以也伴随着对原有旧注的节略。

　　众多的明刻史记版本也延续了这个特征，形成了明代《史记》版本突出的特点，即不断有新的注释被加到《史记》版本中。当然，在明刻《史记》版本中影响最大、数量最多的，还是三家注本。据笔者的统计，现存世的明刻《史记》版本中，三家注本有 8 种。如果加上包含《索隐》《正义》的评林本，则有二十种之多，可见三家注本在明代普及的情况。

　　明代最早的《史记》三家注本是明正德十二年（1517）廖铠刊本。此本半页十行，行十八字；注双行二十三、二十四字。细黑口，四周双边。相对双鱼尾，版心上方记每册页码总号，中记"史记几"或"传几"，下记本卷页码。据廖铠自序中说："然其所有，则《纪》《表》《世家》《传》，而《八

---

[1]　关于此表的说明：此表是根据彭寅翁本中的枫山文库本和1995—1998 年日本汲古书院据日本民俗博物馆所藏南宋刊《史记》黄善夫本影印本之间的比勘结果统计而成。表中的"脱字处"表示彭本删节或脱漏的地方；这里要说明的是，在上述的统计中，笔者采取了这样的统计方式，即如果在三家注的一条中，有不相连的文句存着 3 处删节或脱漏，则删字处按 3 处计算，而不按 1 条统计。另外，此表之所以把删字处分成"删一字、删二字、删二字以上、删整条"，是因为笔者在研究中发现，"删一字"者多数为删助词；"删二字"者多数为删词组；"删二字以上"者多数为删节句子的部分结构或整句。此外，笔者所要指出的是，此表的删节统计只包括黄本有，而彭本删节的三家注，黄本和彭本之间的差异，笔者做异文处理，不计入此表。

书》逸焉。"可知此本的底本原缺《书》部分,故而今存世的《书》部分据何本而来就是一个问题,值得进一步研究。经笔者查对国图藏廖凯本,其《八书》中只有前五书有《正义》注,而后三书无《正义》注。卷六一首行题"老子伯夷列传第一",和此本的目录不同,故怀疑此本的《史记目录》是用他本配补。此本在刊行时,底本的缺失似乎比较严重,例如卷五第三十一页的行格与前后页不同,是十行,行大字十六,小字十九,当为补刻页。而此页上有廖铠本特有的题本册页码的标识,所以,可以否定此页使用他本此页配补的可能。经过查对,此页中的注文有许多缺失。目前学界一致的看法是廖铠刊本的底本是南宋黄善夫本。

明代三家注本的代表是对后世《史记》版本刊行产生过巨大影响的所谓"嘉靖三刻",即一般书目中所说的"王本、柯本、秦藩本"。明嘉靖四年(1525)刻本有两种,一种是王延喆本。另一种是莆田柯维熊校本,或称金台汪谅刊本。这两本的底本都是南宋黄善夫本,所以行款格相同,都是半页十行,行十八字;注双行二十三字。白口,左右双边。只是柯本是版心相对双鱼尾,而王延喆刊本是版心单鱼尾,边外有书耳。

首先介绍王延喆本。王本传世各本的序排列有所不同。传世本有初印本和后印本,在《史记集解序》中,后印本有墨钉,而初印本没有。又因初印本印制精良,似有书贾欲以此伪充宋本,故而国图藏的一部初印本,此本中《史记集解》《史记目录》后的木记被人剜去,被认为是曾有人以此本仿冒宋本的证据。故王延喆本的版本特征,今据国图本(未剜本)及结合北大藏后印本言之。首《史记集解序》,四周双边,九行十五字,注双行二十字。此序后有"震泽王氏刻于/恩褒四世之堂"双行篆文木记。王延喆(1483—?),吴(今苏州)人,钱泰吉《甘泉山人稿》卷四"跋震泽王氏《史记》"中说:"延喆,字子贞,文恪长子,以荫入官,由中书舍人,擢太常寺右寺副,出为兖州推官,谢病归"。文恪即明代名臣王鏊(1450—1524,谥文恪)。

王本后来翻刻本众多,而且在近代再次发现黄善夫本之前,王本被认为是最佳的三家注本，但我们已经知道，王延喆本自身也存在一些问题，即王本在刊行时，所据底本不全，所以用其他的本子做了配补。此点学界早有发现，张元济先生说："然震泽王本亦不尽与黄本同，其所遗佚，不少概见。"[1]张先生还列举了十个具体的例子。诚如张先生所言。此本虽据黄善夫本翻刻，多存黄本之旧，但底本有残缺，据笔者的研究，认为王本的《律书》是根据元刻彭寅翁本加以配补刊刻的。王本卷四第二十四页与第二十七页也是据彭本补刊的。通过上面的说明也可以看出，王本刊行者在刊刻时，遭遇了所据底本缺页的情况，不得已的情况下想用他本补刻，而他本（彭寅翁本）本身也存在着缺失，王氏不知，所以致误。

此本为明刻的佳本，后世翻刻者多，有清同治九年（1870）崇文书局翻刻本和湖北官书处民国元年（1912）仿震泽王氏本重刊本，后者题名"王本史记"。此本《集解序》首页左右双边，此后皆四周双边。其《周本纪》第二十四页对王本的脱文有部分改正。

"嘉靖三刻"中的第二种是柯维熊本，柯本所采用的底本虽是黄善夫本，但所据底本也不全，所以其中也有柯维熊的校改，例如卷五第三十一页开始于史文"二十二年，蒙武"之下，止于"三十一年白起"（一，212~213），[2]柯本此页不是据黄善夫本翻刻，而是据他本补全。笔者经过查对，此页南宋黄善夫本有550字，廖铠本417字，彭寅翁本382字，柯本385字。柯本卷首有嘉靖四年铅山费懋中《题新刻史记》云："白鹿洞本无《正义》，陕西本虽有之，而《封禅》《河渠》《平准》三书特缺焉，柯君悉为增入。"陕西本即廖铠本，可见，柯本在校勘时，应当使用过廖铠本，但是此页中，因其比廖凯本少32字，[3]是故柯本的此页和廖凯本不一定有直接的关联，反观元刻彭寅翁本史文"二十

---

[1] 张元济：《涉园序跋集录》第38页，又见《校史随笔》。

[2] 黄善夫本系统的本子，包括廖铠本、王延喆本、柯维熊本、秦藩本卷5第31页皆开始于史文"伐齐，河东为九县"之前，止于"三十一年白起"之后。

[3] 此页柯本比廖铠本少32字，其中少整条《正义》、《索隐》各1条（27字），廖铠本在此页三处《集解》前各多"骃案"2字（合计6字），而柯本仅比廖铠本多一"也"字。

二年蒙武"之后，到"伐魏，取两城"之前这段文字，有 382 字，仅比柯本少 3 字，[1]而且此页中彭本此页整条删节或节删的《正义》《索隐》情况都与柯本相同[2]，因而笔者认为柯本此页应和彭寅翁本有直接的关系，换言之，柯本在刊行时借鉴过彭本。

"嘉靖三刻"中的第三种即秦藩本，明嘉靖十三年（1534）秦藩朱维焯刊本，又嘉靖二十九年（1550）朱怀㤓补修。行款格也与上述两本相同，只是版心单白鱼尾。此本的底本是王延喆本。此本对前人的不足有校改，如王本所脱《周本纪》第二十七页，柯本所脱《秦本纪》第三十一页，此本皆有增补。[3]

虽然在明代，民间刊行了大量的《史记》版本，但明代官刻《史记》还是值得我们给予高度关注。除了前面提到的明弘治年间的《史记》补刊本之外，官刻中最有名的就是明代国子监刊本《史记》。这些版本对后世《史记》版本也有很大的影响。现传世的明国子监刊刻的《史记》，共有四个版本，这四个本子都是三家注本，其最突出的特征就是对三家注都有大量的删节。张元济先生说："明人刊书武断最甚，余尝以是刻（指黄善夫本）与监本对勘，《集解》全删者四百九十九条，节删者三十五条；《索隐》全删者六百一十三条，节删者一百二十二条；而以《正义》为尤多，全删者八百三十七条，节删者一百五十七条。"[4]张先生所言的明监本并没有说明是指哪个版本，因为明监本有四种，其中对三家注的删节情况并不完全一致。就一般的情况说，他说的是明北监本。张先生所言的确是事实，指出了明监本的问题。但是我们认为，造成此种删节

---

[1] 此 3 字为史文"秦取魏安城"（一，215）下《正义》中"十七里"。

[2] 兴吉按：查此页，彭本全删整条注释，节删注释共八处。而廖凯本仅有六处，则此页柯本是据彭本刊补的无疑。

[3] 缪荃孙、吴昌绶、董康撰，吴格整理点校《嘉业堂藏书志》第 187 页。经笔者查验，《嘉志》所言是。

[4] 张元济：《涉园序跋集录》第 36 页。兴吉按：明监本删节三家注问题，历来研究者不多，在清代虽然已经有学者发现了这个问题，但还是缺乏全面的校勘实证，清武英殿本《史记》中的"史记考证"仅是部分的举证；清代比较全面地介绍此问题是清末陕西味经书院山长刘光蕡所刊行的《史记校勘记》，校勘主要使用了明监本、《史记评林》（湖本）、汲古阁单《集解》等版本及其他《史记》研究著作；另据此书刘光蕡（清光绪 21 年，1895 年）的跋：此书是味经书院刊行《史记》时形成的校勘记。共有校勘札记 4155 条。此校勘记的问题在于其指出明监本的问题，却没有具体指明是明监本中具体哪个版本。

的原因可能更加复杂，不仅有所据底本的问题，还有就是刊行时对《史记》诸家注释如何取舍的问题。上述张元济先生的表述，启发我们深入研究《史记》接续版本在文本文字的处理方式，我们会发现一个基本的情况。主要表现在两个形式，一是《史记》接续版本间对三家注的整条的删脱（基本是《集解》和《索隐》的整条删节，即张元济所说的全删）。二是《史记》接续版本对三家注一个条目中部分内容的删节（以下简称节删）。

明监本第一种是明嘉靖九年（1530）南京国子监祭酒张邦奇、司业江汝璧刊本。半页十行，行二十一字；注双行二十一字。黑口，左右双边。版心上题"嘉靖九年刊（也有作'八年'者）"。此本对三家注多有删节，开启了明监本删节（或云省略）三家注的先河，此后的明代官刻本皆有仿效。

第二种是明万历二年（1574）至万历三年（1575）南京国子监祭酒余有丁[1]、司业周子义刊本，[2]据国家图书馆藏本，此本半页十行，行二十一字；注双行二十一字。黑口，四周双边。同向双鱼尾，上鱼尾上题"万历二年刊"或"万历三年刊"，上鱼尾下版心题"史记五帝纪一"，下鱼尾下题页码及刻工姓名。内容首为《史记索隐序》[3]，次为《史记索隐后序》，次为《补史记序》，次为《史记集解序》，次为《史记正义序》，次为《史记正义论例谥法解》，次为《史记目录》。目录后有余有丁的识语。

受明代的学术及社会风气的影响，明万历二年余有丁本中，吸收了许多当时民间刻本的做法。自明嘉靖十六年（1537）《史记题评》开始增加当事人评注的先例，似乎对明代的官刻也产生了影响。此本在《史记》目录后有余有丁

---

[1] 兴吉按：余有丁（1526~1584），浙江鄞县人，明嘉靖四十一年（1562）进士，累官至礼部尚书、文渊阁大学士。

[2] 邵懿辰撰、邵章续录《增订四库简明目录标注》第187页中说"万历初余有丁大字、小字二本"，似乎是指余有丁曾刊行过大字、小字两个版本的《史记》，然而小字本不传，故笔者认为：《史记》宋元版，多为小字本者，或指余有丁曾修补宋元旧板而刊行之。

[3] 据日本内阁文库藏本，首为《集解序》9行16字，无《索隐》注，次《索隐序》行字同前、次《索隐后序》9行18字、次《补史记序》9行16字、次《正义序》行字同前、《史记正义谥法解》10行21字（"谥法解"半页上下两段），此后降三格18字有余有丁跋。次《史记目录》，次《三皇本纪》，次《五帝本纪》。

识语云："国学故藏《史记》，久乃漫漶不可读，余病之，将付梓人，而尤病昔人所为传注言人人殊，不无瑕类，且多复语芜辞，若里邑沿革、氏爵异同、音释当否，颛门分路，各自名家，或乃离析本文，隔其篇什，至使局界莫辩，句韵靡通，因与周先生各取一编，手自排缵，删繁剔冗，互正睽违，旧所阙遗，辄更详释，间刺经传及众家，往牒中语，即当代士大夫所评骘者皆掇拾之，而稍以猥见，续厕其末，若班、马相诡并褚大审入，后人谬增，悉为条正，不至差爽，极知谫薄无根，核之深不能有所发明，谨欲学者传故训而已。"在删去后人所加《史记》注释内容的同时，反而增加了明人的评论。此本《三皇本纪》在《五帝本纪》前，共为一卷，分为上、下篇，与蔡梦弼本相同。为了迎合社会的需要，此本每篇论赞后有吴澄[1]等人评语一篇。此本在明代就有两个翻刻本，即明万历六年（1578）山西布政司翻刻本和明万历九年（1581）刘维刊本，版式与上本相同，但此二本对原本皆有校改。

第三种是明万历二十四年（1596）南京国子监祭酒冯梦祯、司业黄汝良刊本，半页十行，行二十至二十二字不等；注双行二十七字。细黑口，左右双边。单鱼尾，鱼尾上题"万历二十四年刊"，鱼尾下题"五帝本纪一"，下题页码、刻工姓名。此本与上述两个本子一样，删节三家亦多。

第四种是明万历二十六年（1598）北京国子监祭酒刘应秋[2]、司业杨道宾[3]校刊，又明崇祯六年（1633）祭酒吴士元、司业黄锦重修本。半页十行，行二十一字；注双行，行二十一字。左右双边，单鱼尾，白口。鱼尾上题"万历二十六年刊"，鱼尾下题"史记卷一"，及"帝纪"，隔六格题本卷页码。此

---

[1] 吴澄（1249—1333）字幼清，抚州崇仁（今属江西省）人，学者称之为草庐先生，历官江西儒学副提举、国子监丞、司业、翰林学士。卒，谥文正。有《吴文正集》。《元史》有传。

[2] 刘应秋（1549—1600），字士和，江西吉水人。明万历十一年（1583）进士及第，授编修，迁南京司业。历右庶子、祭酒。归数年，卒。崇祯时，赠礼部侍郎，谥文节。《明史》有传。

[3] 杨道宾（1552—1609），字惟彦，号荆若，福建晋江人。明万历十四年（1586）进士，授编修。累迁国子祭酒，少詹事，礼部右侍郎，掌翰林院事。转左，改掌部事。辛官，赠礼部尚书，谥文恪。《明史》有传。

本各序的排列是首《史记索隐序》、次《史记索隐后序》、次《补史记序》《史记集解序》《史记正义论例谥法解》《史记目录》。目录首行题"史记补目录"，次行题"唐弘文馆学士司马贞著"，第三行题"三皇本纪"，第四行题"史记目录"，第五行题"汉太史令龙门司马迁著"，第六行题"皇明朝列大夫国子监祭酒臣刘应秋/承直郎国子监司业臣杨道宾等奉"，第七行接上文"敕重校刊"。此本与其他明监本相同，其三家注也有大量的缺失。

此本在崇祯六年（1633）重修，应该是在旧版上的修补，《五帝本纪》首页，第三行双行题"皇明朝列大夫国子监祭酒臣刘应秋/承直郎国子监司业臣杨道宾等奉"，第四行接上文"敕重校刊/皇明朝列大夫国子监祭酒臣吴士元"。第五行接上文"承直郎司业仍加俸一级臣黄锦奉"，第六行接上文"旨重修"。查万历二十六年本此页除此三行之外，皆同，可见是没有大的修改。

以明北监本《史记》为底本，演变出清代官刻本——武英殿本《史记》，同时明监本《史记》的版木一直保存到清代，多次递修重印，是以明监本《史记》的明清印本、清递修本存世比较多，影响也就比较大，因之明监本《史记》在整个《史记》版本系统中有着重要的地位。

多年来，学界对明监本的来源及其四个本子之间的关系的研究，还不是很深入。诸多版本著作在涉及此问题时，多是语焉不详。只有近年张玉春在《史记版本研究》中涉及较多，他指出："南监张邦奇本是以元大德九年刊二家注本合《正义》注文而成。在合刻过程中，因所据底本不善，三家注文，尤其是《正义》注文多所脱落。至万历三年余有丁始有意删削三家注，斥余氏妄删三家注，可谓不诬。及至万历二十四年冯梦祯本、二十六年北监刘应秋本，不仅不曾删削三家注，而且恢复了被余有丁妄删的注文，但终因无缘得见黄善夫本，没能达到恢复三家注原貌的目的。"[1]笔者认为：这个结论还有值得商榷的地方。首先，前面说过，元大德本中虽然有《索隐》，但数量不多，远远不是全本。

---

[1] 张玉春《史记版本研究》第 334 页。引文中说："余有丁始有意删削三家注"，不准确，明监本删削三家注，开始于明嘉靖九年南监本。

明监本若是据此刊刻,势必还需要据他本增补;其次,明监本中的《正义》从何而来?是旧有的三家注本,还是当时还有存世的《正义》单行本。要想回答上述两个问题,必须要做的工作是要将明监本与大德本、明监本之前的三家注本进行全面的校勘,才能得出较准确的结论。

表2 四种明监本《周本纪》删节三家注情况表

版 本	《集解》		《索隐》		《正义》	
	整条删节	部分删节	整条删节	部分删节	整条删节	部分删节
明嘉靖九年南监本	16	—	6	—	51	—
明万历二年南监本	60	39	24	18	75	51
明万历二十四年南监本	20	—	6	1	46	3
明万历二十六北监本	19		6		49	

从上表的情况看,四种明监本都是秉承着一个宗旨,即对于三家注中内容重复的注释,进行大量的删节,同时,针对《正义》的删节是比较突出的特点。总的来看,上述的删节主旨,从明嘉靖九年南监本开始到明万历二十六年北监本,这个情况,并没有改变。或者说,最后出现的北监本也没有改变这个趋势,基本上保持了其原有的基本删节态势,这也是后人对这四个《史记》版本进行批评的主要原因。说到四个本子之间的差别,主要是以明万历二年余有丁本进行的删节与增补最多,形成了四种明监本中删节三家注最为突出的特点。余有丁本不仅删节整条三家注的情况比较严重,同时,进行节删的力度也很大。笔者的比勘之后认为,余有丁本之后出现的两个监本,或是不满于余有丁本的随意删节,其主体是回到明嘉靖九年本上去,具体体现在对三家注内容进行节删的部分,从上表中也可以看到,这两个本子与明嘉靖九年本整条删节三家注的情况大致相同,而对节删持谨慎的态度,导致节删的数量大为减少。

何以出现上述的改变,笔者认为:一方面是余有丁本(明万历三年本)删节三家注招致了不满,明二十四年南监本,应该说是继承了余有丁南京国子监版本的特点,但其序文中,对余有丁的做法进行了严厉的批评。黄汝良的序中就说:"监本旧有《史记》,兼载题评,而于旧注多所删割",但黄也说:

"题评新语虽爱而必捐，注释旧文虽多而必录"。表明其对于余有丁所删节的三家注有所回补，但是其说"注释旧文虽多而必录"，就不一定是实话了，因为这个本子并没有将三家注的条目完全补全。这也许从一个角度看，官刻机构国子监在刊行《史记》时是看不起明代民间刻行的《史记》的，所以，其以明嘉靖九年本为归置，所谓旧文必录，不过是恢复明嘉靖九年本的旧貌而已。

另外据笔者目前的研究与比勘情况看，元刻《史记》彭寅翁本卷四《周本纪》删节整条《集解》一条，整条《索隐》六条，整条《正义》四十三条；[1]较之明监本四种数量少。其中彭寅翁本所删节的六条《索隐》与明监本所删节的六条《索隐》并不一致，两者间仅有二条是相同的（南监二十四年本虽删节二十四条，但包含上述其他明监本删节的六条），以此基本可以得出两个结论，其一是明监本与元刻彭寅翁本没有直接的传承关系，其二是四种明监本所删节的六条完全一致，可以认为都是以明嘉靖九年南监本为底本进行的翻刻。

明监本对于《史记》三家注的删节，虽然一定程度上反映了明代官学对于《史记》三家注的态度，但就保存《史记》研究、注释文献的角度来看，明监本对于《史记》三家注的删节，毫无疑问是舍弃了大量的《史记》三家注资料。由此我们可以认为，宋刻的黄善夫本虽然是民间刻本，其中也有大量的讹误，但就其所保存的三家注来看，数量远超明代的官刻本，以此更证明了宋刻黄善夫本的文献价值，所以在对明监本这样的官刻本进行合理评价的同时，更应该承认黄善夫本所具有的版本地位，而不是以其为一般的民间刊本——坊刻本，进行不负责任的批评。

明万历四年（1576）凌稚隆《史记评林》的刊行，标志着评林本《史记》开始进入全盛时期，其特点是在《史记》三家注的基础上，增加其他的《史记》注家。因此评林本《史记》，应该说是一种会注本《史记》。凌稚隆《史记评林》的底本是柯维熊本，关于此点《史记书录》《史记版本述要》中皆有详细说明，

---

[1] 这里所说的彭寅翁本的删节三家注是指相对于宋刻黄善夫本的删节。

这里就不再重复。

接下来我们要讨论一个问题，就是《索隐》在二家注本、三家注本演变中，被置于怎样的地位问题。简而言之，《史记》版本在结束了白文本时代之后，其基本变化规律呈现为，在三家注本出现之前，《史记》刻本是以单集解本、二家注本的形态流传的。在已有的《集解》《索隐》之上加入了《正义》，《史记》开始从二家注本演变为三家注本。主流注家的形成，必然是对非主流注家的扬弃，结果是非主流注家的散失。正如裴骃的《集解》在吸纳了大量两汉及魏晋的《史记》注家的同时，也造成了诸多《史记》注家著作的亡失一样。《史记》三家注本的一个主要特征是在增加《正义》的同时，对《索隐》进行了大量的删节，甚至在个别部分对《集解》也有一些删节。在这一点上，彭本可说是一个具有典型特征的版本。

我们深入研究彭本和黄本在文本文字的处理方式，会发现两者呈现着相同的思路。主要表现在两个方面，第一个方面是彭本和黄本对三家注的整条的删脱（基本是《集解》和《索隐》）。第二个方面是彭本、黄本对三家注一个条目中部分内容的删节（以下简称节删）。

在第一个方面，笔者将《史记》彭寅翁本和黄善夫本及中华书局标点本（以下称今本）作了一个比较，将三家注今本有，而彭本与黄本没有的，归入彭本、黄本删脱三家注的范围，然后对这个范围内的删脱情况进行分析研究。下面的表格，反映了彭本、黄本整条删脱三家注的基本情况。

表 3　彭本、黄本整条删脱三家注数量一览表

	本纪	表	书	世家	列传	合计
集解	2	1	1	3	5	12
索隐	17	47	6	12	145	227
正义	0	0	1	0	1	2
合计	19	48	8	15	151	241
卷平均	1.58	4.8	1	0.5	2.15	1.85

从上面的表格中，可以明白地看到，《索隐》删脱最多。这正好呈现了一个基本的规律，即黄本、彭本对三家注的删节，并不是个别的实例，而是一个三家注今本形成过程的再现。具体而言，它表明从单《集解》本、到二家注本的发展历史中，随着学界对《史记》需求的变化，对三家注形成的一个自然筛选的过程，作为这个自然筛选过程的结果，则是今天我们见到的今本三家注本内在逻辑关系的平和，以及内容的相对完整性，包括它们彼此之间形成的互补关系局面。这种平和过程的背后却是三家注本在处理三种《史记》经典注释的过程中，一方面要采纳一些有创建的、新的流行注释，另一方面也必须纠正前人的错误，扬弃一些旧的注释，并剔除两者间重复的内容；再者则是，三家注本如何实现更简明地注释，并形成完整、合理的注释体系，便利读者，是其主要的任务。广而言之，类似的问题也困扰着后来的《史记》刊行者，后出现的《史记》会评本中，因为要添加更多注家、论者的注释、言论，也要同时展示经典注释与新注释，形成自己的特色，就需要平衡新、旧注释的比例，以适应社会各种不同的需要。我们回顾史记注释的历史，可以发现，在《史记》二家注时期，上述平衡的观念已经出现了。即二家注本已经很注意合理地处理《集解》与《索隐》间的平衡。此种观念的延续，对《索隐》在此后的流变形态产生了不可估量的直接影响。

三、其他包含《史记索隐》的《史记》版本

《史记》版本众多，其中众多的节略本也是一大特色。所谓节略本，是指通过对《史记》本文（主要指《表》部分）以及对三家注的删节，形成的《史记》版本。最早的《史记》节本，当属元刻《东莱先生增入正义音注史记详节》，此书二十卷，可以说是《史记》节本与《史记》各类注本的结合之作。此本在"东莱先生增入正义音注史记详节目录"五体"本纪""卷之一上"下，开列四部分属于"卷之一上"的内容："小司马三皇纪、苏子三皇纪、苏子五帝纪、刘子包牺以来纪"。在本文中，四篇著作，吕祖谦实际仅转录了司马贞《三皇

本纪》的一部分，其他三家的摘录数量很少，对刘恕的《包牺以来纪》仅列举了目录而已。由此可见，其对于《索隐》的重视。在"卷之一上"中开头就罗列各家注释及名号："集解裴骃""正义张守节""索隐司马贞""补史司马贞""古史苏辙""外纪刘恕"。这些提法可以看出，吕祖谦对于三家注的看法，至少在此本中，"新注"《正义》的地位是置于"旧注"《索隐》之上的。[1]

从这些提法看，此本是致力于辑录补缺《史记》，但实际上此本对《史记》的正文也有删节。此本在卷首有司马贞《补史记序》（有吕祖谦注）、裴骃《集解叙》（有司马贞注）、苏辙《古史叙》（有吕祖谦注）、刘恕《外纪叙》。将《补史记序》放在最前，表明此本也是要以《索隐》来标榜。故而《索隐》《正义》都是当时学者以及书贩迎合社会需要而增加的内容，但从另一个角度来说，两种注释之作在当时的学界有很大的影响，是不可否认的事实。

明代《史记》版本中，《史记集解》本很少，除了上述明弘治三年（1490）补刻宋本外，学界一直认为只有明正德十年（1515）江西白鹿洞书院刊本为唯一的单《集解》本。但笔者经过查对，发现此本并不是单纯的单《集解》本，不仅其卷首有司马贞撰《三皇本纪》，而且正文中多含有《索隐》注文。[2]但此本中所保存的《索隐》条目数量不大，还不足以称为真正的《史记》二家注本。不过，明刻《史记》版本中夹杂《索隐》的情况，也可以看作是明代《史记》版本变化的一个普遍的现象。

明代《史记》版本众多，明代出现的评林本也是《史记》版本的新特色。特别是凌稚隆创制《史记评林》之后，这些评林本对三家注的态度转变为全面搜罗，对《史记索隐》也是如此。虽则学界一直对《史记评林》类的《史记》版本有着不好的看法，但实际无论是校勘上，还是对三家注的收集，评林本都是有贡献的。

---

[1] 兴吉按：但据笔者的初步统计，此本采纳《索隐》的数量却远高于《正义》。

[2] 关于此点，前人早有注意，如柯维熊本中有嘉靖四年铅山费懋中《新刻史记序》云："白鹿洞本无《正义》"；明刻《史记评林》"凡例"中也说："白鹿本无《正义》"。显然是因为其有《索隐》的内容。

《史记评林》本的开启者是明嘉靖十六年（1537）刊行的《史记题评》，赵澄先生在 20 世纪 30 年代就指出："案题评的《史记》以《史记评林》最为有名，而实蜀《史记题评》开其端。盖自晋末徐广而继之以宋裴骃，唐之小司马、张守节诸儒，于《史记》的注释，已达到至详且尽的程度，后人增无可增，遂转而走到批评的路子上去。犹之经学家，唐汉则详于训诂，在宋明则精研义理，也是一种趋势使然。自此而后也算是研究《史记》的一个新的时期。"[1] 赵先生对评林本形成的描绘是比较准确的，此后出现的评林本中大量收罗了前人《史记》研究成果，也加入了校刊者自己的《史记》考订、评论，为《史记》研究者提供了不可缺少的资料，这无论是在当时还是现在，都有价值。

《史记题评》刊行于明嘉靖十六年（1537），明杨慎、李元阳辑，高世魁校，胡有恒、胡瑞刊行。半页九行，行二十字；注双行二十字。镌有眉批，小字行四字。白口，左右双边。单白鱼尾，卷首鱼尾上题"史记卷一"，鱼尾下题"五帝纪"，下记页码，隔水下有刻工姓名。此本有大量的评语。其《史记目录》后，有历代评论《史记》诸家名录，据笔者统计，凡 116 人。从中可见此本对前代《史记》评论有收集之功。

卷首为《史记集解序》，次为《补史记序》。次为《史记索隐序》，次《史记正义论例谥法解》，次《史记目录》，此本的目录与蔡本、耿本、黄本不同，即《目录》"帝纪"下有"《索隐》云：'纪者，记也；本其事而记之，故曰本纪。又纪理也，丝缕有纪，而帝王书称纪者，言为后代纲纪也'"注一条。《表》、八《书》《世家》《列传》之总题下各有《索隐》一条。贺次君先生说：与中统本全同。贺先生的话是正确的，这也表明此本与中统本有着一定的关联。其后为历代评论《史记》诸家名录。次《三皇本纪》，次《五帝本纪》。全卷末有木记"嘉靖十六年丁酉福州知府胡有恒胡瑞敦雕"（恒字缺笔）。此本虽说也可以称得上是三家注本，但其中对三家注进行了很大的删节，也没有一般三家注本

---

[1] 赵澄《史记板本考》，《史学年报》第 1 卷第 3 期，1931 年，第 129 页。

普遍列入的《史记述赞》。

《史记评林》是《史记》版本中的特例，笔者认为，它本质上是一种《史记》汇注汇评本。此类《史记》版本的形成反映了明代《史记》研究的一种新趋势，其中集中了更多的历代《史记》研究的成果，具有更大的资料普及性，所以最终在明代形成了一个别具一格的《史记》版本系列，影响逐步扩大，成为明代使用最为广泛的《史记》版本，其影响在此后波及海外，也形成了数量庞大的和刻《史记评林》、朝鲜本《史记评林》，对海外的《史记》学产生了莫大的影响。《史记评林》系列中影响最大的是他的最初版本，即明万历四年（1576）凌稚隆刻本，此后在明万历间还有李光缙增补本《史记评林》，分别为建阳熊氏种德堂刊本、熊氏宏远堂刊本、云林本立堂三种刊本。

此本的卷首为王世贞的《史记评林叙》、次为茅坤的《刻史记评林序》、次为司马贞的《史记索隐序》《史记索隐后序》《补史记序》，次为张守节的《史记正义序》，次为裴骃的《史记集解叙》，次为张守节的《史记正义论例》《史记正义谥法解》《史记正义列国分野》，次为《本纪、世家谱系》及《历代国都地理图》，次为《史记评林姓氏》、次为《史记评林引用书目》、次为凌稚隆的《史记评林凡例》；次为《读史总评》，次为司马贞的《补三皇本纪》，次为《史记评林目录》，次为《史记》本文。这个本子中有《史记索隐》的两个序，值得注意。[1]

此本的天头半页十行，行七字；正版史记正文及三家注，半页十行，行十九字，白口，单黑鱼尾，左右双边。卷首版心上题"史记卷一"，鱼尾下题"五帝本纪"，再下为本卷页数，有下鱼尾。

《史记评林》既然是个汇注、汇评性质的本子，其收录的《索隐》自然不会少于其他同类的本子。不过，它的底本是明刻柯维熊本《史记》，是一个三家注本，虽然凌稚隆也说，他也参照其他善本校刊，但三家注本中通常是删削

---

[1] 兴吉按：明刻《史记》中有两个《史记索隐》序的，开始于明嘉靖九年南京国子监本。

《索隐》《正义》的，此本也不例外，对于《索隐》《正义》有所删节。不过此本在校勘上很下功夫，在《史记评林》凡例中，就指出了前人在《史记》三家注本中存在的一些问题，比如注释重复、割裂史文夹注等问题。其中不乏创见，都是引导我们深入研究的好课题。

除了《史记》的二家注本、三家注本以及《史记评林》外，那些对《史记》注释大加删节的本子，也包含部分的《史记索隐》内容。比如明末刻《史记》吴勉学本，虽然是白文无注本，并且《表》部分只有《表》的序，而无《表》的内容，但此书却有如下各序：首《史记索隐序》，次《补史记序》，次《史记正义序》，次《史记索隐后序》。次《史记集解叙》，次《史记正义谥法解》（解作每行上下两段文字），次《史记正义论例》，次《史记正义列国分野》，次《史记目录》。类似的还有如《陈太史评阅史记》明崇祯七年（1634）刊本；《孙月峰先生批评史记》明崇祯九年（1636）冯元仲刻本等版本。还有一个特例，即明万历间（1572—1619）钱塘钟人杰刊本。此本有三家注，但多有删节，且其三家注，并不题明原有《集解》《索隐》《正义》的名目，而统一作《史记》正文下的一般注释处理，从此可见其作为《史记》通俗本的趣向。

明刻《史记》版本中对《史记索隐》的重视，在某种程度上是对三家注的认同，因为到了这个时期，三家注和《史记》已经是密不可分，因而人们也就更自然地关注其中的《史记索隐》。

清代武英殿本虽然是《史记》的三家注本，但其来源却比较特殊，此本的底本是明北监本；对明监本删节的三家注依据汲古阁本《史记索隐》、明刻王延喆本有所增添，以此可以看出，清武英殿本《史记》的三家注，分别来自于三个不同的版本系统，所以说清武英殿本是一个全新的版本，不再属于宋以来的任何的《史记》版本系统。

清末的金陵书局本《史记》也是本着与武英殿本相同的思路与原则来整理《史记》的。此本中的《史记》正文和《集解》采用了汲古阁刊单《集解》本《史记》的内容；《索隐》部分则使用了汲古阁本《史记索隐》；《正义》则大量使用了明刻王延喆本中《正义》的内容。同时，金陵书局本在刊行中，在当时的条件下，实现了前所未有的《史记》版本（包括多种宋本、明本）的对校，在大量校勘的基础上，对《史记》文本及三家注文本进行了校改，金陵书局本也由此成为一个全新的版本。丰富的版本依据与精湛的版本校勘，使得此本问世后就成为各方推崇的"善本"，后来也成为中华书局本的底本，成为《史记》新版本系统的祖本。

综上所述，我们认为，在宋代，《索隐》被合入《史记》版本中，形成《史记》二家注本，其与《集解》形成了相辅相成的关系。但就其中所包含的《索隐》而言，当然较原本《索隐》在数量上有很大的减少。直观而言，三家注本中的《索隐》少于二家注本，反观在二家注本的流传中，自最初的蔡梦弼本到最后的刘洪本，其内容变化不大。《史记索隐》除了保存在汲古阁本之外，就是主要保存在二家注本、三家注中。这些"索隐"大致可分为两个系统，一是耿本系统；二是蔡本系统。在二家注本中，耿本、中统本、游明本、建宁本基本是一个系统的。而二家注本中的蔡本则衍生出了三家注本。此后的彭寅翁本、明代的三家注本都属于是后一个系统的本子。直至清代武英殿本、金陵书局本的出现才有所改变，而最后这个系统则衍生出了今天的《史记》通行本——中华书局本。

在澄清了《史记索隐》在《史记》版本流变中的演化过程之后，我们注意到，现在存世的"史记索隐"有这样的情况，即我们不得不认为，二家注本中的《索隐》（单《索隐》本除外）是其最早、最全的版本。而二家注本中又以南宋刊蔡梦弼本、张杅本、耿秉本为最早、收录条目最多，因此，我们认为，《史记索隐》的研究，在对汲古阁本《史记索隐》进行全面研究的同时，上述的三个二家注本是我们研究《史记索隐》问题的基础资料，笔者在此后的研究中，也将基本遵循这个原则进行研究。

第四章

汲古阁刊
《史记索隐》考实

在前面的几章已经提到，《史记索隐》的单行本很早就不流传了。大致在明初之后，各家书目中已经少见《史记索隐》单行本的踪迹，似乎可以认为此本已经散佚了，此后《索隐》条目就仅保存在《史记》的二家注本和三家注本中。在明代末期，毛晋刊行了一个本子，共三十卷，即汲古阁刊《史记索隐》单行本也称为汲古阁单《索隐》本或汲古阁本《史记索隐》（本书中简称为汲古阁本《索隐》），其体例颇合乎旧本书志中的著录。此后毛氏汲古阁单《索隐》本为学界广泛使用，同时，它的价值及其存在的问题也为学界长期以来所关注。笔者长期使用此本，注意到无论是汲古阁单《索隐》本的体例，还是其所包含的"索隐"等方面都有一些令人费解的问题。笔者在将此本与《史记》二家注本、三家注本进行了全面比勘之后，初步认为：汲古阁单索隐本从它的来源到体例、引录史文、"索隐"条目的质量都有很多的疑点。鉴于学界对这些问题还没有专门的研究，所以，笔者虽然目前对这些问题还不能下明确的结论，但还是想把这些疑点提出来，并做一些大胆的推测，目的是想引起学界的进一步关注，推进《史记索隐》研究的深入。

一、汲古阁本的版本特征与学界的评价

汲古阁单《索隐》本三十卷，一般书目中都题"唐河内司马贞撰"，说它是明崇祯十四年毛氏汲古阁覆北宋大字本。此本半页十四行，行二十六、二十七字；注双行小字，行三十六、三十七不等，多者至四十字。白口，左右双边。单黑鱼尾，各卷首页版心鱼尾下镌有"汲古阁"及"毛氏正本"。首卷首页板框纵横，横 15.8 厘米，纵 21.6 厘米。内页有题名，大字"史记索隐"，其右上有"宋本校正"；其左下有"汲古阁藏板"。卷首裴骃《集解序》一篇，是裴骃全文，其中附司马贞对《集解》的注释。

此本卷一有《五帝本纪》《夏本纪》《殷本纪》《周本纪》四篇，卷首页首行上为"史记索隐卷第一"，中为"小司马氏撰"，下为刻有"琴川毛凤苞氏审定宋本"的长方形印记。次行"五帝本纪第一"。此书注司马迁《史记》，如《四库总目》所言，是仿效陆德明《经典释文》的体例，仅标引所注之文字，所以《四库总目》认为此"盖经传别行之古法"。凡二十八卷。全书末二卷为《述赞》百三十篇及《补史记条例》。[1]

此本在卷二十八的卷末有司马贞的跋文，查其内容，是人们常说的《史记索隐后序》的内容。卷二十九、卷三十的内容，首先是司马贞所作的一百三十篇"史记述赞"，其后为司马贞作《补史记序》《三皇本纪》。《三皇本纪》分为第一和第二，《三皇本纪》第一，实际为司马贞针对司马迁篇次编纂所提出的意见，这些就是《四库总目提要》中所说的"补史记条例"；《三皇本纪》第二才是司马贞作的《三皇本纪》，首行上题"三皇本纪第二"，下题"小司马撰并注"。全书卷尾有毛晋的楷书跋文，是了解汲古阁《索隐》本的关键，且不见于《史记》各本，所以全文引录如下，其文曰：

> 读《史》家多尚《索隐》，宋诸儒尤推小司马，《史记》与小颜氏

---

[1] 兴吉按：此据安平秋先生家藏本，并校以国图藏本著录。

《汉书》，如日月并照，故淳熙、咸淳间，官本颇多，广汉张介仲消去褚少孙续补诸篇，以《索隐》为附庸，尊正史也；赵山甫病非全书，取所削者，别刊一帙；澄江耿直之又病其未便流览，以少孙所续，循其卷第而附入之；虽桐川郡有三刻，唯耿本最精。余家幸藏桐川本有二，拟从张本，恐流俗染人之深，难免山甫之嫌，拟从耿本，恐列《三皇本纪》为冠，大非太史公象闰余而成岁之数，遂订裴骃《集解》而重新焉。每读至舛逸同异处，如"宰我未尝从田横"之类，辄不能忘怀于小司马。幸又遇一《索隐》单行本子，凡三十卷，自序缀于二十八卷之尾，后二卷为述赞、为《三皇本纪》，乃北宋秘省大字刊本，晋巫正其讹谬重脱。附于裴骃《集解》之后，真读《史》第一快事也。倘有问张守节《正义》者，有王震泽先生行本在，古虞毛晋识。

案：汴本释文、演注与桐川郡诸刻微有不同，如"郑德"作"郑玄"，"刘氏"作"刘兆"，姓氏易晓其讹，如《诗含神雾》，援引书目，岂得作"时含神雾"，但乐彦，通本作"乐产"，未知何据。《高祖本纪》中"人乃以妪为不诚欲笞之'，诸本皆然。《汉书》作"欲苦之"，兹本独作"欲告之"，此类颇多，不敢妄改，至如"世家"皆作"系家"，本避李唐讳也。后人辄为改易，小司马能无遗憾邪？晋又识。

以上文字中，毛晋比较清楚地说明了他所得到的单行本《史记索隐》的基本特征以及他为何要刊行单行本《史记索隐》和《史记》单集解本的原因，特别是说明了单行本《史记索隐》与南宋二种《史记》二家注的张杆本、耿秉本的差别。此外他还介绍了其自藏的《史记》张杆本、耿秉本，比较详尽地说明了张杆本、耿秉本的关系。

毛晋的介绍中也有很多不清晰的地方，值得我们的注意。例如，毛晋称此本为"汴本"，是因为他认为：其所得本子是"北宋本"，而且是所谓"北宋秘省大字刊本"。但他却没有指出，他是依据何种史料，得出了如此结论，同时他得到的单《索隐》本，他也没有说明其为北宋何时的本子。我们遍览宋之后的公私书目，此"北宋秘省大字刊本"皆不见著录。此外，毛晋在极力说明自己没有依据自藏《史记》南宋二家注本翻刻《史记》，而是翻刻了单《史记集解》本原因的时候，实际上是没有说实话的。按照他的说法，没有刊行张杅本，是因为张杅本有删节；没有刊行耿本，理由是"拟从耿本，恐列《三皇本纪》为冠"。[1]其实毛晋不以二本刊行的原因，在于这两个本子皆为《史记》二家注本中之无"索隐述赞"本。如果刊行，则《史记索隐》还是以不全本流行于世，这或是毛氏所不乐见的。反之，毛晋一举翻刻《史记》单集解本，《史记索隐》单行本，并以皆据宋本翻刻为号召，影响更大，这恐怕是毛氏真正的原因。

自明末毛氏汲古阁单《索隐》本问世以来，学界就开始关注这个新本的《史记索隐》。在整个清代，学界基本都相信毛晋在汲古阁《索隐》本跋中的说法，即毛氏单《索隐》本是翻刻自宋本。《四库全书总目提要》指出："此单行之本，为北宋秘省刊板，毛晋得而重刻者。录而存之，犹可以见司马氏之旧，而正明人之疏舛焉。"以此本或存司马贞之旧，是此后学者较普遍的观点。王鸣盛在《十七史商榷》中也说："惟常熟毛晋既专刻《集解》外，有别得北宋刻《索隐》单行本而重翻刻之，是小司马本来面目。"[2]钱大昕在论及《正义》《索隐》与史文合刻时也说："今《索隐》有汲古阁所刊单行之本。"[3]

清乾隆年间著名的《史记》版本——清武英殿本《史记》刊行时，毛氏单《索隐》本是其主要的校勘用本。在版式上，清武英殿本将《三皇本纪》放在全卷之末，或当是效法汲古阁单《索隐》的一种体现。张文虎在校刊金陵书局本时，"索隐"部分基本上全部使用了汲古阁单索隐本中的内容。

---

[1] 兴吉按：查今日国图所藏耿本，卷首并无《三皇本纪》。今天的国图藏本上有"毛晋秘匧"，当可知国图本即旧时毛晋所藏本。且耿本《史记目录》中也没有"三皇本纪"的记录，则毛晋此言为虚妄矣。又按：查宋元各本中以"列《三皇本纪》为冠"，即将《三皇本纪》在《史记目录》中就设在《五帝本纪》之前的，有黄善夫本、蔡梦弼本与彭寅翁本，以此更可以说明毛晋此跋文中所言的内容不少是失实的，是毛晋自己编造故事，为推售自家刊行的《史记》版本也。

[2] 王鸣盛：《十七史商榷》卷一，第2页。

[3] 钱大昕：《二十二史考异》（上册）卷五，第89页。

清末的学者林茂春也认为：明监本将《史记》三家注"猥杂混并，且其文十删四五，非善本也。"同时，他对汲古阁单《索隐》本颇有赞扬，他说："至《索隐》亦旧单行，小司马以己意更定者，原附全书之后，不以入注。毛氏照宋板重翻，条理井然，胜明监所刻本远甚。"[1]林氏的看法未必正确，但从中也可以看出，清代二百余年来，学界对毛氏汲古阁单行本《史记索隐》的推崇。民国学者对于汲古阁本也是比较相信的。张元济先生说："毛晋得宋刻《索隐》，覆刻行世，犹是三十卷之旧。"[2]显然是认为，毛晋所刊《史记索隐》是宋版的覆刻，换言之，三百年来学界基本认为：只有毛氏汲古阁本还保存着《史记索隐》合入二家注本、三家注本之前的《索隐》状态。

这个观点直至今天，在今天学界还比较流行。今人张玉春先生就认为"单行本《史记索隐》复出，人或以其为司马贞之旧，或以其是后人改窜之本，至今尚无定说。今以单行本《索隐》与《集解》《正义》相比照，证之以唐以前典籍，知《索隐》不愧是《史记》最优秀的注本，其在诸多方面保存了司马迁《史记》的原貌"，他还认为汲古阁本"反映了《史记》唐写本的特点"。[3]这已经是对汲古阁本《史记索隐》给予的最高评价了。

不过，在使用此本的过程中，在学界对汲古阁单索隐本高度评价的同时，学者们也发现了此本的许多问题，对它的许多错误也进行了很多的批评。

清人卢文弨在《抱经堂文集》卷四《史记索隐校本序戊申》中说：

> 始余初读三家注《史记》本，见《索隐》之说往往互岐，首卷后既载《索隐述赞》矣，又云："右《述赞》之体，深所未安"。余初疑后语不出于小司马，后得毛氏单行《索隐》本，始知小司马初意，欲改史公体例，自成一书，后以此书传世已久，忽加穿凿，难允物情，遂辍不为，而但为之注，其欲改创之规模，别见于后本，不与注混。

---

[1] 林茂春：《史记拾遗》，《史记订补文献汇编》第729页。

[2] 张元济：《校史随笔》第1页"史记·三家旧注"条。

[3] 张玉春：《论单行本〈史记索隐〉的唐写本特点》，《史学集刊》2002年第2期。

赵宋时始合《集解》《正义》俱系之《史记》正文下，遂致有割截牵并之失，今幸有单行本为正之。

在上述的正面评价之余，卢文弨又说：

> 然毛氏所梓，亦有次第颠倒，脱文讹字，难可尽据。则仍当以三家本正之。余向以单行本记于三家本上，犹未知择善而从也。今虽可为是正，而年已老矣。且毛氏本行密字小，不便增改其上，于观览亦不适，因令人略加展拓，重钞之，稍序其先后，辨其离合，而于文字之间，尚未能以尽正，不无望于后之人，后之人因余书而复加以考订之功，亦庶乎其易为力矣。乾隆五十三年既望序。[1]

以此可见，卢文弨在这里注意到了三家注本与汲古阁本文本之间的差异，并认为汲古阁本有很多的错误，并试图以三家注本与汲古阁本进行对校，找出这些错误。我们认为，他的汲古阁本"难可尽据"的结论是很务实的，也引导我们进一步研究汲古阁本所以"难可尽据"的原因。

张文虎在校刊金陵书局本，论说三家注流传中的讹误时，也指出："惟《索隐》有汲古阁单刻，所出《史》文，每胜通行之本，然其注改宋大字本为小字，颇多混淆；又或依俗本改窜，反失小司马之真。"[2]叶德辉《书林清话》卷七说："（毛晋）刻书不据所藏宋元旧本。"言语之间，对毛氏刻书多少有些怀疑。贺次君先生在批评清金陵书局本时也引用了此段话，他说："此书《索隐》全用单行《索隐》本文，而毛晋汲古阁刊单行本《索隐》错误特多。"[3]不仅对于汲古阁本中存在的问题有了清醒的认识，而且对这些问题的性质也已经有所怀疑。

---

[1] 转引自杨燕起、陈可青、赖长扬编：《历代名家评〈史记〉》第 229 页。已校对《抱经堂文集》原文，清乾隆 49 年~嘉庆元年卢氏抱经堂丛书本。

[2] 张文虎：《校刊史记集解索隐正义札记》卷五卷末张文虎识语，第 192 页。见《史记订补文献汇编》，北京图书馆出版社 2004 年 4 月版。兴吉按：中华书局 1977 年版《校刊史记集解索隐正义札记》中无此识语。

[3] 贺次君：《史记书录》第 213、219 页。

总之，汲古阁单索隐本问世三百多年以来，学界虽然对此本怀有各种疑问，但总的来说，还是相信此本的来源就是自唐宋流传下来的单行本《史记索隐》，对此本中存在的问题，还只是例举式的研究，没有进入整体的实证研究阶段。

二、汲古阁本《索隐》志疑

笔者使用汲古阁单《索隐》本多年，认为此本的问题还不在于其中大量存在的文本错误，而在于如果我们相信汲古阁本的底本的确是来自于唐本或宋本，并据其翻刻的话，那么，目前发现的汲古阁本中众多的疑点，难以给予合理的解释。

1. 汲古阁《索隐》本的来源志疑

毛晋自称得宋秘省刊大字本，学者历来多不信。程金造先生说：应是得一抄本，而称刊本也。程金造先生的理由之一就是毛晋之子毛扆[1]所撰的《汲古阁珍藏秘本书目》中，并无《史记索隐》的本子。[2]然而这样的理由，学者并不认同，张玉春先生在《史记版本研究》中就给予激烈的批评。[3]张氏的言论的确有一定道理，即毛扆的记载未必准确。查《汲古阁珍藏秘本书目》中所记《史记》本子，仅有"蜀本大字史记"，而无其他版本的《史记》。但毛晋自己则说："余家幸藏桐川本有二。"[4]即毛晋原有家藏宋刻张杅本、耿秉本。《汲古阁珍藏秘本书目》也没有此二本的记载，也许是在毛扆的时期，此二本已经不在汲古阁。[5]所以，程先生的理由未必成立。程先生对于汲古阁本的怀疑，虽然有明显不足，但并不是全无道理的臆断。他的疑问，实际上是历代

---

[1] 按：毛扆（1640—1713），字斧季，号省庵，毛晋第五子。

[2] 参见《史记管窥》第237页。

[3] 参见张玉春《史记版本研究》第93、104页。

[4] 今国图藏耿秉本中卷首耿秉序前钤有"毛晋秘匧"印记，表明毛氏所言不虚。

[5] 兴吉按：查毛扆所撰《汲古阁珍藏秘本书目》，其中四部的标目仅有子部、集部（二类下各有子目），并无经部、史部的标目。其经史各书混在一起，且其中并无一种十七史的书名（上述"蜀本大字史记"在集部之后）。而汲古阁以刊行《十三经》、《十七史》闻名于世，以此或可推测，传世的《汲古阁珍藏秘本书目》亦非全本。

学者对汲古阁本一个长期的怀疑，也说明了汲古阁本的问题还是比较突出的，这也就启发我们进一步探究这个问题，力求解开这个谜团。

目前学界认为《史记》二家注本、三家注本中，普遍存在着删节的情况。也就是说，学界认为二家注、三家注本中的"索隐"条目数量，应当少于司马贞的原本。由此，如果汲古阁本的底本是来自唐、宋本，无论是宋刊本，还是唐、宋抄本，应更接近原本，那么汲古阁本中的《索隐》数量，应当多于宋代才形成的《史记》二家注本、三家注本中的"索隐"条目数量，同时，汲古阁本所包含的《索隐》应该全部覆盖二家注本、三家注本中的《索隐》条目；但其实不是这样，我们经过比对，汲古阁本中不仅条目少于后者，而且二家注本、三家注本中所包含的一些《索隐》条目也是汲古阁本所没有的。程金造先生曾将单《索隐》本与黄善夫本（实际是涵芬楼影印百衲本）作对校，指出："黄本具有而毛本完全脱落者……凡此诸条，为数不下百数十。"[1]笔者沿着程金造先生的思路，将汲古阁本与黄善夫本、耿秉本、蔡梦弼本进行了对校，认为程先生的结论是正确的。这样，汲古阁本的疑点就进一步显现出来。

比如，卷二《夏本纪》史文"厥田斥卤"下，今本有《索隐》：

卤，音鲁。《说文》云：卤，碱地。东方谓之斥，西方谓之卤。（一、55）

又卷二史文"莱夷为牧"，今本有《索隐》：

按：《左传》云：莱人劫孔子，孔子称"夷不乱华"，又云"齐侯伐莱"，服虔以为东莱黄县是。今按《地理志》："黄县有莱山，恐即此地之夷。"（一、55、56）

兴吉按：查宋刊二家注本、三家注本中，此二条不脱。而汲古阁本为何脱？程先生也以为不解。

---

[1] 程金造：《史记管窥》第 221~222 页。

同样的例子见于卷六《秦始皇本纪》，史文"鉏櫌白梃"下，今本有《索隐》：

> 徐以櫌为田器，非也。孟康以为櫌为鉏柄，盖得其近也。（一、276、277）。

兴吉按：引文中"鉏"字，黄本、蔡本作"锄"字。汲古阁本无此条。查宋元各本有，而独耿秉本无，似乎显示着汲古阁本与耿本的关系有些微妙。

2. 汲古阁单《索隐》本注释以及引录体例志疑

首先，汲古阁本条目的重复情况比较严重。

第一种情况是"索隐"和"集解"的重复，或者说是将《集解》当作《索隐》。我们知道，司马贞的《史记索隐》是在含有裴骃"集解"的《史记》本子上进行的注释，在对《史记》本文进行注释的同时，对裴骃《史记集解》也加以注释。由此，就一般情况来说，《史记集解》已经有注的，《史记索隐》不应再有注释，但汲古阁本不然，在此本中，出现了很多的《史记索隐》与《史记集解》完全相同的条目。虽然我们也在二家注中，发现有"集解"条目下注明"索隐注同"的情况，表明二家注本的底本中的确存在着《史记索隐》与《史记集解》内容相同的情况，[1]但是这种情况并不多见，而汲古阁本却比较多。

如卷十二史文"孝武皇帝"下，有《索隐》曰：

> 裴骃云："《太史公自序》云'作今上本纪'，又其序事皆云'今上'，'今天子'，今或言'孝武皇帝'者，悉后人所定也。"（二、451）

兴吉按：查《史记》各本，此条确为《集解》，只是其中无"裴骃云"三字，"今或言"作"或有言"，其下又多"张晏曰：《武纪》，褚先生补作也。褚先生名少孙，汉博士也"一段文字，宋刊二家注本中都没有此条《索隐》。然

---

[1] 二家注本虽有"索隐注同"的说明，但这些《集解》与《索隐》具体相同的什么程度，不得而知。

而汲古阁本既明言其为《集解》，又引录之，匪夷所思。

同卷史文"有司与太史公"下，有《索隐》曰：

> 韦昭云：谈，司马迁之父也，说者以谈为太史公，失之矣。《史记》多称太史公，迁外孙杨恽称之也。姚察按：……（二、461）

兴吉按：划线文字与《集解》重复。耿秉本无此句。

第二种情况是《索隐》自身的重复。笔者统计：共有 53 个词语有重复注释的情况。例如"传音附"条共出现了 7 次。"污音乌故反"共出现过 4 次。卷三十一吴世家注"专诸"条："专或作剸。《左传》作'鱄设诸'。刺客传曰：诸，棠邑人也。"而《刺客列传》也有注"专诸"条："专字亦作剸，音同。《左传》作'鱄设诸'。"两者几乎一致。注"滑稽"，全书出现过 3 处，内容也是重复的。还例如蔡本、耿本卷六十三卷首有《索隐》：

> 二人教迹全乖，不宜同传，先贤已有成说。今则不可依循。宜令老子、尹喜、庄周同传。其韩非可居商君末。（七、2139）

汲古阁本此条，则分见其卷十七、卷三十两处。

类似的例子很多，将在下面几章中另有具体的论述。

其次，汲古阁本中注释的引录原文极为随意，或者说有些混乱。正常的引录应当是引录原文中的字句，且都应当加以注释。但汲古阁本不然，有引录史文交叉重复的情况，突出的例子如卷九十史文"其兄魏咎故魏时封为宁陵君"。汲古阁本"其兄魏咎"下有《索隐》，接下的一条引录史文为"魏咎故魏宁陵君"。注文云："案：晋灼云：宁陵，梁国县也，即今宁陵是。"[1]从注文中可以知道，第二条史文"魏咎"可不引。如以体例而言，"宁陵君"足矣。再如卷五十七引录史文"而使轻骑兵弓高侯等"，其下有《索隐》曰："韩颓当也。"

---

[1] 中华本《史记》（八、2589）。

[1]引史文九字，仅注弓高侯，其他如"轻骑兵、等"皆不注，失当，笔者认为此处仅引"弓高侯"足矣。

卷史文"二十年，齐愍王欲为从长"下《索隐》：

> 俗本或作二十六年（蔡本、耿本多左侧数字）。按：下文始言二十四年，又更有二十六年，则此错。云二十六年，衍字也，当是二十年事。又徐广推校二十年取武遂，二十三年归武遂，则此必二十年、二十一年事乎？（五、1726）

兴吉按：今本引文中"徐广推校"（五、1727），作"二十二年取武遂"也。司马贞辨证很有力，但汲古阁本脱"俗本或作二十六年"数字，顿使所辨证者不明也。

再有汲古阁本注释《集解》的错误，表明汲古阁本的来源亦不可轻信。

卷五十二史文"郦侯"下今本《索隐》：

> 二字并音孚。鄌，县名，在冯翊。郦县在南阳。（六、2000）

兴吉按：汲古阁本作二条，上条史文"郦"，《索隐》："音历"；下一条作"侯注作鄌"：二字并音孚。鄌，县名，在冯翊。郦县南阳。其上《集解》云："郦一作鄌"。此处"侯"字当为"郦"字。汲古阁本有误。此处的错误，因何产生，如果仅以转录的原因来解释这个错误，似乎也不完整。

卷五十七史文"啮桑"下《索隐》：

> 徐氏云在梁、彭城间。（六、2066）

兴吉按：此条上无《集解》，此处的徐氏注乃是指卷四十四《集解》注也（六、1849），然早于此的卷四十四不出注，而于此出注。绝非司马贞体例也。查《索隐》中还有注"啮桑"者，其中亦不见徐广注也。

---

[1] 中华本《史记》（六、2076）。韩颓当为韩王信之子，汉孝文帝十四年（公元前166年）自匈奴降汉，封为弓高侯。

汲古阁本"注《中书》六篇"《索隐》：

> 今人间有上下二篇，又有中书六篇，其篇中之言，皆合上下二篇，
> 是书已备，过于太史公所记也。（七、2146）

兴吉按：此段文字有趣。前有注，注《集解》也，然与所注文字全同，仅脱段首"刘向别录曰"五字。水泽先生云：庆、彭、凌、游、殿无此注三十七字。[1]

卷四十六史文"曾蒧"下《索隐》：

> 音点，又音其炎反。（七、2210）

兴吉按：其上有《集解》"音点"。蔡本、耿本无此条。史文"字皙"下《索隐》："《家语》云：曾点字子皙，曾参之父。"（七、2210）其上有《集解》"孔安国曰：皙，曾参父。"蔡本、耿本无此条。然史文作"曾蒧字皙"。注者可作一条，而汲古阁本作两条。蔡本、耿本、黄善夫本中"曾蒧""字皙"下各有《集解》一条，汲古阁本或见前本亦有例证，于是仿照之，殊不知上述三本皆合注本也，由此观之，汲古阁本的底本可能并不一定是所谓的《索隐》单行本，至少以上各条可能来自于二家注本，而不是《史记索隐》的单行本。

3. 汲古阁本的编次志疑

汲古阁本的编次中问题不少，主要集中于以下几个方面：

首先汲古阁本最后二卷的篇次，最为混乱，其内容排序是：

卷二十九：《本纪》《表》《书》《世家》四部分的《述赞》60篇。

卷三十：

（1）列传部分《述赞》70篇；

（2）《补史记序》；

（3）《三皇本纪》第一（即《三皇本纪》小引）；

---

[1] 泷川资言、水泽利忠：《史记会注考证附校补》第六册卷六十三第九页。兴吉按：水泽所言各本分别为黄善夫本、彭寅翁本、凌稚隆本、游人明本、武英殿本。

（4）司马贞欲"改定篇次"的说明；

（5）说明做"述赞"的理由；

（6）《三皇本纪》第二（《三皇本纪》正文）；

（7）毛晋识语两条。

笔者认为，卷三十中的七个部分，如果合理地排序至少是如下的情况：

（1）列传部分《述赞》70 篇；

（2）司马贞欲"改定篇次"的说明；

（3）做"述赞"的理由说明；

（4）《补史记序》；

（5）《三皇本纪》第一（即《三皇本纪》小引）；

（6）《三皇本纪》第二（《三皇本纪》正文）。

（7）毛晋识语两条。

汲古阁本中，《三皇本纪》之中，加夹了司马贞"改定篇次"的部分，《三皇三纪》被一分为二，即小引与正文相割裂，显然是不合适的。

其次，正文编次错误。汲古阁本中以《匈奴列传》为列传第五十二，而今本及各本则是以《匈奴列传》为列传第五十，以《平津侯列传》为列传卷五十二，《太史公自序》中也说："作《匈奴列传》第五十"。这个问题看似简单，就仅仅是把列传第五十二与列传第五十对调的问题。但是在汲古阁本中，却没有列传第五十，倒是多了两个列传第五十一，即以《卫将军骠骑列传》和《平津侯列传》皆为卷五十一。

此外，汲古阁本中注释各条的顺序应当是按照其在《史记》本文中的顺序，不仅编次清楚，也有利于读者与《史记》本文对照。但就这个问题，我们见到的是另一种情况，即汲古阁本中的各条注释经常前后颠倒，令读者极感困惑。此种问题，应该不是流传中出现的错误，而可能是汲古阁本，或汲古阁本的底本自二家注本摘录所导致的问题。

4. 其他志疑

首先毛晋在其"跋文"中说"此本'世家'皆作'系家'",毛氏也没有做修改。但实际的情况并非如此,虽然汲古阁本中"世"字作"系"字的情况很多,但"世家"一词的出现竟有 9 处之多。"世本"也出现了 4 次。至于单独的"世"不作"系"者更多。

其次,"索隐后序"问题。今日流传的《史记》各本中大多有两个《史记索隐》序,即"史记索隐序"和"史记索隐后序"。[1]历代学者对此多不注意,清人钱泰吉最早注意到了这个问题。张文虎也注意到了,他在《史记札记》中说:"索隐序钱氏警石云:'所见汲古阁本、单本《索隐》皆缺此序。'案:疑毛氏因已见所刊《集解》之本而删之。"[2]这里张氏所言,极为含糊。如依钱大昕所言,毛晋刊单《集解》本(即张氏所称汲古阁本)中无此序。但毛晋刊本既然是单《集解》本,自然不会有《索隐》,也不会有《史记索隐序》。笔者查此本之存世者,的确如钱氏所言。那么,张氏的意图何在?

无论是《史记索隐序》,还是《史记索隐后序》都说:"凡三十卷,号曰《史记索隐》。""凡为三十卷,号曰《史记索隐》云。"此书既号三十卷,则此两序当在三十卷《史记索隐》的卷末。而今存汲古阁本《史记索隐》仅有后序,而且在第二十八卷的卷末。既以此则可见,毛氏所得所谓"宋秘省刊大字本",至少并非原本的全本。如是汲古阁本的原本,当不至于将序文列于全书中间而不置于卷末或卷首。

《史记索隐后序》的来源及变化《史记》各版本中《史记索隐后序》的有无的问题,是属于对《史记索隐》深化研究的范围,应将其列入一个专门问题进行研究,这也是笔者今后努力的方向。

现传世的宋元二家注本、三家注本,多不见《史记索隐后序》。仅有者是

---

[1] 兴吉按:水泽利忠在《史记会注考证校补》中提及"史记索隐后序"时说:游明本脱"后"字。笔者查游明本,有两个序,标示也如水泽先生所言。

[2] 张文虎:《校刊史记集解索隐正义札记》(下册)卷五,第 756 页。钱警石,即清代学者钱泰吉。

南宋刊黄善夫本。笔者曾对黄善夫本以及黄本的翻刻本彭寅翁本进行过研究，认为黄善夫本和彭寅翁本之间较大的差异，在于彭本中没有司马贞的《史记索隐后序》。查对各处所藏彭寅翁本发现，枫山本、椒斋本、天理本、庆应本、国图130卷本、台北130卷本都没有此序，因此可以认为，彭寅翁本中没有《史记索隐后序》。而在黄善夫本中有此序。如果说彭本的底本是黄本，那么彭本《史记索隐后序》的缺失，可能是两种情况造成的，其一是所据底本不全，这种情况的可能性比较大。查日本汲古书院影印《史记》黄善夫本及国图藏69卷黄善夫本，司马贞《史记索隐后序》在《史记》130卷的全卷末。汲古书院影印黄善夫本完全是按其存貌影印，所以我们认为，这里的《史记索隐后序》是黄善夫本的原有状态。同时，张元济先生影印百衲本二十四史《史记》中，《史记索隐后序》在卷首《史记索隐序》之后，这显然是张元济先生改动了原本的结果。查毛氏《史记索隐》单行本，其《史记索隐后序》也在《史记索隐》卷二十八，是《史记索隐》正文（不包括述赞）的卷末，就是最好的证明。我们知道，存世古籍中，全卷之首和全卷之末都是最容易因损害而丢失的所在，既然《史记索隐后序》是在黄本全卷末，是以或许彭本据黄本翻刻时，所据底本排在全卷末的《史记索隐后序》亦缺，彭本也因之无法刊印此序。

其二，宋元二家注本、三家注本与《史记索隐》单行本属于不同的版本系统，刊行者虽然知道《史记索隐后序》在其他本子中有保存，但还是没有采用，这种可能性也存在。就《史记索隐序》和《史记索隐后序》的内容而言，两者的确有许多相似之处。如两个序都可以分成三个部分，首先是介绍《史记》其书，其次为介绍历代《史记》注家，再次为介绍司马贞自己写作《史记索隐》的目的。不仅文体结构相似，而且语句相似者也很多。如两文的文末，《史记索隐序》有"凡三十卷，号为《史记索隐》"。《史记索隐后序》有"凡为三十卷，号曰《史记索隐》云"。或许就因为两者的内容大致相同，因而宋元二家注本、三家注本多没有采用《史记索隐后序》。而在《史记》的刊行史中，删节各注家重要部分的例子也还是有的。如二家注本中的张杅本、耿秉本，其中虽收录了《索隐》，却删节了司马贞著作中的《索隐述赞》，这里说删节不如说是舍弃了《索隐述赞》，更加合适。我们考察明末毛氏汲古阁《史记索隐》单行本，不难发现，汲古阁本《史记索隐》并不是如二家注本、三家注本那样将《索隐述赞》置于各卷之末，而是将《索隐述赞》和《三皇本纪》单独编为二卷，置于全书的最后。因此，张杆本、耿秉本并没有将《索隐述赞》分散至《史记》各卷之末，而是舍弃《索隐述赞》不用，也有其道理。或许出于同样的道理，导致了宋元二家注本、三家注本中的部分版本没有《索隐后序》。

三、汲古阁本来源的推测

既然汲古阁本有如此多难以解释的问题，那么，汲古阁本的来源是否真如毛晋以及后来学者所认为的，其底本是来自于唐写本或宋刊大字本呢。我们认为，从以上的疑问看，汲古阁本或不排除其中有录自唐宋旧本内容的可能，但是至少相当有部分是后人拼凑上去的，甚至可能是毛晋自己加上去的。下面就以上面的各个疑问，做一些大胆的推测。

在来源方面，毛氏自称其所得为"北宋秘省大字刊本"，考其原因，当是有所本。明刻《史记评林》"凡例"中有这样的话，"《史记述赞》旧本大字，与本文无别，故每或病而删削之，兹刻《述赞》与古史并细书，所以别本文也"。《史记评林》的这个说法是一个准确的说明，今日我们所见自宋代到明代大凡包含《史记索隐》的《史记》二家注本、三家注本，其中每卷末的"史记索隐述赞"都是与史文一样的大字。只有评林本改"述赞"为和注释一样的小字。宋本中仅有张杆本、耿秉本是个例外，因为这两个本子是没有"史记索隐述赞"的。毛氏或见此处有"《史记述赞》旧本大字"的提法，遂以为宋本中有大字单行本《史记索隐》也。实际上，《史记评林》"凡例"中所说的，应当是指宋元二家注本中有《述赞》的本子。如蔡梦弼本、中统本以及明刻《史记》等版本的情况。

上面提到的卷二《夏本纪》史文"厥田斥卤"下脱"索隐"的问题，笔者认为，如以汲古阁本《索隐》中的部分内容其实来自于耿秉本，则此问题就比较好解释。在二家注本的张杅本、耿秉本、中统本中，史文下《集解》《索隐》皆有的情况下，两者间加小圆号，加以分割，其下是"索隐曰"，之后是《索隐》注文；而蔡梦弼本则是以空格加以分隔。三家注本的黄善夫本同耿秉本。查耿秉本此二条之上皆有《集解》，但此二条间，并无小圆号，以此抄录者以为此处的注文皆为《集解》，所以没有摘录。因之，汲古阁本就没有此二条《索隐》。

推测出现上述情况的原因，或是毛氏虽得《索隐》旧本，然而所获得的本子或不全，而以二家注本中《索隐》所有补之。又或是毛氏相信抄本中所题"大字刊本"为真。以汲古阁本卷二"秦始皇本纪"中，于此节末尾，《索隐》内容甚少，而有大段的史文录入。查《史记》卷六史文"襄公立享国"开始，至"婴死生之义备矣"，汲古阁《索隐》本的文字、格式（特别是《索隐》注在史文下的位置）与宋元的二家注本，如蔡梦弼本、耿秉本、中统本全同。故疑汲古阁本中至少此段文字，来自于二家注本。以汲古阁本的体例而言，史文大字，注释小字，两者泾渭分明；而且汲古阁《史记索隐》本体例，摘录史文都是文句，不会摘录大段的史文，所以此处有大段引录，表明毛氏所据底本可能有问题。笔者将此种情况与《史记》各合刻本中常有的注释有时会改刻与史文一样大字的情况[1]进行比较，认为两者有极大的区别。后者是有意为之，而毛氏所得此部分当为抄本，所以摘录中误抄。

笔者认为：汲古阁本中颇多舛误窜乱，甚至是《集解》与《索隐》相混淆的情况，当是其摘录二家注本中的不当所致，特别是毛晋从张杅本、耿秉本或是其他注本中摘录《索隐》时所致。

如前面提到的汲古阁本中有将《集解》误作《索隐》的情况。张杅本卷十二（《史记·武帝本纪》），此卷的史文，因张杅认为是后人续补，所以此卷全

---

[1] 兴吉按：黄善夫本卷一百五卷末"索隐述赞"之后有大段《正义》，是与史文一样的大字。笔者认为：黄本与汲古阁本的性质不同，其一是此段《正义》文字中，还有张守节自注的小字注，如《正义》正文作小字，自注的文字要更小，很难刊刻；其二是，此段文字，虽是大字，但是却是另起一行，不与史文相混杂。表明刊行者是有意为之。

文被其删节，仅保留了两条注释，一条是《集解》，一条是《索隐》。有趣的是，这一条《集解》，在汲古阁本中进行了部分删节后，却成了《索隐》。会有这样的结果，笔者认为，是因为在删节的文字"张晏曰：武纪，褚先生补作也。褚先生名少孙，汉博士也"这一句话中的划线文字，是注释《集解》的单独一条《索隐》。众所周知，《史记》宋、元、明刻本中，《集解》前是无标识的，《索隐》《正义》前有标识，分作"索隐曰""正义曰"。张杆本在此卷中因为没有《史记》正文，仅保留了两条注释，而摘录者在摘录位置在下的《索隐》的时候，也就把《索隐》前的《集解》也顺便抄下来。如果不是如此，就不能解释此处之前的《集解》为何忽然会变为《索隐》了。

至于说到《索隐》在各卷中的重复，虽然笔者在下面的章节中，也认为有相当部分的重复是司马贞的原貌，但笔者也认为：这样一些完全一样的重复，不是司马贞著作的原貌，或是后人，乃至是毛晋从二家注、三家注本中摘录所导致的结果。因为二家注、三家注本中出现重复是可以理解的，这也许刊行者为了读者阅读的便利而对原本进行的处理，才出现了多次重复的注释。

在编次方面，还有一个问题，在三家注、二家注本（张杆本、耿秉本例外）的《五帝本纪》"索隐述赞"之后，有一段文字，其文曰：

> 右述赞之体，深所不安。何者？夫叙事美功，合有首末，惩恶劝善，是称褒贬。观太史公赞论之中，或国有数君，或士兼百行，不能备论终始，自可略申梗概，遂乃颇取一事，偏引一奇，即为一篇之赞，将为龟镜（汲古阁本作"鉴"），诚所不取，斯亦明月之珠，不能无类矣。今并重为一百三十篇之赞云。[1]

上述各本中的"右述赞"之"右"，即指《五帝本纪》末的"述赞"而言。然而"述赞"非仅有《五帝本纪》一条，三家注、二家注本的这种做法或是其

---

[1] 今本中无此段文字，张文虎《札记》中也没有说明。此处据蔡梦弼本录入。

摘录《史记索隐》原本时，这个对"述赞"的说明，难以归属，于是将其列在第一条"述赞"之末。

汲古阁本亦有此段文字，但是却在卷三十司马贞"改定篇次"各条之后。如以"右述赞"之"右"而言，则是指"改定篇次"各条，故难以理解。此段文字如是在卷二十九开始的各体的"述赞"之后，则合理得多。以此看来，汲古阁本《史记索隐》后二卷的问题，似乎不是简单的文本流传中的篇次混乱问题。仔细审视汲古阁本《索隐》卷三十司马贞"改定篇次"部分，在各条之上都有"右……"的表述，以此可以认为，此部分是司马贞最初的著述提纲，此处不合理的理由，或可能是司马贞原本的旧貌。

汲古阁本中有两个列传第五十一——《卫将军骠骑将军列传》《平津侯主父列传》[1]，没有列传卷五十，列传卷五十二为《匈奴列传》。如毛氏摘录自耿秉本，耿秉本是以《匈奴列传》为列传卷五十，那毛氏当与之相同。问题或出在，黄善夫本列传卷五十首页有《正义》："此卷或有本次《平津侯》后，第五十二。今第五十者，先生旧本如此。刘伯庄云《音》亦然。然若先诸传而次四夷，则司马、汲黯不合在后也。"[2]若毛氏简单地将列传第五十《匈奴列传》与列传卷五十二《平津侯列传》对调，则必然与上文不合，或是为弥合各方的矛盾，显示自己所用为古本，于是毛氏只好编出了两个列传第五十一。毛氏不太可能见过南宋黄善夫本，但是他的跋文中表明，他知道明刻王延喆本（南宋黄善夫本的翻刻），这是否是他有意变造，尚未可知。上面已经说过，汲古阁本仅有《史记索隐后序》。查对两个序，其中内容大致一致，并无太多的差异，在宋刊二家注本没有这两个内容相近的序，所以，汲古阁本仅保留一个序。

此外，还有许多的例子表明，汲古阁本与二家注本的关系密切，或者说这些部分就来自于二家注本。尤其与耿本关系最为密切。

---

[1] 兴吉按：此处与耿本《史记目录》中的表述一致，而黄本与蔡本都作"卫青，公孙弘、主父偃"。王璐在《史记索隐》新校本的"史记索隐总序"中说：汲古阁本列传卷五十一标题中"五"与"一"间或可见半字格的空间。经查，所言不虚。

[2] 中华本《史记》（九、2879）。按：黄本脱"音"字。

汲古阁本在《史记》卷四十七卷首有《索隐》一条：

> <u>教化之主，吾之师也，为帝王之仪表，示人伦之准的。自子思已</u>
> <u>下，代有哲人，继代象贤，诚可仰同列国。前史既定，吾无间然矣。</u>
> 又孔子非有诸侯之位，而亦称系家者，以是圣人为教化之主，又代有
> 贤哲，故称系家焉。（五、1905）

兴吉按：此条《索隐》中划线文字，为今本所无，是张文虎所删节。而蔡本、耿本皆有之。然汲古阁本《索隐》又见此段划线文字于其卷三十，段首多"右"字，段末少"矣"字。查此段文字，实为司马贞改定篇次的写作意向，且此段文字，与其下的文字颇多契同者，当是二家注本将两段文字合为一段，置于《孔子世家》卷首，而汲古阁本抄录二家注本，也就保留了划线文字。而卷三十《孔子系家》前的文字也不能省略，所以导致文字的重复。

卷五十六史文"柱天侯反于衍氏"（五、2026），"柱天侯"汲古阁本作"天柱侯"，二家注本中只有耿本同汲古阁本，而蔡本同今本。《汉书》同今本《史记》。

卷五十七史文"有从理入口"下《索隐》：

> <u>从音子容反。</u>从理，横理。（五、2074）

兴吉按：汲古阁本无此五字，同耿本。

卷五十七史文"坐酎金不善，元鼎五年，有罪，国除"，汲古阁本有《索隐》：

> <u>徐广曰：诸列侯坐酎金失侯者，皆在元鼎五年，但此辞句如有颠</u>
> <u>倒。</u>○纪云"坐酎金不善"，复云"元鼎五年有罪国除"，似重有罪，
> 故云颠倒。而《汉书》云："为太子太傅，坐酎金免官。后有罪，国
> 除。"，其文又错也。按：《表》坐免官，至元鼎五年坐酎金又失侯，
> 所以二史记之各有不同也。（五、2080）

兴吉按：蔡本、耿本划线文字是《集解》，然汲古阁本《索隐》中多此句，

尤其是在两条之间多"○"，这个符号是耿本在《集解》与《索隐》之间的分隔符，有时也用在史文下，没有《集解》时，直接用在《索隐》之前。张文虎也没有说明为何在此《索隐》多此条《集解》的内容。直观上看，此条《索隐》是从二家注本（可能是耿本）中摘录时的讹误。

卷五十七史文"自请上曰"下《索隐》：

> 《汉书》：亚夫至淮阳，问邓都尉，为画此计，亚夫从之。今此云"自请"者，盖此亦闻疑而传疑，《汉》史得其实是也。剽音匹妙反。轻读从去声。（六、2076）

兴吉按：汲古阁本无划线文字，同耿本；水泽利忠先生说：耿本中"无此注十字"。[1]史文"自请上曰"接"楚兵剽轻"一句，汲古阁本仅引录"自请上曰"，自然不当注"剽轻"也。

蔡本、耿本卷六十三卷首有《索隐》：

> 二人教迹全乖，不宜同传，先贤已有成说。今则不可依循。宜令老子、尹喜、庄周同传。其韩非可居商君末。（七、2139）

汲古阁本此条则分见卷十七、卷三十两处。按：汲古阁本此条凡二见，不合理，如不是自二家注本中摘录之误，也是两种不同版本的司马贞残卷合编在一起才能出现这种情况。

以上述的情况来看，回答汲古阁本中存在的类似疑问，若是以其一些条目摘自二家注本为答案，似乎是更加通畅的解释，而这里所说的二家注本，又当以耿本最有可能。

我们目前的看法是，汲古阁本因为其来源或者有唐宋旧本的成分，因而也有很高的价值，不过因其自身存在的疑点太多，使用时应采取谨慎的态度。至

---

[1] 泷川资言、水泽利忠：《史记会注考证附校补》第 1257 页右上。

于毛氏所言，其得自大字刊本，是绝不可信的。再说到毛氏所据的底本是抄本，还是宋刊本，而其中哪些可能是后人的拼凑，哪些可能是毛氏自己的直接变造，则需要进一步、全面地研究，全面明晰其构成，才能揭示汲古阁本形成的真相，为更好地使用此本创造条件。

四、汲古阁本的后继版本

汲古阁本《史记索隐》的体例采用的是《经典释文》的体例，也就是摘录著作原文的语句，在其下添加注释的方式。这种注释体例的优点是使读者很容易了解原文语句的内容，同时，也可节省大量的无关注释的文字。其不足在于仅仅摘录原文语句，导致割裂原文，对于不熟悉经典原文的读者会造成更多的误读。因此后来的许多注释著作逐渐放弃使用这种注释方式，而采取注释与经典原文并存的方式。当然这个方式也是有一个变化的过程，正如人们所熟知的，最初以《经典释文》形式出现的名著注释之作，在后来的流传中逐渐转变为后一种形式，正如《史记集解》从单行本，到《集解》与《史记》本文合流，此后又进一步发展为二家注本，再演变为三家注本。

在唐代，《史记集解》已经与《史记》本文合为一体，这从唐代两位著名的《史记》注家——司马贞、张守节在注释《史记》本文的同时，也对《史记集解》有所注释，可以看出其中的关系。在北宋末年，《集解》与《史记》本文的合流版本已经是主流的版本，并以刊刻印刷本的形式在社会上流传。到南宋时期，则出现了在《史记集解》本之上增加《史记索隐》形成的《史记集解索隐》本，也就是我们所说的二家注本，现存世最早的二家注本《史记》，是前面已经提到的南宋蔡梦弼本，之后是张杅本、耿秉本；三家注本则是南宋黄善夫本《史记》。元明两代，《史记》的主流版本是二家注本与三家注本，两代乃至于清代、民国时期，《史记集解》本、《史记》原文本（也称《史记》白文本）都是比较少见的版本。

在此大背景下，明末毛晋在刊行了单行本《史记索隐》后，这一近乎古老的、《史记》原文与注释分离的注释形式，并没有得到学界的追捧，反而只是作为一种类似于《史记》新注的形式而存在。人们很关心这个版本所保存的内容与传统的多注本《史记》中《索隐》内容的差异，而忽略了其作为一种传统经典注释的优越性。

也正是如此，在整个清代即使还有《史记集解》单行本、类似于白文本的《史记》翻刻、刊行，但单行的《史记索隐》却没有再出现，一直到了清末才又出现了《史记索隐》三十卷的单行本。此本分为四册，"史记集解序"首页半页框高长 21 厘米，宽 15.2 厘米，扉页前页小篆题"史记索隐卅卷"，后页题"光绪十九年九月广雅书局校刻"，是年为 1893 年。卷首首行题"史记集解序"，此序后为"史记索隐卷第一"，首行题"史记索隐卷第一"，其下有"司马贞氏撰"。全书半页十二行，行二十五字；注双行小字，行二十五字。黑口，四周单边。单鱼尾，鱼尾下题"史记索隐卷一"，再下题页码，各页版心最下镌有"广雅书局刊"及"毛氏正本"。每卷末镌有"长沙郑业敬初校/香山何翰章覆校"大字双行。每页的后页书耳处，标字数，如卷首"史记集解序"首页后页有"大字二百七十八/小字五百九十四"双行标识，是记录刻板者所刻字数的记录。

此书无一般翻刻本中用以说明刊行主旨与所据底本的序与跋，也就是没有说明其所使用的底本情况，但此本的全卷末有毛晋为汲古阁《史记索隐》单行本所撰写的两篇跋文，[1]另加上全篇的比勘，可以判定此本的底本是明毛晋汲古阁刊《史记索隐》单行本。这里值得注意的是，此本的行款没有按照一般翻刻本的习惯，即按照底本汲古阁《史记索隐》的行款，即半页十四行的行款，进行刊刻，而是采取了与底本不同的行款。可以注意到这个翻刻本是十二行十五字的行款，在行数上是与南宋淳熙三年（1176）张杅桐川郡斋本及南宋淳熙八年（1181）澄江耿秉重修桐川郡斋本的行款完全相同，引人深思

2008 年广州出版社出版的《广州大典》中收录了《广雅丛书》，其中有广

---

[1] 兴吉按：汲古阁本《史记索隐》的毛晋跋是采用楷体，与《史记索隐》正文不同；而此本则采取的是与《史记索隐》正文相同的字体。

雅版《史记索隐》。广雅本《史记索隐》在 2011 年《二十四史研究资料汇编·史记》（全十册，四川出版集团、巴蜀书社、人民出版社联合出版）中第一册中有据广雅书局本《史记索隐》的影印本，不过其中小有改动，如删去了原底本后页书耳及统计数字，另外，此影印本为四面拼一面，影印时，书口因修版有所变化，会使人认为，原底本的书口是细黑口或白口。

这本清末广东广雅书局刊印的《史记索隐》，后来收入民国时期编辑的《广雅丛书》中，包含在《史学丛书》[1]93 种中，这里的《史记索隐》，即用此本的原版木再次重印。民国时期编辑《丛书集成初编》时，原有出版此书的打算，但《百部丛书集成》因抗日战争的全面爆发，最终没有完成原本计划出书 4107 种的目标，还有很多种书籍没有出版。中华人民共和国建立后，1959 年上海商务印书馆对未出的《丛书集成》进行了补印，应该在这个时期，《史记索隐》被排印，再次问世。[2]只是此次补印的许多具体的细节，如补印了哪些版本，印刷时间、印刷数量等内容都不是很清楚，特别是笔者也没有机会见到此版《史记索隐》，无法对其进行具体的描绘，也只有留待后面进一步研究了。

中国台湾的艺文印书馆在 1964 年严一萍选辑《百部丛书集成》，据广雅书局原刻，也就是《史学丛书》本影印出版。[3]此后 1985 年中华书局续印《丛书集成初编》，1991 年补印《史记索隐》，排在《丛书》的 3718 到 3721，扉页中称"此据《史学丛书》本排印，《初编》各《丛书》仅有此本"云。此本是排

---

[1] 兴吉按：在《中国丛书综录》中"广雅丛书"作"广雅书局丛书"，也是学界对此丛书的另一种名称。同时，《史学丛书》作"广雅丛书·史学"。而此时期上海方面有石印本《史学丛书》（清光绪年间上海文澜书局、焕文书局、点石斋书局印制），但其中没有《史记索隐》。

[2] 兴吉按：最早的 1935 年商务印书馆版《丛书集成初编目录》中在"史地类"中载有"史记索隐"；但在解放后上海古籍书店版（不著出版时间）及 1983 年中华书局版《丛书集成初编目录》都说明"《史记索隐》，未出"。后两个《目录》都是 1935 年商务版的修订本，但《目录》修订中，没有考虑到 1959 年曾出版过《史记索隐》。

[3] 兴吉按：王璲在《史记索隐·总序》中，对于中华书局本《史记索隐》的源流交代有误，即他认为上个世纪 30 年《丛书集成初编》本中就有《史记索隐》单行本印行，中华书局本《史记索隐》是 30 年代初编本的旧纸型重印。实际上，中华书局应该是用解放后《丛书集成》补印的排印本进行的影印。

印本，体例仿照汲古阁本原本的体例，即司马贞节录的《史记》原文采用大字，注释采用双行小字，有双行注释的情况下是每页 9 行，在没有小字注释的情况下是每行 40 字；小字注释在没有史文大字的情况下是每行 52 字。此本底本据广雅书局本，广雅书局本在刊刻中会有一些失误，而此排印本自然在排印中也会存在一些排印的错误，这是使用此本时，应该加以注意的。[1]因为此本是排印本的后印本，加上开本为小 32 开本，其中一些注释字迹模糊，有时难以辨识。1985 年台湾新文丰出版社出版《丛书集成新编》中有影印《史记索隐》，其底本也是民国时期的《史学丛书》中的《史记索隐》。从上述的情况看，在 20 世纪的后半期，中国台湾地区出版的《史记索隐》要远多于中国大陆地区的出版，这样的情况实际上也反映出在这个时期，中国大陆的《史记》研究，以至于《史记索隐》研究还是远落后于中国台湾地区，这样的局面一直到 20 世纪 80 年代才有所改变。

在上述版本的同时，还有一些写本，如清代修《四库全书》中采用了据毛晋汲古阁本《史记索隐》抄录成的《史记索隐》，此后在《四库全书》的影印中，这些抄本也被再次影印。如 20 世纪 80 年代台湾商务印书馆据台北故宫博物院藏本影印的《文渊阁四库全书》，商务印书馆 2008 年据国家图书馆藏本影印《文津阁四库全书》。

由上边所叙述的《史记索隐》版本的重印情况，可以看出，在此前的长期研究中，学界对于《史记索隐》的版本并不给予很多的关注，流传也不广。研究《史记索隐》者大多是使用通行本中的"索隐"内容，具体而言就是《史记》三家注本中的内容，比如清刻武英殿本、清刻金陵书局本以及后来的中华书局本《史记》等版本中的"索隐"内容。这样的一种使用状态与认识，在很长时间存在，是基于一种的基本看法，即上述版本中的《索隐》来自于汲古阁单行本《史记索隐》，而汲古阁本是很可靠的《索隐》版本。因此，《史记索隐》单

---

[1] 兴吉按：目前对于广雅书局本及中华书局据排印本影印的《史记索隐》的校勘研究不多，仅见王璐在《史记索隐·总序》中，有一些校勘成果披露。

行本一直没有很好的校勘本问世。

近年来随着《史记》及《史记》版本研究的深入，上述局面得以改变。张新科主编的《史记文学研究典籍丛刊》（陕西师范大学出版社 2018 年 9 月出版）中包含了王璐、赵望秦整理的《史记索隐》，这是个排印本，也是自毛晋在明末刊行《史记索隐》单行本以来的第一个整理校勘本。据王璐、赵望秦在其卷前的长达 38 页的"前言"中介绍，此整理本，是以《四库提要著录丛书》影印《史记索隐》抄本为底本，理由是此影印抄本"取用较为方便"，以毛晋刊《史记索隐》本、文渊阁《四库全书》抄本《史记索隐》、宋刻蔡梦弼刊二家注本，清刻广雅书局本《史记索隐》、丛书集成本《史记索隐》、近年之中华书局修订本《史记》为参校本，重新排印出版。

这样的认识基础，与此本作者对《史记索隐》流变的认识形成了冲突，即他已经了解到《史记索隐》在流变中有很多的变化，汲古阁本只是一个这种变化中的阶段产物，而作者还是相信汲古阁本《史记索隐》是最好的版本。其研究的重点就转为了其后继版本的研究。客观而言，其所列举的 6 个版本中，除汲古阁本《史记索隐》外，3 个抄本，1 个翻刻本，1 个排印本，都是同一系统的版本，即其祖本都是汲古阁本《索隐》，因此作者的校勘也就仅限于 6 个版本间的细微差别。特别是汲古阁本与广雅书局本，这样的校勘，实际上并不可能对《史记索隐》诞生后的流变情况有深刻的揭示，特别是不能反映不同系统的《史记索隐》的差异性，使得作者竭尽全力地校勘，局限于同一系统下的文字差异及刊行中的讹变，应该说这样的校勘研究的适用性是有一定局限性的。

第五章

汲古阁本与二家注本中的《史记索隐》比较

　　汲古阁本《史记索隐》（或称毛本《史记索隐》）是目前唯一的存世单行本《史记索隐》，在版本学上自然有着很高的价值，然而此本出现得过晚，自身也存在着一些问题，因此，关于它是否可以代表《史记索隐》原本的问题，一直困扰着学界。同时，现存世的宋元刊《史记》二家注本显然早于汲古阁本，学者在使用中注意到这些二家注本中，也对《史记索隐》有一定的删节，那么汲古阁本与二家注本之间到底存在着怎样的差异，造成这些差异的原因可能是什么，就是本章我们要探讨的问题。

一、二家注本对于《史记索隐》的删节

《史记》二家注本就是包含《史记》本文以及《史记集解》《史记索隐》两家注释的本子。这里所说的二家注本是指主要指比汲古阁本早的宋刻蔡本、耿本以及蒙古中统本、明刊游明本等。如与汲古阁本《史记索隐》做一比较，不难发现，两者之间有很明显的差异。在体例上，汲古阁本所包含的三项主要内容——注释、改订篇章、史记述赞，几乎是各自独立的，具体而言，注释是《史记索隐》的正文，集中于前二十八卷中，《史记述赞》、改订篇章（即《四库总目提要》中所说的"补史记条例"）则保存在末二卷中。而二家注本不可能有这样的安排，所以二家注本中《史记述赞》被分散安排在了每卷的卷末，而司马贞想要改定篇章的议论，则大部分被分割安排在了每卷的卷首（当然不是每卷都有的）。这样的体例也影响到了《史记》的三家注本，乃至于今天的通行本中华本中也有它的影子。与上述体例相对应的是《史记索隐》在汲古阁本与二家注本内容上有很多的差异，这也是我们研究的重点。

笔者经过比勘发现，汲古阁本的一些《史记索隐》的条目是二家注本所没有的，这是直观上的表现。但仅此还不能说明汲古阁本的《史记索隐》的条目比二家注本多，因为我们仔细地考察这些条目，就会发现，这些条目在二家注本中表现为《史记索隐》中与《史记集解》重复的内容，而二家注本对《史记索隐》中与《史记集解》重复的内容进行了删节，一般的情况是保存《集解》，而删节《索隐》。据初步的统计，全删者87条，部分删节者更多，目前还没有做全面统计。众所周知，《史记》版本的形成发展中，新注家不断加入，并且与《史记》本文合为一体的过程，也是这些注家彼此消长，或有删节的过程。在二家注本中，最突出的是对后出现的注家《史记索隐》的删节。汲古阁本多出的这些《史记索隐》的条目，正是二家注本删节《史记索隐》条目所导致的表面现象。

所谓汲古阁本比二家注本多出《索隐》条目的问题，在汲古阁本中即表现

为《索隐》与《集解》重复的问题，很早就为人所注意了。贺次君先生在《史记书录》中介绍张杅本时就有说明；[1]程金造先生用《集解》与《索隐》相互淆乱来说明这个情况，他还在《汲古阁本单本史记索隐之来源和价值》一文中用十条例子具体地说明了这种情况。

实际上在更早的时候，在南宋刊二家注本中，刊行者已经把这个问题提了出来。在二家注本中用"索隐注同"或加以说明的形式，表示出来。这表明在南宋时期人们所见到的《史记索隐》中已经存在着《索隐》和《集解》重复的情况，而且这种情况并不是在《史记索隐》流传中出现的，而应当是司马贞《史记索隐》本身的特点所导致的。

首先，我们讨论的是汲古阁本中《索隐》与《集解》条目内容完全相同的情况。

第一种情况是在二家注本中标注有"《索隐》注同"的，或有类似说明的情况。这表明，二家注本的刊行者已经注意到了司马贞《史记索隐》原本中，《集解》与其下的《索隐》条目内容完全相同的情况，并在说明之后，不再引录这些《索隐》的内容。而在汲古阁本中这些条目就是《索隐》的本文。由此可见，这种重复就是司马贞的原有体例所导致的，并不是后人涂改、删削的结果。

下面就是这种情况在各卷分布的情况：

1. 卷二史文"壶口，治梁及岐"下《集解》：

郑玄曰：《地理志》壶口山在河东北，屈县之东南，梁山在左冯翊夏阳，岐山在右扶风美阳。（一、52）

兴吉按：耿本此下《索隐》作"索隐注同，今不复具"，蔡本作"索隐注同"，《评林》本无此条。

2. 卷二史文"扈"下《索隐》：

《地理志》曰扶风县鄠是扈国。（一、84）

---

[1] 贺次君：《史记书录》第 82 页。

兴吉按：今本上有相同的《集解》，杭州本同今本。耿本、蔡本作"索隐注同"，黄本、彭本无此条《索隐》。

3. 卷二史文"遂放而死"下《索隐》：

　　　　徐广曰："从禹至桀，十七君，十四世。"（骃）案：《汲冢纪年》日"有王与无王，用岁四百七十一年（矣）"。（一、88）

兴吉按：此条《索隐》，耿本、蔡本作"索隐注同"。

4. 卷六史文"江乘"下《索隐》：

　　　　《地理志》：丹阳有江乘县。（一、263）

兴吉按：今本此条上有相同内容的《集解》，蔡本无此条《索隐》，而耿本有《索隐》，无此条上有相同内容的《集解》。

5. 卷六史文"囊括"下《索隐》：

　　　　张晏曰："括，结囊也。言其能包含天下也"。（一、278）

兴吉按：蔡本有"索隐注同"四字，而张杆本、耿本无，汲古阁本因有"张晏曰"等文字，亦无此四字。

6. 卷十一史文"军东都门"下《索隐》：

　　　　按：《三辅黄图》云东出北第一门曰宣平门，外日东都门。（二、445）

兴吉按：耿本、蔡本作"索隐注同"。

7. 卷十二史文"还至瓠子"下《索隐》：

　　　　瓠子，决河名。苏林曰："在甄城南，濮阳北，广百步，深五丈。"（二、478）

兴吉按：耿本作"索隐注同"。

8. 卷三十七史文"更徙卫野王县"下《索隐》：

　　　　按《年表》，元君十一年秦置东郡，十三年卫徙野王，与此不同

也。（五、1604）

兴吉按：蔡本、耿本其上有《集解》，与此文字同，其《索隐》无划线文字。二本在"与此不同也"下还有"徐注备矣"四字。

以上的情况表明，南宋二家注本的刊行者在注意到了《史记索隐》原本中存在着与《集解》文字几乎一样的情况之后，为保持二家注本行文的简练，他们做了相应的技术处理；反过来说，《史记索隐》原本中的确存在着与《集解》内容相同的条目。

第二种情况是在二家注本中没有任何说明的，甚至可能是二家注本直接进行了删节的，而在汲古阁本中仍然保存着《索隐》与其上《集解》内容完全相同的条目。笔者认为：这不一定是汲古阁本的问题，而仍然是《史记索隐》本来的问题，当然也不排除有流传中的错误录入的可能。

1. 卷二十四史文"狄成"《索隐》：

王肃曰："狄成，言成而似夷狄之音也。"（四、1207）

2. 卷二十四史文"宽裕肉好"下《索隐》：

王肃曰："肉好言音之洪润。"（四、1207）

3. 卷二十四史文"至德之光"下《索隐》：

孙炎曰："至德之光，天地之道也。"（四、1211）

4. 卷二十四史文"动四气之和"下《索隐》：

孙炎曰："四气之和，四时之化。"（四、1211）

兴吉按：蔡梦弼本、耿本都没有此四条，然而二本各有一条《集解》，包括了以上两条《索隐》的内容。

5. 卷二十四史文"礼主其谦"下《索隐》：

王肃曰："自谦慎也。"（四、1219）

6. 卷二十四史文"而乐有反"下《索隐》:

"孙炎曰:反谓曲终还更始也。"(四、1220)

兴吉按:"而乐有反",汲古阁本作"乐主其反"。

7. 卷二十四史文"建櫜"下《索隐》:

王肃云:"将帅能櫜弓矢而不用,故建以为诸侯,因谓建櫜也。"(四、1232)

8. 卷二十四史文"嘉生"下《索隐》:

应劭云:"嘉谷也。"(四、1257)

9. 卷二十四史文"夜半建者衡"下《索隐》:

孟康曰:"假令枓昏建寅,衡夜半亦建寅也。"(四、1293)

兴吉按:此条虽与上面《集解》的内容并不完全相同,但其内容包括在《集解》中了。

10. 卷二十八史文"吴岳"下《索隐》:

徐广云:"在汧。"(四、1373)

兴吉按:蔡本、耿本无此条,反而有"徐说非也,按《地理志》有垂山天岳也"一条。

11. 卷二十八史文"长门"下《索隐》:

徐云:"在霸陵也"。(四、1383)

12. 卷三十八史文"公子衖秦"下多《索隐》一条"音端"。(五、1630)

13. 卷三十九史文"出公(汲古阁本多'凿'字)十七年"下多《索隐》一条云:"《年表》云十八年"。(五、1685)

兴吉按:与其上《集解》内容相近。

14. 卷四十二史文"析公"下多《索隐》一条,"音许"。(五、1770)

15. 卷四十七史文"望羊"下《索隐》：

王肃云："望羊，望羊视也。"（六、1926）

16. 卷六十六史文"取六与灊（汲古阁本作"偕"，注同）"下《索隐》：

六，古国也，皋陶之后所封。灊县有天柱山。（七、2175）

又同卷史文"公子囊瓦"下《索隐》：

按：左氏楚公子贞字子囊，其孙名瓦，字子常。此言公子，又兼称囊瓦，盖误。（《集解》"误"作"误也"）（七、2175）

17. 卷六十六史文"子常"下《索隐》：

公孙瓦也。（七、2176）

兴吉按：其上《集解》作"子常，公孙瓦"。

18. 卷六十六史文"病创"下《索隐》：

音疮。（七、2178）

兴吉按：蔡本、耿本无之。然其上有《集解》云："楚良反。"

19. 卷六十七史文"冉耕字伯牛"下《索隐》：

按：《家语》云鲁人。（七、2189）

兴吉按：其上《集解》云："郑玄曰：鲁人。"

20. 卷六十七史文"商泽"下《索隐》：

《家语》字季。（七、2221）

兴吉按：今本《集解》作《家语》字子季"。

21. 卷六十七史文"五丈夫子"下《索隐》：

谓五男也。（七、2217）

上有《集解》："五男也。"

22. 卷六十七史文"孔忠"下《索隐》：

《家语》云："忠字子蔑，孔子兄之子"也。（七、2226）

23. 卷七十六史文"赵郝"下《索隐》：

音释。（七、2372）

24. 卷八十一史文"襜襤"下《索隐》：

上音都甘反，下音路郏反。如淳云：胡名也。（七、2450）

25. 卷八十四史文"离愍之长鞠"下《索隐》：

离愍。愍，病。鞠，穷。（八、2487）

26. 卷八十四史文"汋深潜以自珍"下《索隐》：

张晏曰："汋，潜藏也。音密，又音勿也。"（八、2495）

兴吉按：蔡本、耿本、黄本无此条。其上有《集解》云："徐广曰：汋，潜藏也。"又一条《集解》："汋，徐广曰：亡笔反"。

27. 卷九十二史文"下乡"下《索隐》：

案：下乡，乡名，属淮阴郡。（八、2609）

28. 卷一百七史文"武安者，貌侵"下《索隐》：

案：服虔云："侵，短小也"。韦昭云："刻，确也"。按：确音刻。

又孔文祥："侵，丑恶也。音寝。"（八、2844）

兴吉按：司马贞引服虔语是来自于《汉书》颜师古注。此条蔡本、耿本《集解》作"韦昭云：侵，短小也，又云丑恶也。刻，确也，音核。"

29. 卷一百八史文"茏城"下《索隐》：

音龙。（八、2864）

30. 卷一百九史文"颍阴侯孙"下《索隐》：

案：灌婴之孙，名强。（八、2871）

31. 史文"宣太后"下《索隐》：

服虔云："昭王之母也。"（八、2886）

兴吉按：其上《集解》蔡本、黄本仅有"昭王母也"四字，耿本则多"服虔曰"。耿本同汲古阁本，当是据《索隐》原本回改《集解》的例子。《索隐》既与《集解》相同，则此条不当有也。

32. 卷一百十史文"徙适"下《索隐》：

丁革反。（八、2887）

33. 卷一百十史文"呼衍氏，<u>阑氏其后有须卜氏</u>"下《索隐》：

按：《后汉书》云："呼衍氏、须卜氏常与单于婚姻。须卜氏主狱讼也。"（八、2890）

兴吉按：汲古阁本引录史文中无划线文字。

34. 卷一百十史文"奸兰出物"下《索隐》：

上音干。干兰谓犯禁私出物也。（八、2905）

35. 卷一百一十二史文"弘不得一"下《索隐》：

按：韦昭以弘之才非不能得一，以为不可，不敢逆上故耳。（九、2950）

36. 卷一百一十二史文"春蒐秋狝"下《索隐》：

按：宋均云："宗本仁义，助少阴少阳之气，因而教以简阅车徒。"（九、2955）

37. 卷一百一十三史文"郏壮士"下《索隐》：

如淳云："郏，县名，在颍州。"（九、2974）

兴吉按：其上《集解》作"徐广曰：县属颍川，音古洽反"。

38. 卷一百一十三史文"不战而耘"下《索隐》：

耘音云。耘，除也。《汉书》作陨，音于粉反。（九、2981）

39. 卷一百二十二史文"徙淮南王喜"下《索隐》：

故城阳景王之子也。（十、3031）

兴吉按：其上史文有"乃迁城阳王王淮南故地"，《集解》云："景王章之子。"大致同也。蔡本、耿本作同《集解》，多"章"字。

40. 卷一百二十二史文"干没"下《索隐》：

如淳曰："得利为干，失利为没。"（十、3138）

41. 卷一百二十四史文"使之嚼"下《索隐》：

即妙反。谓酒尽。（十、3186）

兴吉按：其上《集解》作"徐广曰：音子妙反。尽酒也"。

42. 卷一百二十八史文"其胻"下《索隐》：

胻音衡，即脚胫。（十、3234）

43. 卷一百二十八史文"涫汤"下《索隐》：

上音馆。涫，沸也。（十、3234）

44. 卷一百二十八史文"被郑之桐"下《索隐》：

徐氏云："牛革桐为鼓。"（十、3236）

45. 卷一百二十九史文"金、锡、连"下《索隐》：

下音莲。（十、3254）

其上有《集解》作"徐广曰：音莲，铅之为炼者。"

46. 卷一百二十九史文"时用则知物（汲古阁本作"时用知物"）下《索隐》：

案：言知时所用之物。（十、3256）。

47. 卷一百二十九史文"故岁在金，穰"下《索隐》：

　　五行不说土者，土，穰也。（十、3256）。

48. 卷一百二十九史文"旱则资舟"下《索隐》：

　　《国语》大夫种曰："贾人旱资舟，水资车以待也。"（十、3256）。

49. 卷一百二十九史文"家亦不訾"下《索隐》：

　　案：谓其多，不可訾量。（十、3260）

兴吉按：黄本无。

50. 卷一百二十九史文"雍隙"下《索隐》：

　　徐氏云隙，间孔也。隙者，陇雍之间闲隙之地，故云雍隙也。（十、3262）

黄本亦无此条。其上有《集解》作"徐广曰：隙者，间孔也。地居陇蜀之间闲隙之要路，故曰雍隙"。

51. 卷一百二十九史文"愯急"下《索隐》：

　　愯音绢。僄音翲。（十、3264）

黄本无此条，汲古阁本作"僄音翲"。

52. 卷一百二十九史文"牛蹄角千"下《索隐》：

　　牛足角千。案：马贵而牛贱，以此为率，则牛有百六十六头有奇也。（十、3272）

兴吉按：其上《集解》作"《汉书音义》曰：百六十七头也。马贵而牛贱，以此为率"。

53. 卷一百二十九史文"千足羊，泽中千足彘"下《索隐》：

　　韦昭云："二百五十头。"（十、3272）

54. 卷一百二十九史文"千亩厄茜"下《索隐》：

卮音支，鲜支也。茜音倩，一名红蓝花，染缯赤黄也。（十、3273）

55. 卷一百二十九史文"竹竿万个"下《索隐》：

竹干万个。《释名》云："竹曰箇，木曰枚。"《方言》曰："个，枚也"。《仪礼》《礼记》字为"个"。又《功臣表》："杨仆入竹三万箇"。箇，个古今字也。（十、3275）

56. 卷一百二十九史文"髤者千"下《索隐》：

髤者千。上音休。谓漆也。千谓千枚也。（十、3275）

其上《集解》作"徐广曰：髤音休，漆也"。

57. 卷一百二十九史文"漆千斗"下《索隐》：

《汉书》作漆大斗。案：谓大斗，大量也。言满量千斗，即今之千桶也。（十、3276）

58. 卷一百二十九史文"榻布"下《索隐》：

荅布。注音吐合反，大颜音吐盍反。案：以为粗厚之布，与皮革同以石而秤，非白叠布也。《吴录》云：有九真郡布，名曰白叠"。《广志》云："叠，毛织也。"（十、3275）

兴吉按：其上《集解》作"徐广曰：'榻音吐合反。'骃按：《汉书音义》曰：'榻布，白叠也。'"

59. 卷一百二十九史文"盐豉千荅"下《索隐》：

盐豉千盖。下音贻。炎说云"瓵，瓦器，受斗六合"，以解此"盖"，非也。案：《尚书大传》云"文皮千合"，则数两谓之合也。《三仓》云"椭，盛盐豉器，音他果反"，则盖或椭之异名耳。（十、3276）

兴吉按：其上《集解》作"徐广曰：或作'台'，器名有瓵。孙叔然云瓵，瓦器，受六升合为瓵，音贻"。

60. 卷一百二十九史文"鲐鮆"下《索隐》：

　　《说文》云：鲐，海鱼。音胎。鮆鱼，饮而不食，刀鱼也。《尔雅》谓之鮤鱼也。鮆音才尔反，又音荠。（十、3276）

兴吉按：其上《集解》作《汉书音义》曰：音如齐人言荠，鮆鱼与鲐鱼也"。

61. 卷一百二十九史文"鲰千石，鲍千钧"下《索隐》：

　　鲰音辄，一音昨苟反。鲰，小鱼也。鲍音抱，步饱反，今之鲍鱼也。脯音铺博反。案：破鲍不相离谓之脯，渍云鲍。《声类》及《韵集》虽为此解，而"鲰生"之字见与此同。案：鲰者，小杂鱼也。（十、3276）

兴吉按：其上《集解》作"鲰音辄，鲰鱼也"。

62. 卷一百二十九史文"枣栗千石者三之"下《索隐》：

　　案：三之者，三千石也。必三之者，取类上文故也。以枣栗贱，故三之为三千石也。（十、3276）

63. 卷一百二十九史文"狐䝟"下《索隐》：

　　下音雕也。（十、3276）

64. 卷一百二十九史文"裘千皮，羔羊裘千石"下《索隐》：

　　羔羊千石。谓秤皮重千石。（十、3277）

65. 卷一百二十九史文"旃席千具，佗果菜千钟"下《索隐》：

　　果菜千钟。千钟者，言其多也。（十、3277）

66. 卷一百二十九史文"子贷金钱千贯"下《索隐》：

　　案：子谓利息也。贷音土代反。（十、3277）

67. 卷一百二十九史文"汶山之下"下《索隐》：

汶山下。上音嶓也。（十、3278）

68. 卷一百二十九史文"运筹策"下《索隐》：

《汉书》云："运筹以贾滇"。（十、3278）

69. 卷一百二十九史文"僮千人"下《索隐》：

《汉书》及《相如列传》并云："八百人也。"（十、3278）

70. 卷一百二十九史文"椎髻之民"下《索隐》：

魋结之人。上音椎髻，谓通贾南越也。（十、3278）

71. 卷一百二十九史文"富埒卓氏"下《索隐》：

埒者，邻畔，言邻相次。（十、3278）

72. 卷一百二十九史文"有游闲公子之赐与名"下《索隐》：

谓通赐与于游间公子，得其名。（十、3278）

兴吉按：其上《集解》作"韦昭曰：优游闲暇也"。

73. 卷一百二十九史文"刀间"下《索隐》：

上音雕，姓也。间，如字。（十、3279）

74. 卷一百二十九史文"师史"下《索隐》：

师，姓；史，名。（十、3280）《正义》同。

75. 卷一百二十八史文"今昔壬子"下《索隐》：

今昔犹昨夜也。以今日言之，谓昨夜为今昔。（十、3230）

兴吉按：汲古阁本在"今昔汝渔"下。

76. 卷一百三十史文"为武信君将"下《索隐》：

案《汉书》，武臣号武信君。（十、3287）

其上《集解》作"徐广曰：《张耳传》云武臣自号武信君"。又清殿本《考证》不同意此注，然未必是正解也。

以上有"索隐注同"或有说明者 8 条，其他没有说明者 76 条。此外还有二家注本无，且其上无重复或相近内容《集解》者 7 条。

1. 卷一百一十九史文"安所雠"下《索隐》：

售。（十、3102）

2. 卷一百一十九史文"自刎"下《索隐》：

音亡粉反。（十 3102）

3. 卷一百二十一史文"补中二千石属"下《索隐》：

苏林曰："属亦曹吏，今县官文书解云'属某甲'。"（十、3120）

4. 卷一百二十二史文"赵禹者，斄人"下《索隐》：

音胎。斄县属扶风。（十、3138）

5. 卷一百二十二史文"补中都官"下《索隐》：

案：谓京师诸官府吏。（十、3138）

6. 卷一百二十二史文"无害"下《索隐》：

苏林云："言若无比也，盖云其公平也。"（十、3138）

7. 卷一百二十九史文"然其赢得过当，愈于纤啬"下《索隐》：

谓孔氏以资给诸侯公子，既已得赐与之名，又蒙其所得之赢过于本资，故云"过当"，乃胜于细碎俭啬之贾也。纤，细也。《方言》云："纤，小也。愈，胜也。"（十、3279）

兴吉按：三家注本有《正义》与此同。

二家注本所以没有上述 7 条，其原因很难辩明。对其进行初步的分析，我们注意到，这些条目大多意义浅显，同时，其中还有若干条与《正义》相近。就上述的情况看，汲古阁本比二家注本多出的《索隐》条目数量不多，而且无更大的训释价值。同时，笔者认为，如此多出的《索隐》并非《史记索隐》的佚文，而很可能是文本流传中的讹变或者是由其他古书内容，也可能是后来《正义》窜为《索隐》的。

其次我们讨论，《集解》与《索隐》内容部分重复的问题，这个问题比较复杂。其中有与上面提到的情况相似的，也有司马贞为了深入说明问题，节录《集解》文字，插入《索隐》文中的情况。笔者认为：后者应当属于司马贞《史记索隐》自身的体例，即引用《集解》的文字强化说明的情况。同时，这种情况比较多。因为数量巨大，以下仅具体列举十二卷本纪中的情况。

1. 卷七史文"抵栎阳"下《索隐》：

> 按：服虔云：抵，归也。<u>韦昭云："抵，至也。"</u>刘伯庄云"抵，相凭讬也"。故应劭云"项梁曾坐事系栎阳狱，从薪狱掾曹咎取书与司马欣。抵，归；已，息也"。（一、296）

兴吉按：蔡本、耿本中无上述划线文字，而蔡本、耿本中其上有《集解》与划线文字相同。以下各条与此同。

2. 卷七史文"楚南公曰"下《索隐》：

> 徐广云："楚人善言阴阳者，见《天文志》也。"（一、301）

3. 卷七史文"以市于齐"下《索隐》：

> 按张晏云："市，贸易也。"韦昭云："市利于齐也，故刘氏亦云：'市犹要也。'留田假而不杀，欲以要胁田荣也。"（一、302）

4. 卷七史文"饮酒高会"下《索隐》：

> 韦昭曰："皆召高爵者，故曰高会。"服虔云："大会是也。"（一、306）

5. 卷七史文"芋菽"下《索隐》：

> 芋，蹲鸱也。菽，豆也。故臣瓒曰："士卒食蔬菜，以菽半杂之。"
> 则芋菽义亦通。《汉书》作"半菽"。徐广曰："芋，一作'半'。半，
> 五升也。"王劭曰："半，量器名，容半升也。"　（一、306）

6. 卷七史文"函谷关"下《索隐》：

> 文颖曰："在弘农县衡山岭，今移在谷城。"颜师古云："今桃林
> 县南有洪滔涧水，即古之函关。"按：山形如函，故称函关。（一、311）

兴吉按：此条《索隐》上有《集解》："文颖曰：时关在弘农县衡山岭，今
移在河南谷城县。"

7. 卷七史文"业已讲解"下《索隐》：

> 服虔云："解，折伏也。"《说文》云："讲，和解也。"《汉书》作
> "媾解"。苏林云："媾，和也。"是"讲"之与"媾"俱训和也。业，
> 事也。言虽有疑心，然事已和解也。（一、316）

8. 卷八史文"方与"下《索隐》：

> 郑玄曰："属山阳也。"（二、351）

兴吉按：上有《集解》：郑德曰"音房豫，属山阳郡"。今本《索隐》"郑
德"作"郑玄"，来自于汲古阁本，误。又类似内容《索隐》又见卷五十四。

9. 卷八史文"太上皇"下《索隐》：

> <u>按：蔡邕云："不言帝，非天子也。"</u>又按：《本纪》秦始皇追尊
> 庄襄王为太上皇，已有故事矣。盖太上者，无上也。皇者德大于帝，
> 欲尊其父，故号曰太上皇也。（二、382）

兴吉按：划线者为此上有的《集解》，只是"云"作"曰"。

10. 卷九史文"吕太后"下《索隐》：

> 讳雉，字娥姁也。（二、395）

兴吉按：《集解》："《汉书音义》曰：讳雉。"

11. 卷九史文"讼言诛之"下《索隐》：

　　按：韦昭以讼为公，徐广又云一作"公"，盖公为得。然公言犹明言也。又解者云讼，诵说也。

兴吉按：蔡本、耿本划线文字作"亦云然之"，中统本亦同。上有《集解》曰："徐广曰：讼一作公。骃按：韦昭曰：讼犹公也。"

12. 卷十二史文"太史公"下《索隐》：

　　韦昭云："谈，司马迁之父也。"说者以谈为太史公，失之矣。《史记》多称太史公，迁外孙杨恽称之（《集解》作"所称"）也。姚察按：迁传亦以谈为太史公，非恽所加。又按虞喜《志林》云："古者主天官皆上公，自周至汉，其职转卑，然朝会坐位犹居公上，尊天之道，其官属仍以旧名，尊而称公，公名当起于此。"故如淳云："太史公位在丞相上，天下郡国计书先上太史公，副上丞相"，其义是也。而桓谭《新论》以为太史公造书，书成示东方朔，朔为平定，因署其下。太史公者，皆朔所加之者也。（二、461）

13. 卷十二史文"毋款识"下《索隐》：

　　韦昭云（曰）："款，刻也。按：识，犹表识也。"（二、465）

兴吉按：汲古阁本"毋"作"无"。

14. 卷十二史文"晏温"下《索隐》：

　　如淳云（曰）："三辅俗谓日出清济为晏。晏而温，故曰晏温。"许慎《注淮南子》云："晏，无云也。"（二、466）

15. 卷十二史文"三垓"下《索隐》：

　　垓，重也。言为三重坛也。邹氏云一作"阶"，言坛阶三重。（二、469）。

16. 卷十二史文"奉瑄玉"下《索隐》：

音宣，（孟康曰）璧大六寸也。（二、471）。

17. 卷十二史文"及筦簧瑟"下《索隐》：

（徐广曰）应劭云："武帝始令乐人侯调（始造）作，声均均然，命曰筦簧。侯，其姓也。"（二、472）。

综合上述 17 条中文字的缺失情况，我们认为：上述的情况无一例外地出现在《索隐》上有同样内容《集解》的条件下。因而我们认定，此 17 处文字的缺失，造成以上二家注本的脱落文字的原因，是二家注本的刊行者认识到了司马贞《史记索隐》原本中存在着大量的《索隐》与《集解》文字重复的内容，所以就进行了删节，这些删节文字，并不是《索隐》的异文，或者汲古阁本所添加的。另外从删节后的文句状态来看，并没有破坏句子的结构，文字也还是通顺的，可见，二家注本的刊行者们，在二家注文本的选择上，也还是很费了一些脑筋的。同时，我们注意到蔡本、耿本在卷七开始才有节引的情况（或者说是引录其上有《集解》，而对《索隐》进行删节的情况），这两个本子在此之前各卷中的《索隐》，大致与汲古阁本相同，于是令人产生联想，即此前各卷与汲古阁本的关系特别引人注意。

二、二家注本比汲古阁本多的内容

反观汲古阁本《史记索隐》，虽然其号称是据北宋版翻刻，但我们将其与宋刻二家注本做比较却发现，汲古阁本实际上比宋刻二家注本少了许多《索隐》条目。我们首先讨论宋元二家注本中有，而汲古阁本整条脱落《索隐》的情况。[1]

---

[1] 指蔡本、耿本，其中任何一本有《索隐》条目，而汲古阁本没有的。不加说明的属于二家注本有，汲古阁本无；若是二家注本有本中也有脱漏的，也加以说明。

1. 卷二史文"莱夷为牧"下《索隐》：

按：《左传》云：莱人劫孔子，孔子称"夷不乱华"，又云"齐侯伐莱"，服虔以为东莱黄县是。今按：《地理志》黄县有莱山，恐即此地之夷。（一、56）

2. 卷二史文"潍淄其道"下《集解》：

郑玄曰："《地理志》汶水出泰山莱芜县原山，西南入济。"（一、56）

兴吉按：此条《集解》下，耿本、蔡本有"索隐注同"四字。这个例子表明，司马贞原本中原有此条，而汲古阁本却没有，这足以说明汲古阁本所据底本也并非司马贞原本。

3. 卷二史文"厥田斥卤"下《索隐》：

卤音鲁。《说文》云：卤，咸地。东方谓之斥，西方谓之卤。（一、56）

4. 卷五史文"鉏櫌白梃"下《索隐》：

徐以櫌为田器，非也。孟康以櫌为鉏柄，盖得其近也。（一、277）

兴吉按：耿本无之。

5. 卷六史文"江乘"下《索隐》：

《地理志》丹阳有江乘县。（一、262）

兴吉按：耿本无其上相同内容的《集解》，蔡本无此条《索隐》。

6. 卷六史文"囊括"下有《集解》：

张晏曰："括，结囊也，言其能包含天下。"（一、279）

兴吉按：蔡本、黄本此下有"索隐注同"四字。而汲古阁本无此条，耿本同汲古阁本。第 4、5 以及此例似乎也可说明汲古阁本与耿本之间的关联比较密切。

7. 卷十七史文"淮阳"下《索隐》：

> 十一年封子友，后二年，为郡。高后元年复为国，封惠帝子，名强。（三、804）

兴吉按：汲本作"怀王强，惠帝子"，此条见史文（三、816）。可见，此处实为汲本脱落。

8. 卷二十六史文"无大余，无小余"下《索隐》：

> 上大小余朔之大小余，此谓冬至大小余。冬至亦与朔同日，并无余分，至与朔法异，故重列之。（四、1263）

9. 卷二十八史文"雍四畤"下《索隐》：

> 雍有五畤而言四者，顾氏以为兼下文"上帝"为五，非也。案：四畤，据秦旧而言也。（四、1377）

兴吉按：此下蔡本、耿本还有数十字。

10. 卷二十八史文"竃鬼之貌云"下（四、1387），蔡本、耿本多《索隐》一条。云：

> 《汉书》作李夫人卒，帝悼之，李少翁致其形，帝做赋。此云王夫人，《新论》亦固，未详。

11. 卷三十二史文"子庄公购立"（五、1482），"购"字，耿本作"赎"。其下蔡本、耿本多《索隐》一条，云：

> 刘氏音神欲反，《系家》及《系本》并作赎，又上成公《年表》作说也。

12. 卷三十二史文"四十八年，与鲁定公好会夹谷"，其下《集解》云：服虔曰：东海祝其县也。其下耿本多《索隐》一条，云：

司马彪《郡国志》在祝其县西南。（五、1505）

13. 卷三十四史文"厘公立"下：

《年表》作"厘侯庄"。徐广云一无"庄"字。按：燕失年纪及其
君名，《表》言"庄"者，衍字也。（五、1554）

兴吉按：张文虎《札记》无注。

14. 卷三十五史文"叔振铎，其后为曹，有世家言"下，蔡本、耿本下有
《索隐》一条：

曹当自析为一篇。（五、1570）

兴吉按：司马贞想把曹作为世家单为一篇的看法，见于汲古阁本卷三十"改
定篇次"。二家注本在此节略转述司马贞文字，所以二家注本比汲古阁本多出
此条，这应该是二家注本改写司马贞文字的例子。

15. 卷四十史文"解魏左肘"，蔡本、耿本下有《索隐》一条：

解音纪买反。（五、1732）

16. 卷四十二史文"高渠弥亡归"下《索隐》：

《左氏》云辗高渠弥。（五、1763）

17. 卷五十九史文"与其姊弟奸"下《索隐》：

《汉书》云：建女弟征臣为盖侯子妇，以易王丧来归，建复与奸
也。（六、2096）

18. 卷六十史文"毋俾德"下，蔡本、耿本、今本多《索隐》一条，下《索
隐》：

本亦作肥，案：上策云作菲德。下云：勿使王背德也。则肥当音
扶味反。亦音匪。（五、2116）

兴吉按：汲古阁本无此条，蔡本、耿本如上文，则能知此句原作"菲"。

汲古阁本在此前有注"无菲德"，有《索隐》：

苏林云："菲，废也。本亦作'俷'，俷，败也。"孔文祥云："菲，薄也。"《汉书》作"棐"。（五、2112）

兴吉按：《正义》亦作"俷"。

19. 卷八十五史文"不韦因使其姊说夫人"下《索隐》：

《战国策》作：说秦王后弟阳泉君也。（八、2508）

20. 卷八十六史文"乃献遂邑之地以和"下《索隐》：

《左传》齐人灭遂。杜预云：遂国在济北蛇丘县东北也。（八、2515）

兴吉按：汲古阁本无此条。张文虎亦无说明。黄本有此条。

21. 卷八十六史文"于柯而盟"下《索隐》：

杜预云："济北东阿，齐之柯邑，犹祝柯今为祝阿也。"（八、2516）

22. 卷八十六史文"今鲁城坏即压齐境"下《索隐》：

齐鲁邻接，今齐数侵鲁，鲁之城坏，即压近齐之境也。（八、2516）

23. 卷八十八史文"并海上"下《索隐》：

并音白浪反。（八、2567）

24. 卷一百九史文"孙望"下《索隐》：

《汉书》作彭祖，坐酎金，国除。（九、2771）

25. 卷一百一十史文"齐郊"有《索隐》：

厘音僖，名诸儿也。（九、2881）

兴吉按：张文虎云"此下各本有《索隐》云：'厘音僖，名诸儿也。'谬甚。单本无"。[1]查各书，齐襄公名诸儿，齐厘公子。当是二家注本据《史记索隐》

---

[1] 张文虎：《史记集解索隐正义校刊札记》（下）第648页。

原本载入，毛晋发现了此处的错误，在汲古阁本中做了删节。

26. 卷一百一十史文"周道衰"下《索隐》：

> 案：《周纪》云周懿王时，王室衰，诗人作怨刺之诗。不能复雅
> 也。（九、2882）

兴吉按：汲古阁本无此条。张文虎认为："单本无此条。懿王在穆王后，不当阑出其前。案：《汉》传懿、宣并引《采薇》《六月》诗，疑亦本《史》文，小司马见本尚完，故有此注。及宋刊单本者见《史》无其文，以为衍而删之。它刻本亦以为无可附丽而系之于此。"[1]蔡本、耿本、黄本有此条。张文虎辩证为是，然他认为是宋人删节了此条则未必，二家注本有，汲古阁本无，更有可能是汲古阁本删节了此条。

27. 卷一百十一史文"浮沮"下《索隐》：

> 沮音子余反。（九、2942）

以上汲古阁本共脱落 27 条。目前还不清楚此 27 条从何而来，也难以推测何以汲古阁脱落。不过，笔者坚信，随着不断深入地研究这个问题，如做史源学的研究，一定会为澄清《史记索隐》的源流做好准备。

其次，我们讨论汲古阁本在《索隐》条目中脱落文字的情况，这种情况较之整条脱落者，数量更多。以下引录《索隐》文字中，汲古阁本无划线文字。

1. 卷四十史文"北达"下《索隐》：

> 北，一作杜。杜者，宽大之名。言齐晋既伏，收燕不难也。（五、
> 1730、1732）

2. 卷四十二史文"定公如晋。晋与郑谋，诛周乱臣，入敬王于周"下《索隐》：

---

[1] 张文虎：《史记集解索隐正义校刊札记》（下）第 648 页。

王避弟子朝之乱出居狄泉，在昭二十三年；至二十六年，晋、郑入之。《经》曰："天王入于成周"是也。（五、1775）

3. 卷四十八史文"仟佰之中"下《索隐》：

仟佰谓千人百人之长也，音千百。《汉书》作"阡陌"，如淳云：时皆僻屈在阡陌之中。陌音貊。（六、1964）

兴吉按：汲古阁本无划线文字。且"陌"字二次注音，令人疑惑。

4. 卷五十五史文"表商容之闾"下《索隐》：

按：崔浩云："表者，标榜其里门也。"商容，纣时贤人也。《韩诗外传》曰："商容执羽钥冯于马徒，欲以化纣而不能，遂去，伏于太行山。武王欲以为三公，固辞不受。"余解在《商纪》。（六、2041）

兴吉按：汲古阁本无划线文字。又《殷本纪》亦有"表商容之闾"条。其下《索隐》：

皇甫谧云："商容与殷人观周军之入。"则以为人名。郑玄云："商家典乐之官，知礼容，所以礼署称容台。"（一、108）。

又按：故汲古阁本删节史文中"之"字，及脱"余解在《商纪》"，不当也。

5. 卷五十九史文"行祖"下《索隐》：

按：祖者行神，行而祭之，故曰祖也。《风俗通》云："共工氏之子曰修，好远游，故祀为祖神。"又崔浩云"黄帝之子累祖，好远游而死于道，因以为行神"，亦不知其何据。盖见其谓之祖，因以为累祖，非也。据《帝系》及《本纪》皆言累祖黄帝妃，无为行神之由也。又《聘礼》云"出祖释軷，祭酒脯"而已。按：今祭礼，以軷壤土为坛于道，则用黄羝或用狗，以其血衅左轮也。（六、2095）。

兴吉按：汲古阁本引史文"行祖"，则今日史文"荣行，祖于江陵北门"有误。然《索隐》中说"祖者行神，行而祭之，故曰祖"，则汲古阁本引行祖不当，只引"祖"可也。

6. 卷六十史文"强君连城"下《索隐》：

皇子未习教义，而强使为诸侯王，以君连城之人，<u>则大臣何有所</u><u>劝</u>？（六、2107）

兴吉按：汲古阁本无划线文字，则文意不尽，当是汲古阁本脱字，不当。

7. 卷六十史文"非（汲古阁本作"匪"）教士不得从征"下《索隐》：

韦昭云："士非素教习，不得从军征发。故孔子曰'不教人战，是谓弃之'是也。"褚先生解云："非习礼义，不得在其侧也。"（七、2112）

兴吉按：此段文字，见于褚先生所补史文。（六、2118）

8. 卷六十五史文"是我一举解赵之围"下《索隐》：

谓齐今引兵据大梁之旻，是旻其方虚之时，<u>梁必释赵而自救，是一举</u><u>释赵而毙魏</u>。（七、2164）

9. 卷六十七《集解》"注《大戴礼记》"下《索隐》：

按：戴德撰《礼》，号曰《大戴礼》，合八十五篇，其四十七篇亡，见今存者有三十八篇。今裴氏所引在《卫将军篇》。孔子称祁奚对晋平公之辞，唯举铜鞮、介山二人行耳。<u>《家语》又云："不克不忌，不念旧怨，盖伯夷、叔齐之行。思天而敬人，服义而行信，盖赵文子之行。事君不爱其死，谋身不遗其友，盖随武子之行。"</u>（七、2186）

兴吉按：汲古阁本无划线文字。张文虎云："此以下五十三字单本所无，与《史》文无涉，盖亦后人窜入。"[1]然蔡本、耿本、黄本皆有之，则表明此条在二家注本、三家注本之前就有，而并非如张文虎所言为后人窜入也。

---

[1] 张文虎：《校刊史记集解索隐正义札记》（下）第502页。

10. 卷六十七《集解》"注李充曰"下《索隐》：

按：充字弘度，晋中书侍郎，亦作《论语》解。（七、2192）

兴吉按：耿本下多"故注引之"四字。黄本亦同。

11. 卷七十八史文"又并蒲、衍、首、垣"下《索隐》：

此蒲在卫之长垣蒲乡也。衍在河南，与卷相近。首盖牛首，垣即长垣，非河东之垣也。垣音圜。（七、2388）

12. 卷八十五史文"魏有信陵君"下《索隐》：

按：王劭云："孟尝、春申死已久。"据《表》及《传》，孟尝、平原死稍在前。信陵将五国兵攻秦河外，正当在庄襄王时，不韦已为相。又春申与不韦并时，各相向十余年，不得言死之久矣。（八、2510）

兴吉按：汲古阁本无划线文字，是汲古阁本脱文也。此脱文本是辨证王劭说法的错误，脱此句文字，则置司马贞的辨证于无的放矢之地。

13. 卷八十六史文"子将何欲？"下《索隐》：

《公羊传》曰："管子进曰：'君何求？'"何休注云："桓公卒不能应，管仲进为言之也。"（八、2516）

兴吉按：汲古阁本无注文中的"注"字。此字不当脱也。

14. 卷八十六史文"伏甲士"下《索隐》：

《左传》曰"伏甲"，谓甲士也。下文云"出其伏甲以攻王"。（八、2518）

兴吉按：史文"谓甲士也"，蔡本、耿本、黄本作"于窟室。杜预注（黄本无注字）谓掘地为室也，所以"。二家注、三家注本为正也。

15. 卷八十六史文"母老子弱"下《索隐》：

《左传》直云"王可杀也，母老子弱，是无若我何"。则是专设诸度僚可杀，言其少援救，故云"无奈我何"。太史公采其意，且据上文，因复加以两弟将兵外困之辞。而服虔、杜预见《左氏》下文云"我尔身也"（汲古阁本作"死"），"以其子为卿"，遂强解"是无如我何"犹言"我无若是，谓专诸欲以老弱托光"，义非允惬。王肃之说，亦依《史记》也。（八、2518）

兴吉按：汲古阁本无划线文字，张文虎有说明。

16. 卷八十七史文"泰山不让土壤"下《索隐》：

《管子》云："海不辞水，故能成其大；山不辞土石，故能成其高。"《文子》曰："圣人不让负薪之言，以广其名。"（八、2545）

17. 卷八十八史文"亡命"下《索隐》：

晋灼曰："命者，名也。谓脱名籍而逃。"崔浩曰："亡，无也。命，名也。逃匿则削除名籍，故以逃为亡命。"（八、2571）

18. 卷九十二史文"新喋血"下《索隐》：

喋，旧音啑，非也。案：《陈汤传》"喋血万里之外"，如淳云"杀人血流滂沱也"。韦昭音徒协反。（八、2615）

兴吉按：《陈汤传》在《汉书》，原为《傅常郑甘陈段传》。"喋血万里之外"之句，为《汉书》原文，汲古阁本删节"之外"二字及"如淳曰"整句，未知何意。

19. 卷一百一十一史文"傅校获王"下《索隐》：

顾秘监云："傅，领也。五百人谓之校。"小颜云："傅音附。言敇总护诸军，每附部校，以致克捷而获王也。"（九、2926）

兴吉按：汲古阁本无划线文字。"傅音附"，《汉书》卷五十五作"傅读曰附"，是司马贞改写颜师古注也。

汲古阁本在以上各条中，虽然脱落若干数量的文字，但总体上并没有形成文义不同的句子。由此可见，此处的脱落似乎并不是文本的讹变，而更像是有意的改写，或者是所据底本不全导致部分的阙文。

三、汲古阁本较二家注本多《索隐》的情况

笔者经过汲古阁本与宋刻二家注的比勘，注意到汲古阁本在有许多脱落的同时，比二家注本多出了部分内容。这部分的内容就是纯粹多出的文字，与上面第一节所说的二家注本因《索隐》与《集解》有所重复，而对《索隐》的删节有所不同。接下来，我们也分为整条多出的，和部分多出的两种情况进行分析。首先介绍汲古阁本比二家注本整条多《索隐》的情况。[1]

1. 卷三十七史文"公弟秋"下《索隐》：

《左传》作"剽"，《古今人表》作"焱"，盖音相乱，字易改耳。
音方遥反，又匹妙反。（五、1597）

2. 卷四十一史文"填抚"下《索隐》：

音镇。（五、1742）。

兴吉按：蔡本、耿本无此条，以二本史文作"镇抚"也。显然二家注本所据底本与今本所据底本不同。

3. 卷六十九史文"许郾"下汲古阁本多《索隐》一条：

注一篇：边田反。（七、2252）

兴吉按：此条上《集解》中并无"一篇"的文字，未知此注何意也。

4. 卷七十九史文"击断无讳"下《索隐》：

无讳犹无畏也。（七、2412），

兴吉按：蔡本、耿本无此条。其上有《集解》云："讳，畏也。"

5. 卷八十四史文"对以意"下《索隐》：

---

[1] 是指汲古阁本中有的条目，而蔡本、耿本却没有的情况。

协音臆也。（八、2498）

兴吉按：史文"意"字，黄本作"臆"，蔡本、耿本、黄本无此条。黄本有《正义》："协韵音忆"。

6. 卷九十一史文"长沙哀王"下《索隐》：

"哀"字误也。是成王臣，吴芮之子也。（八、2607）

兴吉按：蔡本、耿本无此条。其上《集解》已有讨论。

7. 卷九十一史文"何所不诛"下《索隐》：

按：刘氏云"言何所不诛也"。（八、2613）

兴吉按：蔡本、耿本无此条。引录史文"何所不诛"，汲古阁本无"所"字。

8. 卷九十四史文"乃醒齐"下《索隐》：

此岂亦以"醒酒"之义？并古"释"字。（八、2646）

9. 卷一百一十二史文"棘矜"下《索隐》：

下音勤。矜，今戟柄。棘，戟也。（九、2957）

兴吉按：蔡本、耿本无此条，然其上有《集解》作"矜音勤"。

此上这个第一部分为汲古阁本较宋刻二家注本多出《索隐》条目的情况；其第二部分 42 条则全部出现在《仲尼弟子列传》中，其中有 6 条与《正义》相同或接近；其中有《集解》讨论的 2 条。此外分布在其他卷的 8 条中，有《集解》讨论的 3 条；各本史文文本差异出注者 2 条，与《正义》相近者 1 条；完全脱落者仅有 3 条，即上述第一部分的第 1. 3. 8 条。与下合计多出的 51 条中有 42 条都出现在《仲尼弟子列传》中，是个有趣的现象。据此，笔者曾怀疑毛晋用自家藏宋本《孔子家语》[1]校此传，之后对底本中《索隐》没有的内容

---

[1] 见《书林清话》卷七，第 192 页。兴吉按：《书林清话》据《汲古阁珍藏宋元秘本书目》说，此《家语》是北宋本。此说亦不足信。毛晋也曾据宋本刊行《孔子家语》，即一般所称汲古阁本《孔子家语》。笔者即据此本进行了校勘。

加以补充。笔者认为：《孔子家语》颜师古注《汉书·艺文志》曾说，《艺文志》所记《孔子家语》，非颜师古生活时期流传的《孔子家语》，亦可见魏晋以后流传的《孔子家语》并非古本。而毛晋自以为家藏宋本即是古本，而据此对《史记索隐》多有改写与增添，是极有可能的。

笔者使用明刻各本《孔子家语》（包括毛晋刻《孔子家语》）与蔡本、耿本进行校勘的结果，情况如下：

1. 卷六十七史文"闵损"下《索隐》：

《家语》亦云"鲁人。少孔子十五岁"。（七、2189）

汲古阁本《家语》作"鲁人。字子骞，少孔子五十岁。以德行著名，孔子称其孝焉。"黄本无此条。

2. 卷六十七史文"馯臂子弘"下《索隐》：

馯，徐广音韩，邹诞生音汗。按：《儒林传》《荀卿子》及《汉书》皆云馯臂字子弓，今此独作"弘"，盖误耳。应劭云：子弓是子夏门人。（七、2211）

兴吉按：黄本"馯"下有《集解》"徐广音寒"；又有《正义》：

馯音汗。颜师古云："馯，姓也。"《汉书》及《荀卿子》皆云字子弓，此作"弘"，盖误也。应劭云："子弓，子夏门人。"

3. 卷六十七史文"矫子庸疵"下《索隐》：

《儒林传》及《系本》皆作"蟜"。疵音自移反。疵字或作"疵"。蟜是姓，疵，名也，字子然蟜姓，鲁庄公族也，《礼记》"蟜固见季武子"。盖鲁人。《史·儒林传》皆云鲁人，独此云江东人，盖亦误耳。《儒林传》云馯臂，江东人；桥疵，楚人也。（七、2211）

又按：汲古阁本《家语》仅注"商瞿（字子木）"事，记事不及其身后的传承。

4. 卷六十七史文"燕人周子家竖"下《索隐》：

　　周竖字子家，有本作"林"。（七、2211）

按：此条盖是毛晋据《汉书·儒林传》补。

5. 卷六十七史文"淳于人光子乘羽"下《索隐》：

　　淳于，县名，在北海。光羽字子乘。（七、2211）

按：二家注本《索隐》下有《正义》"光乘字羽"。《括地志》云："淳于国在密州安丘县东三十里，古之州国，周武王封淳于国。"或依此二家注本删掉此条《索隐》。又按：此条《索隐》为注商瞿弟子事迹，汲古阁本《家语》亦无注。

6. 卷六十七史文"齐人田子庄何"下《索隐》：

　　田何字子庄。（七、2211）

按：理由同上。

7. 卷六十七史文"王子中同"下《索隐》：

　　王同字子中。（七、2211）

按：理由同上。

8. 卷六十七史文"同传淄川人杨何"下《索隐》：

　　自商瞿传《易》至杨何，凡八代相传。《儒林传》：何字叔元。（七、2211）

兴吉按：其下《正义》："《儒林傳》云：'田何字子庄。'"删节此条的理由同上。

9. 卷六十七史文"高柴字子羔"下《索隐》：

　　郑玄云卫人。《家语》："齐人，高氏之别族。长不盈六尺，状貌甚恶。"此传作"五尺"。误也。（七、2212）

兴吉按：蔡本、耿本无此条。上边此条《索隐》引《家语》内容与汲本《家语》及明刊《家语》等各本《家语》文句完全一致，所不同者，汲本《家语》内容较上述内容为多，此条的《索隐》可以看作是从当时通行本《家语》缩略而来。

10. 卷六十七史文"漆雕"下《索隐》：

郑玄云鲁人。<u>《家语》云："蔡人，字子若，少孔子十一岁。"又曰："习尚书，不乐仕。</u>孔子曰：'可以仕矣。'对曰：'吾斯之未能信。'"王肃云："未得用斯书之意，故曰'未能信'也。"（七、2213）

按：此条中划线文字与《正义》同，内容与汲本《家语》及其他明本《家语》亦同，只是各《家语》比上述文字多。

11. 卷六十七史文"公伯缭字子（汲古阁本无"子"字）周"下《索隐》：

马融云鲁人。<u>《家语》无公伯缭而有申缭子周。而谯周云"疑公伯缭是谗诉之人，孔子不责，而云'其如命何'，非弟子之流也"。</u>今亦列比在七十二贤之数，盖太史公误。且"缭"亦作"辽"也。（七、2213）

兴吉按：第 10、11 条中划线文字与《正义》同（第 11 条只是少"无公伯缭而"五字）。或疑司马贞所引用《孔子家语》，与张守节相同，抑或后人据《正义》添加《索隐》。

12. 卷六十七史文"司马耕字子牛"下《索隐》：

《家语》云"宋人，字子牛"，孔安国亦云"宋人，弟安子曰司马犁"也。牛是桓魋之弟，以魋为宋司马，故牛遂以司马为氏也。（七、2214）

按：《索隐》引孔安国的话，为《论语》孔注，见何晏《论语集解》第十二。"牛是桓魋之弟"以下的话，当是司马贞据相关史料的汇集。

13. 卷六十七史文"樊须字子（汲古阁本无"子"字）迟"下《索隐》：

《家语》云鲁人也。（七、2215）

兴吉按：此条与《正义》同。同明刻各本《家语》。汲本《索隐》作"郑玄云齐人。《家语》云鲁人"，"齐人"说，是《史记集解》的说法。

14. 卷六十七史文"有若"下《索隐》：

《家语》云："鲁人，字子有，少孔子三十三岁。"今此传云"四十二岁"，不知传误，又所见不同也？（七、2216）

按：各本《家语》皆作"三十六岁"，《正义》也作"三十三岁"。又此处史文作"少孔子四十三岁"，与《索隐》疑问的"四十二岁"不同。水泽《校补》中说：耿、庆、彭、游、凌、殿，无此注三十二字。兴吉按：蔡本也无此注。

15. 卷六十七史文"巫马施字子旗"下《索隐》：

<u>郑玄云鲁人</u>。《家语》云："陈人，字子期。"（七、2218）

兴吉按：划线文字同《集解》。以下同各本《家语》。蔡本无此注。水泽《校补》说：耿、庆、彭、游、凌、殿，无此注十三字。

16. 卷六十七史文"梁鳣字叔鱼"下《索隐》：

（《索隐》上有《集解》引《家语》书名多"孔子"二字）<u>《家语》云："齐人，字叔鱼也。"</u>（七、2218）

按：划线文字与《集解》同，各本《家语》同。

17. 卷六十七史文"颜幸字子柳"下《索隐》：

《家语》云："颜幸，字柳。"按：《礼记》有颜柳，或此人。（七、2218）

按：各本《家语》作"《家语》云：颜幸[1]，鲁人，字子柳。""鲁人"说，

---

[1] 钱受益本《家语》作"辛"，注云"一作幸"。

见此条《索隐》上《集解》。

18. 卷六十七史文"少孔子四十六岁"下《索隐》：

《家语》云"少三十六岁"，与郑玄同。（七、2218）

按：各本《家语》作"四十六岁"，同史文。

19. 卷六十七史文"冉孺字子鲁"下《索隐》：

《家语》字子鲁，鲁人。作"冉儒"。（七、2218）

按：各本《家语》作"冉孺，鲁人，字子鱼"。

20. 卷六十七史文"伯虔字子析（汲古阁本《索隐》作"折"，误）"下《索隐》：

《家语》作"伯处字子皙"，皆转写字误，未知适从。（七、2219）

按：各本《家语》作"伯虔，鲁人，字子楷[1]"。

21. 卷六十七史文"公孙龙字子石"下《索隐》：

《家语》或作"宠"，又云"砻"，《七十子图》非"砻"也。按：字子石，则"砻"或非谬。郑玄云楚人，《家语》卫人。然《庄子》所云"坚白之谈"，则其人也。（七、2219）

兴吉按：《正义》云：《家语》云卫人，《孟子》云赵人，《庄子》云"坚白之谈"也。

明刊《家语》作"卫人，字子石，少孔子五十三岁"。汲本《家语》作"公孙龙"，同史文。黄本《家语》作"公孙宠"。

22. 卷六十七史文"冉季字子产"下《索隐》：

《家语》冉季字子产。（七、2220）

明刊《家语》同史文。与《索隐》引《家语》不同。《正义》："《家语》冉季字子产。"

---

[1] 钱受益本《家语》注云"一作析"。

23. 卷六十七史文"秦祖字子南"下《索隐》：

《家语》字子南。（七、2220）

明刻各本《家语》同史文。

24. 卷六十七史文"漆雕哆"下《索隐》：

赤者反。《家语》字子敛。（七、2220）

明刻各本《家语》同史文。

25. 卷六十七史文"颜高字子骄"下《索隐》：

《家语》名产。孔子在卫，南子招夫子为次过市，时产为御也。（七、2221）

兴吉按：黄本有《正义》与此同。明刻各本《家语》"颜高"作"颜刻"。与此不同。

26. 卷六十七史文"漆雕徒父"下《索隐》：

《家语》字固也。（七、2221）

明刻《家语》有"漆雕从（從）字子文"。

27. 卷六十七史文"壤驷赤字子徒"下《索隐》：

《家语》字子徒者。（七、2221）

明刻《家语》"壤"作"穰"。"子徒"作"子从（從）"。

28. 卷六十七史文"石作蜀字子明"下《索隐》：

《家语》同。（七、2221）

汲本《家语》作"右作蜀字子明"，黄本、钱本《家语》作"石子蜀字子明"。按：此处《索隐》云《家语》同"者，应该是指《索隐》所见《家语》同史文，但汲本《索隐》"子明"脱"子"字。

29. 卷六十七史文"罕父黑字子索"下《索隐》：

　　《家语》作"罕父黑字索"。（七、2223）

汲本《家语》作"宰父黑字子索"，黄本、钱本作"宰父黑字子黑"。

30. 卷六十七史文"秦商字子丕"下《索隐》：

　　《家语》："鲁人，字丕慈。少孔子四岁。其父堇，与孔子父纥俱以力闻也。"（七、2223）

明刻《家语》皆作"字不慈"。

31. 卷六十七史文"鄡（黄本《集解》：苦尧反）单（黄本《集解》：音善）字子家"下《索隐》：

　　鄡音苦尧反，单音善，则单名。徐广云"一作'邬单'，钜鹿有鄡县，太原有邬县"。《家语》无此人也。（七、2223）

兴吉按：其上有蔡本、耿本《集解》："徐广曰：一作'邬单'，钜鹿有鄡县，太原有邬县。"又此下耿本有："骃案鄡音苦尧反，音善。"

明刻《家语》无此人。

32. 卷六十七史文"申党字周"下《索隐》：

　　《家语》有申缭，字周。《论语》有申枨。郑玄云"申枨，鲁人，弟子也"。盖申堂是枨不疑，以枨堂声相近。上又有公伯缭，亦字周。《家语》则无伯缭，是《史记》述伯缭一人者也。（七、2223）

汲本《索隐》"申党"作"申堂"，汲本《家语》有"申缭字子周"。黄本、钱本《家语》作"申缭字子周"。

33. 卷六十七史文"颜之仆字叔"下《索隐》：

　　《家语》并同。（七、2223）

汲本《索隐》此条并入此下的第 39 条。

34. 卷六十七史文"荣旗字子祈（汲本《索隐》作'子祺'）"下《索隐》：

《家语》：荣祈字子颜也。（七、2223）

明刻《家语》作"荣祈字子祺"。

35. 卷六十七史文"县成字子祺"下《索隐》：

《家语》作"子谋"也。（七、2224）

明刻《家语》作"悬成字子横"。

36. 卷六十七史文"左人郢字行"下《索隐》：

《家语》同也。（七、2224）

明刻《家语》作"左郢字子行"。

37. 卷六十七史文"燕伋字思"下《索隐》：

《家语》同也。（七、2224）

汲本《家语》作"燕伋字子思"，黄本、钱本作"燕级字子思"。

38. 卷六十七史文"郑国字子徒。下《索隐》：

《家语》：薛邦字徒，《史记》作"国"，而《家语》称"邦"者，盖避汉祖讳而改。"郑"与"薛"，字误也。（七、2224）

明刻《家语》作"薛邦字子从（從）"。

39. 卷六十七史文"秦非字子之，施之常字子恒，颜哙字子声，步叔乘字子车，颜之仆字叔"下《索隐》：

《家语》并同。（七、2224）

兴吉按：上述五人中，汲本《索隐》作"颜之仆字子叔"，而黄本作"施之常字子常"。

40. 卷六十七史文"原亢籍"下《索隐》：

《家语》：名亢，字籍。（七、2225）

兴吉按：其上《集解》同。

41. 卷六十七史文"乐欬字子声"下《索隐》：

《家语》同也。（七、2225）

黄本、钱本《家语》作"乐欣"；汲本《家语》同史文。

42. 卷六十七史文"廉絜字庸"下《索隐》：

《家语》同也。（七、2225）

明刻《家语》作"廉絜字子曹"。

从上述的校勘结果看，上述多出的《索隐》条目，并不是来自于毛晋刊《孔子家语》，因此此部分多出《索隐》的来源还值得做进一步的研究。

此外这里还要指出的是，在《史记》的《表》部分，蔡本、耿本较汲古阁本缺少了大量条目。原因在于司马贞在《表》中注地名，主要采用《汉书·地理志》的记载，如《汉书·地理志》没有记载，司马贞也出注，作"汉志阙"。蔡本、耿本对此类的《索隐》条目大多做了删节，导致在条目数量上汲古阁本此部分较二家注本多出很多。

其次，以下的情况是在一个条目中，汲古阁本比二家注本多出部分文字的情况。而这种情况不包括在上面提到的因《索隐》上有《集解》而重复的情况，因为上述的那种情况可能是因为二家注本删节重复内容的结果。以下引文中，蔡本、耿本、黄本注中无划线文字。

1. 卷三十七史文"齐邴歜弑其君"下《索隐》：

邴歜与《左氏》同，而《齐系家》作"邴戎"者，盖邴歜掌御戎车，故号邴戎。邴音丙。歜亦作'鄙'。其君庄公也（五、1596）

兴吉按：汲古阁本其下多"其君成公也"数字，有误。此处的成公指卫成公，据史文"齐邴歜弑其君懿公"，懿公是齐懿公，与卫成公同时，为邴歜所弑。故成公非邴歜之君。或疑此文字是后来窜入的。

147

2. 卷六十七史文"公西葴字子上"下《索隐》：

公西葴字子上，《家语》子上作"子尚"也。（七、2226）

3. 卷六十七史文"以貌取人，失之子羽"下《索隐》：

按：《家语》"子羽有君子之容，而行不胜其貌"。而上文云"灭明状貌甚恶"，则以子羽形陋也。今此孔子云"以貌取人，失之子羽"，与《家语》正相反。（七、2206）

蔡本、耿本多"宰我有文雅之辞，而智不充其辩。孔子曰：以貌取人，失之子羽；以言取人，失之宰予。

4. 卷七十九史文"睚眦之怨必报"下《索隐》：

睚音崖卖反，眦音土卖反。又音崖债二音。睚眦谓相嗔而怒目切齿。（七、2414）

5. 卷七十九史文"注博悬于投，不必在行"下《索隐》：

言夫博弈，或欲大投其琼以致胜，或欲分功者，谓观其势弱，则投地而分功以远救也，事具《小尔雅》也。按：方言云"所以投博谓之枰"。音平，局也。（七、2424）

兴吉按：上引文中"投地"前黄、耿、蔡本多"大"字；"尔雅"前汲古阁本无"小"字。

6. 卷八十三史文"昔卞和献宝，楚王刖之"（汲古阁本作"昔玉人献宝，楚王诛之"）下《索隐》：

楚人卞和得玉璞事见《国语》及《吕氏春秋》。案《世家》，楚武王名熊通。文王名赀，武王子也。成王，文王子也，名恽。（八、2471）

兴吉按：各本上有《集解》言三王之序甚明，故三本删节之也。

7. 卷八十四史文"污渎兮"下《索隐》：

音乌独二音。污，潢污；渎，小渠也。（八、2496）

8. 卷八十四史文"贾生名谊"下《索隐》：

《汉书》并作"谊"也。（八、2491）

兴吉按：蔡本、耿本、黄本无此注，水泽先生说：谊，《索隐》作义。

9. 卷八十四史文"夸者死权"下《索隐》：

言好夸毗者死于权利，是言贪权势以自矜夸者，至死不休也。<u>按：犍为舍人注《尔雅》云"夸毗，卑身屈己也"。曹大家云"体柔人之夸毗也"</u>。尤，甚也。言势不甚用，则夸毗者可悲也。（八、2501）

10. 卷九十九史文"附离"下《索隐》：

案：谓使离者相附也。<u>义见《庄子》</u>。（八、2717）

兴吉按：其上《集解》"《庄子》曰：附离，不以胶漆也"。

以上者所列举的条目，当然不是《仲尼弟子列传》等卷中汲古阁本的文字较二家注本多出文字条目的全部，因为此部分数量较大，因此上面仅列举了部分条目作为一种情况介绍，其形成原因还有待深入、全面地研究。

四、汲古阁本与二家注本的文本差异

笔者经过将汲古阁本与二家注本中的蔡本、耿本的校勘，发现了两者之间大量的文本差异，而此种差异，笔者认为，不是一个版本系统在流传中所形成的差异，而是在两个版本系统之间的差异。这种的差异在《史记索隐》的后半部分比较突出。

1. 卷四十史文"二十年，围宋，以杀楚使也"下《索隐》：

《左传》宣十四年"楚子使申舟聘于齐，曰：'无假道于宋。'华元曰：'过我而不假道，鄙我也，鄙我，亡也；杀其使者必伐我，伐我亦亡也：亡一也。'乃杀之。楚子闻之，投袂而起。九月，围宋"是也。（五、1702）

兴吉按：今本（中华本）与蔡本、耿本、黄本同；此条汲古阁本《索隐》作："《左传》宣公十二年楚子伐萧，萧人囚熊宜僚。王曰：勿杀，吾退。萧人杀之，是杀楚使也。"经查，汲古阁本的确引自《左传》。史文云：楚围宋在二十年，汲古阁本云：杀楚使在十二年。二家注本注围宋在"十四年"，二者不两立。查《左传》杜注云："萧，宋附属国。"则宋、萧为二国。汲古阁本《索隐》所记是萧人杀宜僚，而二家注本《索隐》记载华元杀宜僚。

2. 卷四十史文"吴三公子"下《索隐》：

> 昭三十年，二父公奔楚，公子掩余奔徐，公子烛庸奔钟吾。此言三公子，非也。（五、1715）

兴吉按：此条蔡本、耿本、杭本皆为《集解》，可见这里是汲古阁本的讹误。

3. 卷四十史文"三国布救"下《索隐》：

> 亦作"翅"同，式豉反。（五、1733）

兴吉按：蔡本、耿本、黄本作"三国，齐、赵、燕也。救音式豉反"。

4. 卷四十史文"熊元"下《索隐》：

> 《系本》作"完"。（五、1735）

兴吉按：汲古阁本中"《系本》"作"《左传》"，有误，熊元为楚考烈王，时已当战国末，《左传》不当有记载。此条不见于今传世的《世本》。

5. 卷四十三史文"荀栎"下（六、1790），二家注本有《集解》"服虔曰：荀栎，智文子"。汲古阁本有《索隐》"荀栎"一条，内容作"智文子"。显然是汲古阁本将《集解》误录为《索隐》。此条下汲古阁本另有"智瑶"《索隐》一条：

> 《系本》云："逝遫生庄子首，首生武子縗，縗生庄子朔，朔生悼子盈，盈生文子栎，栎生宣子申，申生智伯瑶。

兴吉按：此条今本、蔡本、耿本在史文"荀栎"下（六、1791），为正。汲古阁本引录史文作"智瑶"，不当，查此处前后史文，并无"智瑶"二字。

6. 卷四十四史文"大梁邨（蔡本、耿本作邻字）"下《索隐》：

《战国策》"邨"作"邻"字为得。（六、1857）

兴吉按：此条蔡本、耿本为"《战国策》亦作'邻'字，俗本或作'邨'字，非"。以上文字，何为司马贞的原句，已不可考定。

7. 卷四十六史文"谨毋离前"下《索隐》：

谓佩服此言，常无离心目之前。（六、1891）

兴吉按："心目之前"，蔡本、耿本作"君，故曰谨毋离前"。又按：蔡本、耿本为正。

8. 卷四十六史文"北救阿"下《索隐》：

<u>按：阿即东阿也。</u>时章邯围田荣于东阿也。（六、2022）

兴吉按：蔡本、耿本无划线文字，大概是因下文已有"东阿"二字。

9. 卷四十六史文"之成阳南（汲古阁本作"于成阳南"）"下《索隐》：

《地理志》县名，在济阴。成，地名。周武王封弟季载于成，其后<u>代</u>迁于成之阳，故曰成阳。（六、2022）

兴吉按：汲古阁本划线"代"作"邑"字。

10. 卷五十九史文"子昆侈代为中山王"中（六、2099）"代"字，汲古阁本作"嗣"字。

11. 卷六十史文"臣去病"下《索隐》：

霍去病也。（五、2105）

兴吉按：蔡本、耿本作"姓霍"。

12. 卷六十一史文"可谓善人者非邪"下《索隐》：

又叙论云若夷、齐之行如此，可谓善人者邪，又非善人者邪，亦疑也。（七、2124）

兴吉按："非邪"汲古阁本作"耶抑非耶"。

13. 卷六十六史文"华氏之乱"下《索隐》：

《春秋》昭二十年，宋华亥、向宁、华定与君争而出奔是也。（七、2173）

兴吉按：今本、蔡本、耿本如上。汲古阁本作"《左氏》宋大夫华登欲杀元公事，鲁昭公二十一年事也"。与此不同，张文虎、水泽先生亦无说明。王叔岷先生说："案《春秋》昭二十年，宋华亥、向宁、华定出奔陈。杜注：与君争而出。《索隐》云云，兼本经文、注文也。"[1]查《春秋经传集解》，王先生所言是。而汲古阁本所有者，实为鲁昭公二十一年华登反攻宋国之事也。不解其出自何书也，当是失误。

14. 卷六十六史文"吴太子"下《索隐》：

《左传》太子名友。（七、2181）

兴吉按"吴太子"汲古阁本作"吴王太子"。

15. 卷六十六史文"胜自砺剑，人问曰"下《索隐》：

《左传》作："子期之子平见曰：'王孙何自砺也。'"（七、2182）

兴吉按"胜自砺"汲古阁本作"白公厉"。

兴吉按：汲古阁本此条作"案《左氏》人即子西之子平也，白公弟王孙燕。"此条《索隐》误，《左传》云：平是子期之子，非子西之子也。[2]又白公弟王孙燕实为杜预注也。然史文中并无王孙燕事，汲古阁本之引，何由？

16. 卷六十七史文"澹台灭明南游至江"（七、2206）。

兴吉按：汲古阁本多"澹台来明"四字，今本无，此处是司马贞改写史文的结果。

---

[1] 王叔岷：《史记斠证》（四）第 2085 页。
[2] 杜预注：《春秋经传集解》（下）第 1820 页。

17. 卷六十七史文"公西舆如字子上"下《索隐》：

　　《家语》同。

兴吉按：蔡本、耿本、黄本作"《家语》载亦同此"。（七、2226）

18. 卷六十七史文"狄黑字皙"下《索隐》：

　　《家语》同。（七、2225）

兴吉按：蔡本、耿本此条作"《家语》载本名异"。黄本"名"作"各"。可见二家注本所用《家语》与《汲古阁本》所用之不同。

19. 卷七十史文"为文檄"下《索隐》：

　　按：徐广云：一作"丈二檄"。王劭按《春秋后语》云："丈二尺檄"。许慎云"檄，二尺书"。（七、2281）

兴吉按：蔡、耿本无划线文字，其上《集解》，蔡本、耿本作"徐广曰：一作咫尺之檄"。

20. 卷七十四史文"傥亦有牛鼎之意乎？"下《索隐》：

　　按：《吕氏春秋》云"函牛之鼎不可以烹鸡"，是牛鼎言衍之术迂大，傥若大用之，是有牛鼎之意。而谯周亦云"观太史公此论，是其爱奇之甚"。（七、2346）

兴吉按：此下蔡本多"矣"字，而耿本多"故于此明言之有意激云耳"数字。

21. 卷七十五史文"不自得（汲古阁本作"不自德"）"下《索隐》：

　　是潜（蔡本、耿本作愍）王遣孟尝君，自言己无德也。（七、2356）

兴吉按："不自德"，蔡本、耿本作"得一作德"，以此观之，的确有作"不自德"的本子，司马贞据此本加以注释，言齐潜王"无德"。

22. 卷七十六史文"目笑之而未废也"下《索隐》：

　　按：郑玄曰"皆目视而轻笑之，未能即废弃之也"。（七、2367）

兴吉按：蔡本、耿本"废"作"发"，蔡本、耿本又多"发一作废"数字。二本所云，显见司马贞所见《史记》版本之异。

23. 卷七十七史文"深得赵王阴事"下《索隐》：

> 按：谯周作"探得赵王阴事"。（七、2378）

兴吉按：蔡本、耿本、黄本无此条，史文"深得"，蔡本、耿本、黄本作"探得"。

24. 卷七十八史文"以临仁、平丘"下《索隐》：

> 仁及平丘，二县名。谓以兵临此二县，则黄及济阳等自婴城而守也。按《地理志》：平丘属陈留，今不知所在。（七、2389）

兴吉按："今不知所在"，蔡本、耿本、黄本作"仁，阙"，三本为正，汲古阁本注文中仅言"平丘属陈留"，未言"仁县"之所在，"今不知所在"者更是不知所云，当是所据之本缺字，毛晋亦未增补。

25. 卷七十九史文"注一云使持车"下《索隐》：

> "使持车"，《战国策》之文也。（七、2405）

兴吉按："使持车"，蔡本、耿本作"徐按"，以其上有《集解》故也。而汲古阁本无《集解》，所以多引录《集解》文字也。

26. 卷七十九史文"莫不洒然变色"下《索隐》：

> 郑玄曰"洒然，肃敬之貌"也。（七、2406）

兴吉按："洒然"，汲古阁本作"灑然"。张文虎云："徐音先典反，则本'洒'字。段氏《说文注》云：'洒灑殊义而双音，故相假借。'"[1]

27. 卷七十九史文"愳先生"下《索隐》：

> 愳及注"溷"字并胡困反。愳犹汩乱之意。（七、2408）

---

[1] 张文虎：《校刊史记集解索隐正义札记》（下）第546页。

兴吉按："恩及注'涸'字",蔡本、耿本作"二字"。其上有《集解》也。

28. 卷八十一史文"盆瓵"下《索隐》：

> 瓵音缶。（八、2442）

兴吉按：汲古阁本作"盆瓵、盆缶二音"。"盆"字可不引录。

27. 卷八十三史文"鲁人投其钥，不果纳。"下《索隐》：

> 谓阖内门不入齐君。（八、2464）

兴吉按："阖内"蔡本、耿本、黄本作"闭外"。

29. 卷八十四史文"虏楚将屈匄"下《索隐》：

> 屈，姓。匄，名，音盖也。（八、2483）

兴吉按："虏"，汲古阁本作"破"。

30. 卷八十四史文"贾生名谊"下《索隐》：

> 《汉书》并作"谊"也。（八、2491）

兴吉按：汲古阁本所引录史文作"贾生名义"，未知何据，张文虎亦无说明。

31. 卷八十六史文"八览、六论、十二纪"下《索隐》：

> 八览者，有始、孝行、慎大、先识、审分、审应、离俗、时君也。六论者，开春、慎行、贵直、不苟、以顺、士容也。十二纪者，记十二月也，其书有孟春等纪。二十余万言，二十六卷也。（八、2510）

兴吉按：蔡本、耿本、黄本作"三十余卷"。王叔岷先生认为：黄本"三盖二之误"，应以《索隐》为正。[1]

32. 卷八十六史文"卒醳"下《索隐》：

> 卒，足律反。醳音释，字亦作"释"。（八、2520）

兴吉按：蔡本、耿本、黄本引录史文作"释"，又《史记》中"醳"多处

---

[1] 王叔岷：《史记斠证》第 2571 页。

出现,《索隐》多次出注,故在此注中无划线文字,当是二家注本删节所致。

33. 卷八十六史文"最怨智伯"下《索隐》:

> 谓初则醉以酒,后又率韩、魏水灌晋阳,城不没者三板,故怨深也。(八、2520)

兴吉按:"醉以酒"蔡本、耿本作"灌以酒"。

34. 卷八十六史文"事韩哀侯"下《索隐》:

> 案:《表》聂政杀侠累在列侯三年。列侯生文侯,文侯生哀侯,凡更三代,哀侯六年为韩严所杀。今言仲子事哀侯,恐非其实。且太史公闻疑传疑,事难旳据,欲使两存,故《表》《传》各异。(八、2523)

兴吉按:引文中"列侯生"汲古阁本作"后次";"文侯"汲古阁本作"后次";"哀侯"汲古阁本无"侯"字。

35. 卷八十六史文"有却"下《索隐》:

> 《战国策》云:"韩傀相韩,严遂重于君,二人相害也。<u>严遂举韩傀之过,韩傀叱之于朝,严遂拔剑趋之,以救解</u>。"是有却之由也。(八、2523)

兴吉按:蔡本、耿本无划线文字,汲古阁本无虚线文字。

36. 卷八十六史文"揕其匈"下《索隐》:

> <u>徐氏音丁鸠反</u>(其上《集解》作"音张鸠切")。揕谓以剑刺其胸也。<u>又云一作"抗"</u>。抗音苦浪反,言抗拒也,其义非。(八、2532)

兴吉按:蔡本、耿本划线外文字与《集解》同。其上《集解》与划线文字相近。

37. 卷八十七史文"郡小吏"下《索隐》:

> 刘氏云:"掌(蔡本、耿本多"内"字)乡文书"。(八、2539)

兴吉按:"郡小吏"汲古阁本作"乡小史"。

38. 卷八十七史文"随俗雅化"下《索隐》:

> 谓闲雅变化而能通俗也。(八、2543)。

兴吉按:"随俗雅化",汲古阁本"化"作"好"。汲古阁本引录史文有"好"字,注文无"好"字,是讹误。

39. 卷八十七史文"不觳于此(八、2553)",汲古阁本"此"作"是"。

40. 卷八十七史文"始皇弟"下《索隐》:

> 刘氏云:"弟"字误,当为"孙"。子婴,<u>二世兄子</u>。(八、2562)

兴吉按:"始皇弟"下汲古阁本多"子婴"二字,《集解》云"徐广曰:一本曰召始皇帝弟子婴"。司马贞所见本如《集解》所云?蔡本、耿本无注中划线文字。

41. 卷八十八史文"赵苦陉"(八、2571),汲古阁本作"绝苦陉"。

42. 卷八十八史文"孱王"下《索隐》:

> 案:服虔音鉏闲反,弱小貌也。小颜音仕连反。(八、2583)

兴吉按:注文中"鉏闲",汲古阁本作"昨轩"。

43. 卷九十史文"青衣"下《索隐》:

> 苏林曰:"县名,今为临邛。"瓒曰:"<u>今汉嘉是也。</u>"(八、2594)

兴吉按:蔡本、耿本、黄本中划线文字为《集解》中的内容,故在此划线文字作"说为是"。

44. 卷九十一史文"姓英氏"下《索隐》:

> 按:布本姓英。英,国名也,皋繇之后。布以少时有人相云"当刑而王",故《汉杂事》云"布改姓黥,以厌当之"也。(八、2597)

兴吉按:注文"《汉杂事》"汲古阁本作"《汉书》"。查今本《汉书》,无"布改姓黥,以厌当之"语,汲古阁本有误。

45. 卷九十一史文"布常为军锋"下《索隐》：

> 案：《汉书》作"楚军前簿"，簿者卤簿。（八、2598）

兴吉按：汲古阁本"簿者卤簿"单为一条，注前句之"簿"字，是司马贞自注也。引录史文中"常"，汲古阁本作"尝"，亦误，按其上史文有"布常冠军"，同一句式也。汲古阁本误。

46. 卷九十二史文"南昌亭长"下《索隐》：

> 案：《楚汉春秋》作"新昌亭长"。（八、2609）

兴吉按："新昌亭长"，蔡本、耿本、黄本作"南昌作新昌亭长，主亭之吏也"。

47. 卷九十二史文"吾哀王孙"下《索隐》：

> 刘德曰："秦末多失国，言王孙、公子，尊之也。"<u>苏林亦同。</u>张
> 晏云"字王孙"，非也。（八、2610）

兴吉按：此上《集解》云："苏林曰：如言公子也"。是司马贞节引之，而蔡本、耿本、黄本无划线文字。

48. 卷九十二史文"袴下"下《索隐》：

> 袴，《汉书》作"胯"。胯，股也，音枯化反。然寻此文作"袴"，
> 欲依字读，何为不通？袴下即胯下也，<u>亦何必须作"胯"。</u>（八、2610）

兴吉按：蔡本、耿本、黄本无划线文字；"亦何必须作胯"，蔡本、耿本、黄本作"何必须要作'胯'下"。按：其上《集解》云《汉书》作跨"，与司马贞所记不同。

49. 卷九十二史文"夹潍水"下《索隐》：

> 潍音维。《地理志》："潍水出琅邪箕县东北，至都昌入海。"徐<u>广</u>
> <u>云"出东莞而东北流入海"</u>，盖据《水经》而说，少不同耳。（八、2621）

兴吉按：蔡本、耿本、黄本划线文字作"所引"。"少不同耳"三本作"与此不同"。

50. 卷九十五史文"他广夺侯"下《索隐》：

案：《汉书》平帝元始二年，封哙玄孙之子章为舞阳侯，邑千户。（八、2660）

兴吉按："舞阳侯"，汲古阁本作"武阳侯"，有误。张文虎有云。

51. 卷九十五史文"栒邑"下《索隐》：

栒邑在豳州。《地理志》：属右扶风。栒（汲古阁本无之）音荀。（八、2661）

兴吉按："栒邑在豳州"，汲古阁本"按：在汉中栒阳"，有误。汉中与扶风不两立，故误在汲古阁本。

52. 卷九十五史文"面雍树乃驰"下《索隐》：

苏林与晋灼皆言南方及京师谓抱儿为"拥树"，今则无其言，或当时有此说。其应、服之说，盖疏也。（八、2665）

兴吉按：其上《集解》中仅有苏林说，而无晋灼说。蔡本、耿本、黄本划线文字作"同"。

53. 卷九十六史文"几废"下《索隐》：

几。钜依反。（八、2678）

兴吉按：汲古阁本作"上音祈"。

54. 卷九十七史文"适郦生里中子"（八、2692），汲古阁本引录史文作"适郦食其里中子"，当为司马贞改写史文。然注文中多"食其"二字，言郦生，其实"郦生"，读者亦可明了，不必举其名。

55. 卷九十九史文"过举"。下《索隐》：

案：谓举动有过也。《左传》云："君举必书"。（八、2726）

兴吉按：汲古阁本末句作"《传》云：君不举必不书"。按：此句见《春秋经传集解》"隐三年夏四月"杜预注，[1]并非《左传》本文，汲古阁本是。

56. 卷一百零三史文"塞侯微巧"下《索隐》：

案：直不疑以吴楚反时为二千石将，景帝封之，功微也。

又史文"而周文处谄"下《索隐》：

周文处谄者，谓为郎中令，阴重，得幸出入卧内也。（九、2774）

兴吉按：以上两条，汲古阁本作一条。蔡本、耿本为二条。"微巧"汲古阁本作"功微"。

57. 卷一百零四史文"不傅事，何也？"（九、2782）汲古阁本作"不傅事，可也"。

兴吉按：张文虎未言此异同。笔者所见各本皆作"何也"。

58. 卷一百零八史文"逗桡"下《索隐》：

案：劲云（蔡本、耿本作"如淳"）"逗，曲行而避敌，（蔡本、耿本作"军法行而逗留畏桡者要斩，逗"）音豆"。又音住，住谓留止（蔡本、耿本作"逗谓留"）也。桡，屈弱也，女孝反。一云桡，顾望也。（九、2863）

兴吉按：蔡本、耿本无最后划线文字。

59. 卷一百十史文"驒騱"下《索隐》：

韦昭驒音颠。《说文》："野马属"。徐广云"巨虚之类"。一云青骊白鳞，文如鼍鱼。邹诞生本"奚"字作"騱"。（八、2880）

兴吉按：蔡本、耿本无划线文字，因《集解》已有注，然《索隐》注中无虚线文字，此一句《集解》中作"徐广曰"。蔡本、耿本"騱"字作"奚"。

60. 卷一百十一史文"穿域蹋鞠"（汲古阁本作"蹴鞠"）下《索隐》：

徐氏云："穿地为营域"。《蹴鞠书》有《域说篇》，又以杖打，亦

---

[1] 杜预注：《春秋经传集解》第1715页。

<u>有限域也。今之鞠戏</u>，以皮为之，中实以毛，蹴蹋为戏。刘向《别录》云"蹴鞠，兵势，所以陈武事，知有材力也"。《汉书》作"蹋鞠"。《三仓》云："鞠毛可蹋以为戏"。鞠音巨六反。（九、2939）

兴吉按：蔡本、耿本注中"蹴"作"蹋"字，无划线文字，亦其上《集解》已有注。

61. 卷一百十二史文"黄、腄"下《索隐》：

<u>县名，在东莱</u>，音逐瑞反，注音縋。（九、2955）

兴吉按：蔡本、耿本划线文字作"腄"，末句后蔡本、耿本有"其音同也"四字。

62. 卷一百十三史文"闽中郡"下《索隐》：

徐广云"本建安侯官是"。案：为闽州。案：下文"都东冶"，韦昭以为在侯官。（九、2979）

兴吉按：蔡本、耿本作"小颜以为郡即今之泉州建安也"。查《汉书》颜注，同蔡本、耿本。

63. 卷八十史文"诽谤"下《索隐》：

"诽音方味反"。（七、2433）

64. 卷八十史文""堕先王之名"下《索隐》：

堕音许规反。（七、2433）

兴吉按：汲古阁本以上二条作一条，引录史文曰"诽谤堕"，虽于文义不通，然引文简练，或是司马贞原有之体例。

65. 卷八十一史文"居二年，廉颇复伐齐几，拔之"下《索隐》：

《世家》云惠文王二十三年，颇将攻魏之几邑，取之，与此列传合。《战国策》云秦败阏与及攻魏几。几亦属魏。而裴骃引《齐世家》

及《年表》无"伐齐拔几"之事，疑其几是故邑（此段划线文字，蔡本、耿本作"云"），或属齐、魏故耳。（八、2444）

兴吉按：蔡本、耿本、黄本无前一段划线文字，后一段文字见于其上的《集解》。由此可见，二家注本、三家注本与汲古阁本之差异也。

66. 卷八十六史文"执匕首"（八、2515），汲古阁本"执"作"遂"。张文虎无说明。

67. 卷八十六史文"堂邑"下《索隐》：

《地理志》：临淮有堂邑县。（八、2515）

兴吉按：汲古阁本所引史文、注中的"堂"字皆作"常"字，误，张文虎有辨证。

68. 卷八十六史文"欲倍其约"（八、2515），汲古阁本作"欲倍之"。

69. 卷九十一史文"守徼、乘塞"下《索隐》：

徼谓边境亭鄣。以徼绕边陲，常守之也。乘者，登也，登塞垣而守之。（八、2600）

兴吉按：汲古阁本分作"守徼、乘塞"二条。然此四字在史文中相连，不必分为二条也。

70. 卷九十二史文"下乡南昌亭长"。汲古阁本作"下乡""南昌亭长"二条。（八、2609）

71. 卷九十二史文"喑恶"下《索隐》：

上于金反，下乌路反。喑哑，怀怒气。（八、2612）

72. 卷九十二史文"叱咤"下《索隐》：

"咤"字或作"吒"。叱咤，发怒声。（八、2612）

兴吉按：蔡本、耿本、黄本与其下"千人皆废"合作一条，蔡本、黄本作"喑，于金反；恶，乌路反；叱，昌栗反；咤卓嫁反。喑哑，怀怒气。'咤'字或作'吒'。叱咤，发怒声"。汲古阁本为二条。实无意义。

73. 卷九十五史文"吕须媭属"下《索隐》：

音须眷二音。（八、2660）

兴吉按：或引录"须媭"二字足矣，引四字实为全句，或可明晰，然注释四字中的二字，体例上难以处理，且"音须眷二音"的体例颇嫌繁复，但云"音须眷"，或"须眷二音"可也。蔡本、耿本、黄本将此《索隐》置于"吕须媭"下，甚当。

74. 卷一百二十二史文"昔天下之网（汲古阁本作"罔"）尝密矣"下《索隐》：

案《盐铁论》云："秦法密于凝脂"。（十、3131）

75. 卷一百二十二史文"其为可使"下《索隐》：

谓求杨可之使。（十、3146）

兴吉按：史文中"其"，汲古阁本作"求"字，误。史文全句作"部吏捕其为可使者"。

76. 卷一百二十二史文"告缗"下《索隐》：

缗，钱贯也。汉氏有告缗令，杨可主之。谓缗钱出入有不出算钱者，令得告之也。（十、3147）

兴吉按：蔡本、耿本划线文字为"等人有不出以钱通"。

77. 卷一百二十三史文"为发导绎抵康居"，汲古阁本引录作"为发道驿抵康居"。（十、3158）

78. 卷一百二十三史文"于是酒泉列亭鄣至玉门矣"下《索隐》：

韦昭云："玉门，县名，在酒泉。又有玉关，在龙勒也。"（十、3160），

兴吉按：蔡本、耿本无划线文字，与其上《集解》同故也。史文，汲古阁本作"自酒泉列亭至玉门"，是司马贞改写也。《汉书》同今本，知司马贞

之删节。

79. 卷一百二十三史文"画革旁行"下《索隐》：

> 画音获。小颜云："革，皮之不柔者。"韦昭云："外夷书皆旁行，
> 今扶南犹中国，直下也。"（十、3162）

兴吉按：蔡本、耿本作"南方林邑之徒书皆旁行，不直下也"。此处司马贞以为韦昭注，有误，此句实来自于《汉书·西域传》颜师古注也。

80. 卷一百二十三史文"黎轩善眩人（汲古阁本无"善"字）"下《索隐》：

> 韦昭云："变化惑人也。"按：《魏略》云："犁靬多奇幻，口中吹
> 火，自缚自解。"小颜亦以为植瓜等也。（十、3173）

兴吉按：史文作"以大鸟卵及黎轩善眩人"，《汉书》此句亦同，然脱字同汲古阁本。可见汲古阁本从《汉书》改定史文也。又"小颜亦以为植瓜等也"句，蔡本、耿本、黄本作"小颜亦以为吞刀吐火植瓜种树屠人截马之术皆是"，同《汉书》。

81. 卷一百二十三汲古阁本引录史文"恶睹夫谓昆仑者乎"下《索隐》：

> 恶音乌。乌，于何也。睹，见也。言张骞穷河源，至大夏、于窴，
> 于何而见昆仑为河所出？谓《禹本纪》及《山海经》为虚妄也。然案
> 《山海经》"河出昆仑东北隅"。《西域传》云"南出积石山为中国河"。
> 积石本非河之发源，犹《尚书》"导洛自熊耳"，然其实出于冢岭山，
> 乃东经熊耳。今推此义，河亦然矣。则河源本昆仑而潜流至于闐，又
> 东流至积石始入中国，则《山海经》及《禹贡》各互举耳。（十、3179）

兴吉按：此句中"夫谓"，《汉书》作"所谓"，"恶音乌"亦小颜注也。史文作"恶睹本纪所谓昆仑者乎"。

82. 卷一百二十三史文"余不敢言之也"下《索隐》：

> 案：《汉书》作"所有放哉"。如淳云"放荡迂阔，言不可信也"。

余（蔡本、耿本多"不"字）敢言也，亦谓《山海经》难可信耳。而荀悦作（蔡本、耿本多"仿"字）"效"，失之素（蔡本、耿本无此字）矣。（十、3179）

兴吉按："余不敢言之也"汲古阁本作"余敢言也"。此段文字说明司马迁对于《山海经》《禹本纪》等书所记载怪物的态度。汲古阁本史文与注文皆脱"不"字，当是因司马贞原本既已脱漏。司马贞所引见《汉书》卷六十一："如淳曰：放荡迂阔不可信也。师古曰：如说是也。荀悦误以放为效字，因解为不效，盖失之矣"。以此观之，司马迁所言与班固所言几乎一致，都是对《山海经》《禹本纪》二书的不信任的态度，司马贞不察，解"放"与"敢言"同义，故而删节"不"字也。据此，所谓"余敢言也"非《索隐》所见《史记》异文，而是司马贞改写之迹。

此外，汲古阁本中还有《索隐》条目在史文下的位置与二家注本不同的情况，也表明汲古阁本的来源的确与二家注本不同。此处仅举三个例子。

1. 卷三十一史文"乃舍之"下有《集解》，其下蔡本、耿本有一条《索隐》，云：

按《左氏》在襄公十四年。（五、1450）

兴吉按：汲古阁本位置不同，此条《索隐》在引录史文作"'诸樊元年诸樊已除丧'至'乃舍之'"下，作"皆襄十四年《左氏传》文。"，然此段历史是诸樊元年至诸樊四年事，如从汲古阁本，仅指十四年，不当。

2. 卷四十三史文"公孙支书而藏之"下，蔡本、耿本有《索隐》一条：

<u>藏一作籍</u>，籍，录也，谓当时即记录，书于籍也。（六、1787），

兴吉按：汲古阁本见于卷四十三史文"而籍之"下（五、1814），只是无划线文字。

3. 卷三十九史文"履鞮"下《索隐》：

即《左传》之勃鞮，亦曰寺人披也。（三、1656）

兴吉按：汲古阁本此条在"长女妻重耳"下，史文与注文无涉，不当。

总述本章，二家注本因为所据《索隐》底本中条目或内容与《集解》重复，删节了《史记索隐》中的部分内容，导致从表面上看，汲古阁本中《索隐》较二家注本多出了一些条目与文字，其实这些文字并不是所谓"索隐异文"。同时，二家注本比汲古阁本也多出了一些条目与文字，究其原因，可能有二：其一是汲古阁本处置不当导致，其二或如贺次君先生所说，即汲古阁本与二家注本中的《索隐》分别属于两个系统的本子。笔者认为：汲古阁本或据《史记索隐》的残本上板，其不足部分则是从二家注本摘录加以补充，如此才导致在形式上汲古阁本与二家注本忽而接近、忽而疏远的情况。

第六章
《史记索隐》
的体例研究

近年来，学界对于《史记索隐》的体例有较深入的研究。其主要成果在前面已经有所介绍。但是《史记索隐》的体例研究，不应局限于《史记索隐》本身，而是应把《史记索隐》的体例研究，和其他的两家注释——《史记集解》《史记正义》结合起来，同时还要把《索隐》放在唐代义疏体中进行比较，这样才有利于我们了解《史记索隐》的特点。同时，还有一个问题应该注意到，就是《史记》二家注本中的《史记索隐》所呈现的体例与毛晋汲古阁本《史记索隐》体例的差别，只有将其加以比较研究，才能更好地了解司马贞《史记索隐》本文的体例，进而研究其史学思想与实践。

最早的全面整理《史记》三家注体例的论文是《史记三家注体例略述》(赵英翘《社会科学辑刊》1988年第2期)，他将三家注的体例分以下十一种列举式地说明：(1)以历史材料演注者。(2)以地理方面内容释注者。(3)以帝王世系、王侯爵封等内容注释史义者。(4)以各类典制注释史文者。(5)以官制、职官等材料，注释史文者。(6)以民族内容为注者。(7)以谶纬妖祥之事注释史文者。(8)以书籍方面材料释注者。(9)以战事、外交等诸事注史文者。(10)以赏罚、刑律等材料为注者。(11)以语言材料注释史文者。从上面的分类来看，作者主要是以三家注的资料来源论述《史记》三家注的体例，这并不是三家注内在的编撰、注释的体例。

一、司马贞注史体例的基本原则

我们讨论《史记索隐》体例最基础的指向，司马贞要著作一部怎样的书。学界长期以来一直认为，司马贞《史记索隐》的体例基本上与陆德明《经典释文》是一致的，这在《四库总目》中体现得最为全面。陆德明的《经典释文》以音注、释义为主，他自己说他的体例"旧音皆录经文全句，徒烦笔墨，今则各标篇章于上，摘字为音，虑有相乱，方复具录。唯孝经童蒙始学、老子众本多乖，是以二书特纪全句"。[1]所以黄焯先生在《经典释文汇校》引文中说："陆氏对于诸经，都是采摘单字来注音，只有《孝经》《老子》特钞全句……陆氏于文字又兼收各家的训诂来解释文义。"陆氏的注意力在音训方面，只是在各本有版本差异时，方摘录全句。然而司马贞的著作是史注体的著作，所要包含的内容要比陆德明的注释复杂一些，所以它的体例自然与《经典释文》有所差别，《史记索隐》包含有音训、训释词语、句读、诠释文句，训释名物、典制、辨证史事等多种注释。同时，史注体与经注的根本差别就在于史注就是要突出注释史事，史事不是简单的字句，而是有较多的内容，所以如何引录史文是关键，而《集解》《正义》无单行本传世，虽然毛氏单行

---

[1] 陆德明：《经典释文·体例》，清同治辛未粤秀山文澜阁重刻抱经堂本。

本《史记索隐》尚有很多问题，但《史记索隐》依然是研究唐代史注体著作引录原文体例的好资料。

笔者认为，司马贞的《史记索隐》是史注体著作，它的体例与一般的经典注释书籍有所不同；但同时，司马贞也深受唐代经学义疏体的影响，因此注释音义是《史记索隐》中最重要的内容。在此之外，还把辩证史事、个人议论作为注释之余的成果加入其中。依据目前汲古阁本《史记索隐》以及其他二家注本、三家注本中所存的史料，我们还看不出司马贞在编写《史记索隐》的时候所构想的体例原则。此点与《史记正义》有很大的区别。《史记正义》有着相对完整的体例构思，张守节在《史记正义谥法解》中，提出了他的体例原则，即"论注例""论字例""论音例""论史例"等五种，并细致地说明了他在引录前人成果时候的选择标准。

司马贞则缺少自己对于此问题的概括，所以需要我们对他的编撰体例进行总结，主要针对出注原则和引用前人史料的原则两个问题加以说明。

关于出注的原则，司马贞自己也没有具体地说明，这一点与《三国志》的裴松之注有着很大的差距，众所周知，作为史注体的名著，《三国志》裴松之注有着明确的出注原则。而出注原则问题又是极为复杂的问题。不对《索隐》进行全面的梳理，就很难对司马贞的出注原则，做一个初步的总结，所以这个问题在此就先不作讨论。

引述前人成果的原则，在张守节的"论注例"中说得比较清楚。张守节对《集解》裴注的特点，介绍得清楚明白，我们认为这也是张守节的基本看法。其文曰：

> 《史记》文与《古文尚书》同者，则取孔安国注。若与伏生《尚书》同者，则用郑玄、王肃、马融所释。与《三传》同者取杜元凯、服虔、何休、贾逵、范宁等注。与《三礼》《论语》《孝经》同者，则取郑玄、马融、王肃之注。与《韩诗》同者，则取《毛传》《郑笺》等释。与《周易》同者。则依王氏之注。与诸子诸史杂书及先儒解释

善者，而裴骃并引为注。又徐中散作音训，校集诸本异同，或义理可通者，称"一本云""又一本云"，自是别记异文，裴氏亦引之为注。

可见张守节这里所说"论注例"还不是引录注文的体例，而是说明自己认为引录何家注释最为合适的说明。实际上主要是针对引用经传的体例。即强调使用主流经学家的注释。我们认为，此点和司马贞的看法基本相同。

张守节采用裴骃的注释，还留意了版本的差异，采用了与裴骃相同的"一本云""又一本云"的方式。然此处的说明与下文的"论字例"中的内容有所交叉，亦可见，此时的人们对于版本的概念，还没有很清晰的认识与区别。类似的情况在《史记索隐》中也是一样，《索隐》则使用"一本作"的形式。共使用11处，其中3处是引用徐广的注。有的时候，也用"一本"以及"一本或作"。

如卷八史文"欲告之"下《索隐》：

《汉书》作"苦"，谓欲困苦辱之。一本或作"笞"。《说文》云："笞，击也。"（二、347）

兴吉按：蔡本、耿本、中统本作"欲笞之"，汲古阁本与各本不同，或只是转录中的讹误。

学界历来认为：司马贞注《集解》是《史记索隐》中重要内容，其数量应当是比较多的，笔者进行初步的统计，却发现其数量在《索隐》条目中所占的比例不是很大，笔者据汲古阁本的统计，明确是注释《集解》的条目225条（包含《史记集解序》中的22条注释），在汲古阁本中，注释《集解》的条目直接冠以"注"字，表示是为《集解》作注，不过在汲古阁本的这225条中还有24条前没有"注"字，但其内容无疑是直接注释《集解》的。此225条与总数达6000条以上的总量相比，不足5%，可见，司马贞的重点还是以注释史文为主。至于其他不是直接注释《集解》，而是对《集解》进行辨证、说明的，不在此列，但数量也不是很大。

当然，司马贞对于史注的体例，也还是有思考的。在《索隐》行文中，如何处理和《集解》的关系，特别是如何处理与《集解》类似注文的关系，是他必须正面对待的问题。此外，一个字词、人物或事件在《史记》各卷中都存在，全部注释，未免重复过多。司马贞也必须要注意行文简洁与注释完整的关系。如卷五十五史文"表商容之闾"下《索隐》：

（前略）余解在《商纪》。（六、2041）

查《殷本纪》亦有"表商容之闾"条。其下亦有《索隐》，故司马贞所说的"余解"，即是指卷三中还有注释做进一步说明的意义。[1]

二、司马贞引录史文的体例

注释体的著作，在基本体例上不外乎两种，其一是在全文中夹注；其二是摘录文句后加以注释。后者随着注释体的发展，逐步形成主要的体例形式。摘录文句的形式，笔者将其定名为引录史文。笔者认为：引录史文的具体形式，反映了注释体作者对于注释体体例的理解，是作者史学创造力的体现。我们也想从这个问题入手，研究司马贞的史学能力。

最初的《史记索隐》三十卷本，也是这种体例，然而后来的二家注本又还原为夹注，所以在二家注本中，我们已经很难找到司马贞引录史文的体例规律，故而这里我们还是主要依据汲古阁本《索隐》，来探寻上述的规律。当然，我们也注意到，在汲古阁本的来源还不确定的情况下，完全以此为依据也存在一些问题。所以以下的研究，我们会努力来区分这些问题。

研究汲古阁本《史记索隐》引录史文的体例，首先研究司马贞注释字词时是如何引录史文的。司马贞引录单字的情况比较少，在十二本纪中仅有 13 条，主要是人名、地名，也有词。卷一中没有注单字的，所以这里仅以卷二为例作简要的说明。

---

[1] 此两条《索隐》的文字，详见本稿第 112 页。

1. 史文"鲦"下《索隐》：

（略）。（一、49）

2. 史文"雍"下《索隐》：

《尔雅》云"水自河出为雍"也。（一、54）

兴吉按：史文"雍"字下还有"沮"，《索隐》上已有注"沮"。

3. 史文"瀵"下《索隐》：

（略）。（一、70）

说明：此处只注单字，只举史文中字，故注释不罗列，以不讨论无关也，下同。

4. 史文"醴"下《索隐》：

（略）。（一、70）

兴吉按：以上三条皆是注河流名。

5. 史文"总"下《索隐》：

《说文》云："总，聚束草也。"（一、75）

6. 史文"铚"下《索隐》

《说文》云："铚，获禾短镰也。"（一、75）

7. 史文"秸"下《索隐》：

《礼·郊特牲》云："蒲越蒿秸之美。"则秸是蒿之类也。（一、75）

兴吉按：以上三条皆是注物名。

8. 史文"许"下《索隐》：

许在颍川。（一、83）

9. 史文"扈"下《索隐》：

《地理志》曰："扶风县鄠是扈国。"（一、84）

10. 史文"甘"下《索隐》：

> 夏启所伐，鄠南有甘亭。（一、84）

兴吉按：以上三条皆是注地名。

其次是词、词组，在卷一前五条开始的引录史文分别为"黄帝""少典之子""轩辕""弱而能言""徇齐"（一、1）。基本上都是根据注释的内容引录，体例也比较整齐，这里就不展开说明。

再次，史事，则都是引录全句。比如卷三十八史文"微子开者"下《索隐》：

> 按：《尚书·微子之命篇》云："命微子启代殷后，今此名开者，避汉景帝讳也。"（五、1607）

兴吉按：此处史文中的"者"可不引。

又如卷三十八史文"殷帝乙之首子而帝纣之庶兄也"下《索隐》：

> 按：《尚书》亦以为殷王元子而是纣之兄。按《吕氏春秋》云："生微子时母犹为妾，及为妃而生纣。故微子为纣同母庶兄。"（五、1607）

兴吉按：在此司马贞为了辨明史事，不惜摘录全句，然最末的"也"，似可不引。

然而司马贞对这个原则并非完全执行，在具体的执行中还有许多的变化，其中以节略史文、改写史文为突出的引录特征。

在节略史文方面，全书有 175 条。以下是汲古阁本中对史文节略《史记索隐》的具体情况，并逐一分析。

1. 卷三十二史文"游于雍林"（五、1485）。各本这段史文的全句作"桓公元年春，齐君无知游于雍林"。汲古阁本脱"于"字，即无划线文字，以下划线皆为汲古阁本脱字，不再一一说明。

2. 卷三十二史文"公弟骜"，或是司马贞见史文中有"田常乃立简公弟骜，是为平公"，因而进行压缩。（五、1512）

3. 卷三十三史文"以其尸予之"。（五、1531）

4. 卷三十四史文"庄公<u>十二年，齐桓公始霸</u>。十六年，与宋、卫共伐周"。（五、1551）

5. 卷三十五史文"康叔为周司寇，厓季为周司空（五、1565），汲古阁本无第二个周字，应是司马贞出于省略的目的删除。

6. 卷三十五史文"余五叔皆就国"，国字，汲古阁本作"封"字。（五、1565）

7. 卷三十五史文"<u>昭侯私许，不与大夫计，吴人来救蔡，因迁蔡于州来</u>。"（五、1569）

8. 卷三十五史文"<u>成公三年，晋厉公伐曹，虏成公</u>"。（五、1572）

9. 卷三十六史文"妫满，封之于陈"。（五、1575）

10. 卷三十六史文"桓公弟佗，<u>其母蔡女，故蔡人为佗杀五父及桓公太子免而立佗</u>，是为厉公"。（五、1576）

11. 卷三十六史文"子越，<u>是为愍公</u>"。（五、1582）

12. 卷三十六史文"伯翳之后，<u>至周平王时封为秦</u>"。（五、1585）

13. 卷三十七史文"居河、淇间故商墟"。（五、1589）

14. 卷三十七史文"康叔卒，子康伯代立"。（五、1590）

15. 卷三十七史文"出公辄……立二十一年"。（五、1603），汲古阁本省略其中数十字。

16. 卷三十八史文"是年，重耳过，襄公以伤泓"。（五、1626）史文原作"是年，晋公子重耳过宋，襄公以伤于楚"。查各本此条在史文"十四年夏，襄公病伤于泓而竟卒"下，《索隐》内容为：

> 按：《春秋》战于泓在僖二十三年，重耳过宋及襄公卒在二十四年。今此文以重耳过与伤泓共岁，故云"是年"。又重耳过与宋襄公卒共是一岁，则不合更云"十四年"。是进退俱不合于《左氏》，盖太史公之疏耳。

兴吉按：此条的内容兼重耳过宋与襄公伤泓两件事，如若各本此条在"襄公病伤于泓而竟卒"下，显然不合。此处司马贞对史文的改写很是正确，是便利引文，而不是《史记》的异文。

17. 卷三十八史文"昭公四年，<u>宋</u>败<u>长翟缘斯于长丘</u>"。（五、1628）兴吉按：此处的删节，宋字可省，而其下《索隐》中有"长狄缘斯"的字句，或以此省略"长翟"也。

18. 卷三十八史文"君偃<u>十一年，</u>自立为王"下《索隐》：

《战国策》《吕氏春秋》皆以偃谥曰康王也。（五、1632）

兴吉按：此处注"君偃"，与年份无涉，故可省略。

19. 卷三十九史文"国礼<u>礼</u>于重耳"。（五、1658）

20. 卷三十九史文"知伯乃立昭公曾孙骄为晋君，<u>是为哀公</u>"。（五、1686）

21. 卷三十九史文"哀公四年，赵襄子、韩康子、魏桓子共杀知伯，<u>尽</u>并其地"。（五、1686）

22. 卷三十九史文"静公二年，魏武侯、韩哀侯、赵敬侯灭晋后<u>而</u>三分其地。"（五、1686）

23. 卷四十史文"长<u>一</u>曰昆吾"。（五、1690）兴吉按：此上有史文云"陆终生子六人"，其下对六人进行说明，有"长一曰昆吾、二曰参胡……六曰季连"（五、1690），此处"长"与"一"的语义重复。

24. 卷四十史文"楚<u>乃</u>恐<u>而</u>城郢"下《索隐》：

去年已城郢，今又重言。据《左氏》昭二十三年城郢，二十四年无重城郢之文，是《史记》误也。（五、1714）

25. 卷四十史文"秦<u>之</u>武遂去之七十里"。（五、1726）

26. 卷四十一史文"<u>后</u>二十余世，<u>至于</u>允常"。（五、1739）

27. 卷四十一史文"<u>越因袭击吴师，吴师</u>败于檇李"。（五、1739）

兴吉按：划线文字，汲古阁本作"败吴"。

28. 卷四十一史文"不<u>者</u>且得罪"。（五、1745）

29. 楚威王<u>兴兵而伐之</u>，杀王无强，<u>尽取故吴地至浙江</u>，北破齐于徐州。（五、1751）

30. 卷四十一史文"<u>表会稽山以为范蠡奉邑</u>"。（五、1752）

31. 卷四十二史文"郑人共立其子掘突，是为武公"。（五、1758）汲古阁本作"武公掘突"。

32. 卷四十二史文"<u>定公如晋。晋与郑谋，诛周乱臣</u>，入敬王于周"。（五、1774）

33. 卷四十三史文"季胜生孟增，<u>孟增幸于周成王</u>，是为宅皋狼"。（六、1779）

34. 卷四十三各本史文"五世而赵夙……夙生共生孟……共孟生赵衰，字子余"。汲古阁本史文作"五世赵夙，夙生共生共孟，孟生赵衰"。（六、1781）

史文下《索隐》：

> 《系本》云：公明生共孟及赵夙，夙生成季衰，衰生宣孟盾。《左传》云：衰，赵夙弟。而此《系家》云共孟生衰，谯周亦以此为误耳。

兴吉按：《史记》原文本来是不连贯的，司马贞改为连贯文句。汲古阁本引录史文"夙生共生共孟"，从《索隐》内容看司马贞是不同意"共孟生衰"的说法的，则共孟为人名，故疑此句第一个"共"字为衍文。

35. 卷四十三史文"召公子职于韩立以为燕王。"（六、1804）

36. 卷四十三史文"十四年，<u>相国乐毅将赵、秦、韩、魏、燕攻齐</u>"。（六、1816）

37. 卷四十三史文"<u>燕将成安君</u>（汲古阁本作相）公孙操弑其王"。（六、1821）

38. 卷四十三史文"以<u>尉文封相国</u>"下《索隐》：

> 尉文，盖地名。或曰：尉，官；文，名。谓以尉文所食之地以封廉颇也。古文质略，文省耳。（六、1828）

兴吉按：汲古阁本无"封"字，不当。从注文来看，此注仅用"尉文"二字足矣。

39. 卷四十三史文"栗腹将而攻鄗，卿秦将而攻代"下《索隐》：二人皆燕将姓名。（六、1828）

兴吉按：此处的节略，刚好与注文相合，是恰当的取舍。

40. 卷四十四史文"生魏嬴，嬴生魏献子"。（六、1836）

41. 卷四十四史文"三十八年，伐秦，败我武下，得其将识"。（六、1841）

42. 卷四十四史文"十六年，伐楚，取鲁阳，武侯卒"。（六、1842）其下《索隐》："按《纪年》，武侯二十六年卒"。

兴吉按：此处只为说明魏武侯的卒年，故节略也。

43. 卷四十四史文"魏（汲古阁本作"子"）罃与公中缓争为太子"。（六、1843）

44. 卷四十四史文"十五年，鲁、卫、宋、郑君来朝"。（六、1844）

45. 卷四十四史文"与齐人战，败于马陵"。其下《索隐》：

徐广曰："在元城。"按：纪年二十八年，与齐田肦战于马陵；上二年，魏败韩马陵；十八年，赵又败魏桂陵。桂陵与马陵异处。（六、1846）

兴吉按：此处史文汲古阁本作"三十年，与齐人战，败于马陵"，是司马贞的体例，在今本此段文字之首，有"三十年"的标示。

46. 卷四十四史文"三十六年，复与齐王会甄。是岁，惠王卒"。（六、1849）

47. 卷四十四史文"异日者，从之不成也"（六、1861）此下《索隐》：

从音足松反。

兴吉按：此处无"者"字，比较容易理解，但只注释"从"字，其他引录全无意义。此处当不是司马贞的原貌。

48. 卷四十四史文 "说者皆曰魏以不用信陵君……（汲古阁本省略文字作

"云云")魏虽得阿衡之佐,曷益乎?"(六、1864)下《索隐》:

> 按:谯周曰:"以予所闻,所谓天之亡者,有贤而不用也,如用之,何有亡哉?使纣用三仁,周不能王,况秦虎狼乎?"

兴吉按:此处是司马贞引录史文的典型例子,没有必要引录全文,可摘取与注释内容一致的文字。

49. 卷四十五史文"列侯<u>卒</u>,子文侯立"(六、1867)其下《索隐》:

> 按:《纪年》无文侯,《系本》无列侯。

兴吉按:从注文内容看,汲古阁本脱"卒"字,文意亦通,并无大碍,但从另一个侧面看,此处的脱字也不可以看作是异文。

50. 卷四十六史文 "哀侯元年,<u>与赵魏分晋国</u>,二年,灭郑"。(六、1868)

51. 卷四十五史文"六年,韩严弑其君哀侯。而<u>子懿侯立</u>"。(六、1868)

52. 卷四十五史文"二十六年,<u>高门成</u>,昭侯卒"。(六、1869)

53. 卷四十五史文"公又<u>为秦求质子于楚</u>"。(六、1875)

54. 卷四十六史文"<u>敬仲</u>。仲生稚孟夷"。(六、1880)

55. 卷四十六史文"伐卫,取<u>册</u>丘"。(六、1886)

56. 卷四十六史文"宣公五十一年<u>卒</u>,田会自廪丘反"。(六、1886)

57. 卷四十六史文"<u>太公和立二年</u>,和卒,桓公午立"。(六、1887)

58. 卷四十六史文"魏王问曰:'王亦有宝乎'。威王曰:'<u>无</u>有。'"
兴吉按:汲古阁本脱"无",以文意,汲古阁本误也。(六、1891)

59. 卷四十六史文"<u>败</u>之桂陵"。(六、1892)

60. 卷四十六史文"田忌闻之,因率其徒<u>袭</u>攻临淄,求成侯,不胜而奔"。(六、1893)

61. 卷四十六史文"明年,<u>复会甄</u>。魏惠王卒。"(六、1895)

62. 卷四十九史文"卫青<u>为将军,击胡有功,封为长平侯</u>"。(六、1980)

63. 卷五十史文"王戊<u>立二十年</u>,冬,<u>坐为薄太后服私奸</u>"。(六、1988)

64. 卷五十二史文"章入宿卫于汉，吕太后封为朱虚侯"。（六、2000）

65. 卷五十二史文"分齐国为四。"（六、2002）

66. 卷五十二史文"欲其家重宠"。（六、2007）

67. 卷五十二史文"事汉皇太后"。（六、2007）

68. 卷五十二史文"乃上书言偃受金及（汲古阁本作"为"字）轻重之短"。（六、2008）

兴吉按：汲古阁本划线文字作"为"字，明显是司马贞的改写。

69. 卷五十四史文"之成武南"下《索隐》：

《地理志》："成武县属山阳。"（六、2023）

兴吉按："之"字，汲古阁本作"于"字，似在表明汲古阁本所据与它本不同。然此处仅引录"成武"二字足矣。

70. 卷五十五史文"表商容之间"。（六、2040）

71. 卷五十六史文"阳武户牖乡人"。（六、2051）其下《索隐》也说"徐广云：阳武属魏"，则阳武为地名，汲古阁本脱"阳"字，不当。

72. 卷五十八史文"类犴反"下《索隐》：

韦昭云"犴音岸"。按：类犴反，人姓名也。反字或作"友"。（六、2088）

兴吉按：引录人名当全，注文亦有说明矣。

73. 卷六十史文"未教成者强君连城"。（六、2107）其下《索隐》：

谓皇子等并未习教义也。皇子未习教义，而强使为诸侯王，以君连城之人，则大臣何有所劝？

74. 卷六十一史文"说者曰尧让天下"。（七、2121），汲古阁本脱"者"字，然其下《索隐》：按："说者，谓诸子杂记也"。如此，则此处史文之脱字，是司马贞之体例也，即有意的删节，并不是史记的异文。

75. 卷六十一史文"尤大彰明较著者也"。（七、2125）

76. 卷六十一史文"犯忌讳，而终身逸乐"。（七、2125）

77. 卷六十一史文"时然后出言"下《索隐》："按《论语》：夫子时然后言。"（七、2126）

78. 卷六十二史文"子孙世禄于齐，有封邑者十余世"。（七、2132）

79. 卷六十二史文"桓公实怒少姬"。（七、2133）

80. 卷六十三史文"守藏室之史"。（七、2139）。

81. 卷六十三史文"且君子得其时则驾，不得其时则蓬累而行"。（七、2140）引文中"时"字，汲古阁本作"人"。

82. 卷六十三史文"知饰所说之所（汲古阁本作则）敬，而灭其所丑"。（七、2151）

83. 卷六十五史文"孙膑尝与庞涓"。（七、2162）

84. 卷六十五史文"与齐战于桂陵，大破梁军。后十三岁"。（七、2164）

85. 卷六十六史文"吾日莫途远，吾故倒行而逆施之"。（七、2177）

86. 卷六十七史文"回年二十九，发尽白，蚤死"。（七、2188）

87. 卷六十七史文"与晋人相遇黄池"。（七、2200）

88. 卷六十七史文"颜无繇字路。路者，颜回父"。（七、2210）

89. 卷六十七史文"后处字子里"。（七、2222）

90. 卷六十七史文"公肩定字子中"。（七、2222）

91. 卷六十九史文"车六百乘，骑六千匹，粟支数年"下《索隐》：

按：《战国策》：车七百乘，粟支十年。（七、2243）

兴吉按：司马贞或以《战国策》为正也。

92. 卷七十史文"去王业远矣"下《索隐》：

王音于放反。（七、2283）

兴吉按：此语见《战国策·秦惠文君》，不脱"业"字。汲古阁本脱漏。

或是此处仅是为注"王"字，所以省略。

93. 卷七十史文"卫阳晋，<u>必</u>大关天下之匈"。（汲古阁本作"胷"）。（七、2292）

94. 卷七十史文"君之<u>国</u>有事"。（七、2303）

兴吉按：此处"君之国"，是相对于中国而言，汲古阁本脱"国"字，则文义全乖，谬之甚矣。

95. 卷七十史文"尝佩五国之<u>相</u>印，为约长"。（七、2304）

96. 卷七十一史文"秦惠王八年，<u>爵樗里子右更</u>，使将伐曲沃，尽出其人"。（七、2307）

同卷七十一汲古阁本引录史文"爵右更"，史文作"爵樗里子右更"。（七、2307）

兴吉按：此或为司马贞之体例也。

97. 卷七十一史文"<u>楚于丹阳而韩不救，乃以兵围韩雍氏</u>"。（七、2311）

98. 卷七十一史文"<u>封小令尹以杜阳</u>"下《索隐》：

又封楚之小令尹以杜阳。杜阳亦秦（蔡本、耿本作"秦之"）地，今以封楚今尹，是秦楚合也。（七、2314）

兴吉按：引录错误也。《索隐》注的内容仅是为注"杜阳"，而汲古阁本却删节此二字，为何？

99. 卷七十三汲古阁本《索隐》注《集解》"注张虚卷犹可畏也。〇非但忧平原君之补袒，患诸侯之捄至也"下《索隐》：

卷音拳。袒音浊苋反，字亦作"绽"。捄音救。（七、2338）

兴吉按：此注《集解》也，〇符号在汲古阁本不多见，查此符号或代表此处省略《集解》的百余字也。然此处全为音注，似乎不必引录如此多的文字。

100. 卷七十五史文"齐威王少子<u>而</u>齐宣王庶弟也"。（七、2351）

101. 卷七十五史文"宣王七年，<u>田婴使韩、魏，韩、魏服于齐，婴与韩昭</u>

侯、魏惠王会齐宣王东阿"。（七、2351）

102. 卷七十五史文"愍王即位，即位三年，而封田婴于薛"。（七、2351）

103. 卷七十六史文 "平原君以赵孝成王十五年卒"。（七、2370）

104. 卷七十六汲古阁本"注食邑于虞"。（七、2371）

兴吉按：此为《集解》文也，然汲古阁本亦脱"于"字，盖是司马贞的体例也。

105. 卷七十六史文 "过平原君"下《索隐》：

过音戈。（七、2375）

106. 卷七十七史文"公子皆名之"下《索隐》：

言公子所得进兵法而必称其名，以言其恕也。（七、2384）

107. 卷七十八史文"使盛桥守事于韩"下《索隐》：

按：秦使盛桥守事于韩，亦如楚使召滑相赵然也。并内行章义之难。（七、2388）

兴吉按：注文中有"事"字，引文中无，不当之证也。

108. 卷七十八史文"韩、魏归帝重于齐"。（七、2392）

109. 卷七十八史文"足以校于秦（汲古阁本多"矣"字）"。（七、2392）

110. 卷七十八史文"李园不治国而君之仇也"。（七、2397）

111. 卷七十八史文"李园女弟初幸春申君有身而入之王所生子者遂立，是为楚幽王"。（七、2398）

112. 卷八十史文"忠臣去国，不絜其名"。（七、2433）

113. 卷八十一史文"李牧为将而攻燕，拔武遂、方城"。（八、2448）

兴吉按：此处当是汲古阁本摘录不当，"而"亦可省略。

114. 卷八十三汲古阁本引录史文作"必将倍殡棺，设北面"。（八、2463）各本史文作"天子吊，主人必将倍殡棺，设北面于南方，然后天子南面吊也"。

115. 卷八十三汲古阁本"注击其牛角商歌"（七、2474），兴吉按；此节略

《集解》文字也。

116. 卷八十三史文"县名（汲古阁本多"为"字）胜母<u>而</u>曾子不入"。（七、2478）

117. 卷八十四史文"怀王悔，追<u>张</u>仪不及"。（八、2484）

118. 卷八十四史文"乃作怀沙<u>之</u>赋"。（八、2486）

119. 卷八十四史文"曾吟恒悲<u>兮</u>，永叹慨<u>兮</u>，世既莫吾知<u>兮</u>，人心不可谓兮。下《索隐》:

《楚词》无<u>"曾吟"已下</u>二十一字。（八、2490）

兴吉按：汲古阁本引史文划线文字作"至"。汲古阁本《索隐》注中划线"曾吟已下"四字作"此"字。以此可见，司马贞改写史文以及撰写《索隐》条目颇费心思。

120. 卷八十四史文"为长沙<u>王太傅</u>"。（八、2496）

121. 卷八十四史文"水激则旱<u>兮</u>，矢激则远"。（八、2498）

122. 卷八十四史文"天地为炉<u>兮</u>，造化为工"。（八、2499）

123. 卷八十四史文"阴阳为炭<u>兮</u>，万物为铜"。（八、2499）

124. 卷八十四史文"贪夫徇财<u>兮</u>，烈士徇名"。（八、2500）

兴吉按：以上四条皆脱"兮"字，更可见此种的脱字是有目的的，而不是异文。

125. 卷八十四史文"述迫之徒<u>兮，或趋</u>西东"。（八、2500）

126. 卷八十六史文"九年<u>而</u>楚平王死"。（八、2517）

127. 卷八十六史文"漆其头<u>以</u>为饮器"。（八、2519）

128. 卷八十六史文"韩<u>之</u>与卫，<u>相去中间</u>不甚远"。（八、2524）

129. 卷八十六汲古阁本"注《战国策》<u>曰</u>有东孟之会"。（八、2524）

130. 卷八十六史文"久<u>隐</u>畏约"。（八、2537）

131. 卷八十六史文"胥人<u>者</u>，去其几也"。（八、2540）

132. 卷八十六史文"惠王用张仪之计，拔三川之地，西并巴、蜀"。（八、2542）

133. 卷八十七"水摇动者万物作"下《索隐》：

水摇者，谓冰泮而水动也，是春时而万物皆生也。（八、2550）

134. 卷八十七史文"恬尝书狱典文学"下《索隐》：

谓恬尝学狱法，遂作狱官，典文学。（八、2556）

按：蔡本、耿本、黄本无注中的"典"字。或可说明史文亦可无"典"字，司马贞据它本省略。

135. 卷八十七史文"岂少我哉？且固我"。（八、2558）

136. 卷八十九史文"啮其指"下《索隐》：

案：小颜曰："啮指以表至诚，为其约誓。"（八、2583）

137. 卷八十九史文"绝骯，遂死"。（八、2585）

138. 卷八十九史文"鲁元王"。汲古阁本多"偃"字，其下《索隐》：

案：谓偃以其母号而封也。（八、2586）

兴吉按：注文中有"偃"字，故在引录史文中加"偃"字也。

139. 卷九十二史文"何所不诛"。（八、2613）

140. 卷九十二史文"何所不散"。（八、2613）

141. 卷九十五史文"沛公略地至陈留，六月余"。（八、2660）

142. 卷九十五史文"破雍将军焉氏"。（八、2661）

143. 卷九十五史文"击破楚骑于平阳"下《索隐》：

小颜云："此平阳在东郡（汲古阁本作"河南"）。"《地理志》："太山有东平阳县。"（八、2670）

144. 卷九十七史文"倨（汲古阁本作踞）床使两女子洗足"下《索隐》：

案：乐产云："边床曰倨。"（八、2692）

兴吉按："乐产"，汲古阁本作"乐彦"。

145. 卷九十七史文"王者以<u>民</u>人为天"。（八、2694）

兴吉按：张文虎有云，是也。（下、606）

146. 卷九十七史文"陆贾<u>者</u>，楚人"。（八、2696）

147. 卷九十七史文"召其子，<u>拜</u>为中大夫"。（八、2703）

148. 卷九十九史文"即日<u>车</u>驾西"。（八、2717）

兴吉按：车驾，指天子所乘车辆，不当单云"驾"字也。

149. 卷九十九史文"徙所言关中十余万口"。（八、2720）

150. 卷九十九史文"愿先伏<u>诛</u>"。（八、2720）

兴吉按：此处脱"伏"字，不当。《史》《汉》同。

151. 卷一百二史文"百人为彻行，<u>亦皆将帅也</u>"。（九、2758），兴吉按：此条注《集解》，引文删去划线文字。

152. 卷一百三史文"无名数者四十<u>万</u>"。（九、2768）

153. 卷一百五史文"为<u>人</u>舍长"。（九、2785）

154. 卷一百五史文"公孙支与子舆"。（八、2786）

155. 卷一百五史文"五分之熨，<u>以八减之齐</u>"。（九、2792）

156. 卷一百七史文"武安<u>者</u>，貌侵"。（九、2844）

157. 卷一百七史文"已<u>然</u>诺"。（九、2847）

158. 卷一百九史文"为郎，<u>皆</u>为武骑常侍"。（九、2867）

159. 卷一百九史文"今<u>乃一</u>得当单于"，下《索隐》：

  案：广言自少时结发而与匈奴战，唯今者得与单于相当遇也。（九、2874）

兴吉按：以李广之意，今天才等到机会遇见单于，愿以必死的信念搏杀，故史文云"臣愿居前，先死单于"。汲古阁本（或司马贞）脱"乃一"二字，少失文义。然就省略引录而言，未为不可。

160. 卷一百十史文"呼衍氏，<u>阑氏其后有须卜氏</u>"。（九、2890）

161. 卷一百十史文"西，接<u>月氏</u>、<u>氐</u>、<u>羌</u>"。（九、2891）

162. 卷一百十史文"单于<u>之</u>庭"。（九、2891）

163. 卷一百十史文"汉<u>士卒</u>物故"。（九、2911）

兴吉按：汲古阁本同《汉书》。司马贞注释多用《汉书》，此处的省略，或是据《汉书》而改史文。

164. 卷一百十史文"患其<u>徼</u>一时之权"。（八、2919）

165. 卷一百十史文"而务谄<u>纳</u>其说"下《索隐》：

　　音税。（九、2919）

兴吉按：汲古阁本引五字仅注一字耳。

166. 卷一百一十一史文"<u>神</u>王十余人"。（九、2925）

兴吉按：《汉书》同《史记》，知汲古阁本脱落。

167. 卷一百一十二史文"食一肉脱粟之饭"。（九、2951）

168. 卷一百一十二史文"<u>度嗣为平津侯，度为山阳太守十余岁，坐法失侯</u>"。（九、2953）

169. 卷一百一十二史文"严安<u>俱</u>上书"下《索隐》：

　　按：本姓庄，避明帝讳，后并改"严"也。安及徐乐并拜郎中。
乐后为中大夫。（九、2956）

兴吉按：既然删"俱"字，而注中无他事，则"上书"二字亦可不引也。

170. 卷一百一十三史文"分<u>其</u>弟兵就舍"。（九、2973）

171. 卷一百二十四史文"功名俱著<u>于</u>春秋"。（十、3181）

172. 卷一百二十四史文"阴脱季布将军之<u>阨</u>（汲古阁本作厄）"。（十、3184）其下《索隐》：

　　案：季布为汉所购求，朱家以布髡钳为奴，载以广柳车而出之，
及尊贵而不见之，亦高介至义之士。然布竟（蔡本、耿本多"亦"字）

不见报朱家之恩。

兴吉按：《汉书》卷九十二作"阴脱季布之厄"。《索隐》所注内容皆见于史文，可不注也。

173. 卷一百二十四史文"太原卤公孺"。汲古阁本作"太原卤翁"。其下《索隐》：

> 《汉书》作"鲁公孺"。鲁，姓也，与徐广之说不同也。（十、3188）

兴吉按：司马贞引《汉书》误，《汉书》卷九十二作"太原鲁翁孺"，可见，司马贞亦是在弥合前人之说，亦不是《史记》异文也。

174. 卷一百三十"俟后世圣人君子"。（十、3321）

笔者认为，在以上175条节略的例子中，大多数情况是出于行文要求，司马贞对史文进行省略的结果，其中对助词的处理最多，虽然其中也可能有汲古阁本的脱落，但从总的情况来看，汲古阁本引文的这些差异，并不是汲古阁本所据底本与二家注本的差异，而是司马贞最初就对其引录的史文进行了有效的删节，以保证《史记索隐》自身体例的完整。此外在上述的节略之外，司马贞在许多时候还对史文进行了改写，笔者认为，司马贞这样做的目的，也是出于自身著作体例的要求，即是为了简洁行文的需要而进行的工作。

现存《索隐》引录史文的情况，仅保存在汲古阁本中，此本的问题很多，关于引录问题最多，其中引录史文中的文字，与今本以及二家注本的文字，多有出入，一些学者认为这些出入是属于《史记》的异文。当然也不排除存在这种情况，但笔者经研究认为，这其中更多的情况只是司马贞或者汲古阁本改引史文，而并非《史记》的异文。同时，也有司马贞据其他史料对《史记》本文有所质疑的情况，也不可以认为就是《史记》的异文。现列举如下：

1. 卷十二史文"以其皮为币"，（二、457），今本及各本皆同，据此如摘录史文当作"皮为币"，汲古阁本作"为皮币"，是改动史文矣。其下《索隐》：

> 案《食货志》："皮币以白鹿皮方尺，缘以缋，以荐璧，得以黄金

一斤代之。又汉律皮币率鹿皮方尺，直黄金一斤。"

2. 卷三十一史文"奔荆蛮，自号句吴"。（五、1446）

兴吉按：汲古阁本无"自"字，而其下《索隐》中有"宋氏见《史记》有'太伯自号句吴'之文"的话，司马贞所见之本也有"自"字，而汲古阁本无此字，这或是汲古阁本的脱字，或是司马贞有意的删节，不是《索隐》另有所见，而记录的《史记》异文。

3. 卷三十一汲古阁本自"自诸樊元年已除丧至乃舍之"（五、1450）做大字（划线者为史文），其下小字《索隐》注云"皆襄十四年《左氏传》文"（在今本史文"乃舍之"下），就是典型的压缩、改写史文的例子。

4. 卷三十七史文"敬公弗立"下《索隐》：

《系本》"弗"作"费"。（五、1603）

兴吉按：其上有《集解》曰："《世本》云：敬公弗也。"可见司马贞所见《世本》与裴骃所见本不同，而与《史记》异文无涉也。

5. 卷三十七史文"元君十四年，秦拔魏东地"（汲古阁本作"魏东地"）下《索隐》：

魏都大梁，濮阳、黎阳并是魏之东地，故立郡名东郡也。（五、1604）

6. 卷三十七史文"秦初置东郡，更徙卫野王县"（汲古阁本作"元君十四年，更徙卫野王县"）下《索隐》：

按《年表》，元君十一年秦置东郡，十三年卫徙野王，与此不同也。（五、1604）

兴吉按：蔡本、耿本划线文字作"徐注备矣"。

7. 卷三十九史文"晋侯子宁族，是为武侯"（五、1636），汲古阁本作"武侯宁族"。

8. 卷三十九史文"成侯子福，是为厉侯"（五、1636），汲古阁本作"厉侯福"。

9. 卷三十九史文"狄（汲古阁本作"翟"，注同）伐咎如"下《索隐》：

赤狄之别种也，隗姓也。咎音高。邹诞本作"囷如"，又云或作"囚"。（五、1657）

兴吉按：蔡本、耿本无《索隐》中划线文字，以此上有《集解》文字同。

10. 卷四十六史文"败之马陵"。汲古阁本作"败魏马陵"。（六、1895）

兴吉按：史文此前有言此事为魏事，汲古阁本改写之，目的是很明确的。

11. 卷四十七史文"故所居堂弟子内，后世因庙藏孔子衣冠琴车书"下《索隐》：

谓孔子所居之堂，其弟子之中，孔子没后，后代因庙藏夫子平生衣冠琴书于寿堂中。（六、1945）

兴吉按：此处当引全句，汲古阁本前删后详，令人不得要领。

12. 卷四十八史文"等死死国"下《索隐》：

谓欲经营图国，假使不成而败，犹愈为戍卒而死也。（六、1950）

兴吉按：汲古阁本引录史文如上。史文原句为"今亡亦死，举大计亦死，等死，死国可乎？"可见"等死""死国"分属两句。或为简洁引文，司马贞不惜引破史文。

13. 卷五十四史文"壤东及高栎"下《索隐》：

栎音历。按：文颖云："壤乡、高栎皆地名也。"然尽在右扶风，今其地阙也。（六、2025）

兴吉按：三家注本此处有《正义》，亦云"壤乡"，故而"壤乡"为实有地名，史文"壤东及高栎"一句上，有"取壤乡"一句，故而此处言"壤东"，是承袭上句文意，即"壤乡东部"之意也。而"壤东及高栎"，在汲古阁本作"壤乡、高栎"，是司马贞改写史文致误，并非史文之异文。

14. 卷五十四汲古阁本引史文"窆谥"下多《索隐》一条：

静侯。（六、2031）。

兴吉按：查史文中并无单独的"窋谥"字样，此是司马贞压缩史文也。然"静侯"的注释多余，因史文中亦有曹参的儿子曹窋"谥为静侯"的记载。

15. 卷五十五史文"毒药苦于口利于病"下《索隐》：

案：此语见《孔子家语》。（六、2037）

兴吉按：汲古阁本多划线"于"字，其上史文有"忠言逆耳利于行"之句，可知汲古阁本不当，或是司马贞改写也。查汲本及明刻《家语》卷四"六本"中皆作"毒药苦于口利于病"。

16. 卷六十七史文"越遂围王宫，杀夫差"。（七、2200）

兴吉按："杀夫差"，汲古阁本作"夫差自杀"。

17. 卷六十八史文"商君相秦十年，下云五月而秦孝公卒"。（七、2233.2236）"下云"者，是司马贞联络节略文字。

18. 卷六十八《索隐》"注刑用弃灰"：

《说苑》云"秦法，弃灰于道者刑"，是其事也。（七、2238）

兴吉按：此条为注其上的《集解》，然《集解》原文作"弃灰于道者被刑"，司马贞改写史文，且《集解》所言申明，无烦更注也。

19. 卷七十九史文"更溺雎"。（七、2401）

兴吉按：汲古阁本作"更溺范雎"，多一"范"字，当是为更明确说明之意。

20. 卷七十九《索隐》引史文"以绨袍赐之"。（七、2412）《史记》本文作"乃取其一绨袍以赐之"。指须贾赠范雎衣物，此处是司马贞改写也。

21. 卷九十五史文"旬关"下《索隐》：

按：在汉中旬阳县，旬水上之关。（八、2660）

兴吉按：汲古阁本所引史文作"枸关"，注文中亦作"旬"，由此可知，汲古阁本的所引录史文为误记。

22. 卷一百八"将扞"下《索隐》：

上音酱，下音汗。（八、2857）

兴吉按：史文作"孝王使安国及张羽为将，扞吴兵于东界"。从史文看，"将，扞"二字分属上、下句，所以司马贞这里的引文，是为了简洁注释引文的需要。

22. 卷一百一十九史文"子产者，<u>郑之列大夫也</u>，郑昭君之时"（十、3101）。汲古阁本引史文缺划线文字，此处是司马贞的改写，不当。

23. 卷一百一十九史文"<u>子产死</u>"下《索隐》：

> 案：《左传》及《系家》云子产死，孔子泣曰"子产，古之遗爱也"。又《韩诗》称子产卒，郑人耕者辍耒，妇人捐其佩玦也。（十、3101）

兴吉按：史文中，此处仅有"死"字，汲古阁本作"子产死"，实司马贞总结整段文字也。

以上的事例表明，司马贞注释史事时，为了达到既保留史文原意，又压缩引录文字，达到简洁行文的目的，颇费了一些脑筋，他不仅对要引录的史文有所节略，还改写了相当部分的史文。同时，他对于引录《集解》文字也是如此，这个问题在后面还有讨论。不过，司马贞在引录中，常有失误，[1]导致其引文与古本及今本所载史文有很大的区别。再加上历代流传中的讹误，这些"异文"的数量变得更大，这在汲古阁本中有集中地体现。然而，这些"异文"到底哪些是真的异文，却需要我们认真甄别，不可以就其形式上的差异，轻易得出结论。

三、体例中具体条目的内在结构

首先，我们讨论《史记索隐》条目中的基本顺序。《索隐》一般条目体例的基本原则是依据条目的内容，训释字词，先音后义。

卷四十八"鉏櫌棘矜"下《索隐》：

---

[1] 如卷六十八史文"<u>秦人</u>皆趋令。兴之<u>十年</u>"下《索隐》：趋音七逾反。趋者，向也，附也。（七、2231）。汲古阁本引录史文作"皆趋令兴之"，则"十年"归下文则不通。所以这里的句断应以中华本为是。

鉏櫌谓鉏木也。《论语》曰"櫌而不辍"是也。棘，戟也。矜，

戟柄也，音勤。（六、1964）

对史事的辨证，先是引录史料，而后逐次说明，最后对其中难解此次加以训释，或注音。如卷四十八"阳城人邓说"下《索隐》：

《地理志》阳城县属颍川。说音悦，凡人名皆音悦。（六、1957）

其次，音注也是《史记索隐》的主要内容，司马贞音注的体例和裴注相类似。在汲古阁本中，凡音注，单字，则直接作"音某"。二字注二字音，则云"音某某"或"某某二音"；分注二字，则作"上音某""下音某"。三字以上，最下字同单字，最上字作"上音"。总之，汲古阁本与二家注、三家注本的差别在于，后者多引本字，而汲古阁本较少引本字。

字词主要注音义为主，先音，采用直音，或反切法注音。如卷四十八史文"贯弓"《索隐》：

音乌还反，又如字。贯谓上弦也。（六、1963）

再次是训释字词，如注"轵侯"，有两处注。

1. 卷九史文"轵侯"下《索隐》：

按：韦昭云：河内有轵县，音纸也。（二、402）

兴吉按：此处的"轵侯"是指孝惠帝后宫子刘朝。先引前人论说，再注音。

2. 卷四十九史文"薄昭封为轵侯"下《索隐》：

按：《地理志》，轵县在河内，恐地远非其封也。按：长安东有轵道亭，或当是所封也。（六、1970）

此处"轵侯"是指汉文帝母亲薄太后之弟薄昭，两者出身、地位显然不同。司马贞辨证有力。也是先引史料说明，而后加入司马贞自己的看法。

再次是司马贞的句读。《史记索隐》全书中，司马贞的句读并不多，所以全部列举如下，加以分析。

1. 卷一史文"时播百谷草木"下《索隐》：

　　为一句。（一、6）

2. 卷一史文"淳化鸟兽虫蛾"下《索隐》：

　　为一句。蛾音牛绮反，一作"豸"，言淳化广被及之。（一、6）

3. 卷一史文"南抚交址、北发"下《索隐》：

　　一句。（一、43）

4. 卷一史文"西戎、析枝、渠廋、氐、羌"下《索隐》：

　　一句。（一、43）

5. 卷二史文"诸众谗嬖臣君"下《索隐》：

"诸众谗嬖臣"为一句，"君"字宜属下文。德诚施皆清矣。（一、80）

6. 卷四史文"日夜劳来，定我西土"下《索隐》：

　　八字连作一句读。（一、129）

7. 卷四史文"以存亡国宜告"（一、131）下《索隐》：

　　六字连一句读。

8. 卷四十三史文"使绁谒之叔"下《索隐》：

　　为句。（六、1808）

兴吉按：蔡本、耿本作"绝句"。

9. 卷八十五史文"举立以为适而子之"下《索隐》：

　　以此为一句。子谓养之为子也。然欲分"立以为适"作上句，而"子之夫在则尊重"作下句，意亦通。（八、2507）

10. 卷八十六史文"秦王贪"下《索隐》：

　　绝句。（八、2531）

11. 卷一百二十八史文"人若已卜不中，皆裂之以卵，东向立，灼以荆若刚木，土"下《索隐》：

　　按：古之灼龟，取生荆枝及生坚木烧之，斩断以灼龟。按："土"字合依刘氏说当连下句。（十、3239）

从以上的例子看，司马贞的句读，以"一句"的形式最多，为了更加准确地句读，也用"某几字一句读"的形式，"绝句"的用法用得最少。

《史记索隐》条目中还有司马贞的自注，一般在注释的最后部分。自注的形式起源很早，主要是作者在引录文献中，出现了难解的字词音义与事件，作者就必须加以进一步的解释。在《史记索隐》中的自注也是出于同样的目的，虽然这种情况在《索隐》中并不多。司马贞最多的自注是在《三皇本纪》中，其他也散见于各卷中。

1. 卷四史文"号曰共和"下《索隐》：

　　共音如字。若《汲冢纪年》则云"共伯和干王位"。共音恭。共，国；伯，爵；和，其名；干，篡也。言共伯摄王政，故云"干王位"也。（一、144）

兴吉按：此条中司马贞先引录史料，在对史料中的难解字词进行训释，之后说明全句的含义。

2. 卷十二"是岁，天子始巡郡县，侵寻于泰山矣"下《索隐》：侵寻即侵淫也。故晋灼云"遂往之意也"。小颜云"浸淫渐染之义"。

　　盖寻淫声相近，假借用耳。师古叔父游秦亦解《汉书》，故称师古为"小颜"也。（二、461）

兴吉按：此自注"小颜"。然"小颜"在《索隐》之首见，并非在此卷，而是卷十史文"铜虎符"下《索隐》（二、425）。

3. 卷七十九史文"更溺睢"下《索隐》：

　　更音羹。溺即溲也。溺音年吊反。溲音所留反。（七、2401）

兴吉按："溲"字是司马贞所注其他字，再自注"溲"音也。

4. 卷八十一史文"邯郸许历复请谏"下《索隐》：

按："邯郸"二字当为"欲战"，谓临战之时，许历复谏也。王粲诗云"许历为完士，一言犹败秦"，是言赵奢用其计，遂破秦军也。江邃曰："汉令称完而不髡曰耐，是完士未免从军也。"（七、2446）

兴吉按：此处司马贞自注"完士"。

4. 卷九十一史文"布常为军锋"下《索隐》：

案：《汉书》作"楚军前薄"，薄者卤薄。（八、2598）

兴吉按：汲古阁本"薄者卤薄"单为一条，注前句之"薄"字，是司马贞自注。

5. 卷九十二史文"阏与"下《索隐》：

司马彪《郡国志》：上党沾县有阏与聚。阏音曷，又音嫣。与音余，又音预。<u>沾音他廉反</u>。（八、2614）

兴吉按：汲古阁本无"<u>沾音他廉反</u>"五字。此司马贞自注"沾"音，汲古阁本删之，不当也。蔡本、耿本、黄本有之。

6. 卷九十九史文"大行设九宾，胪传"下《索隐》：

<u>《汉书》云</u>："设九宾胪句传。"苏林云："上传语告下为胪，下传语告上为句。"胪犹行者矣。韦昭云："大行人掌宾客之礼，今谓之鸿胪也。九宾，则周礼九仪也，谓公、侯、伯、子、男、孤、卿、大夫、士也。"汉依此以为胪传，依次传令上也。向秀注《庄子》云："从上语下为胪"，音闾。句音九注反。（八、2724）

兴吉按：司马贞自注，情况同上。耿本、蔡本无划线文字。

7. 卷一百一十二"严安俱上书"（汲古阁本作"徐乐"和"严安上书"两条，无"俱"字；蔡本、耿本作一条）下《索隐》：

按：本姓庄，避明帝讳，后并改"严"也。安及徐乐并拜郎中。
乐后为中大夫。（九、2956）

按：引录史文中无"徐乐"，而司马贞注中有，故司马贞注之，亦类似于
自注也。

8. 卷一百二十三史文"钱如其王面"下《索隐》：

《汉书》云："文独为王面，幕为夫人面。"荀悦云："幕音漫，无
文面也。"张晏云："钱之文面作人乘马，钱之幕作人面形。"韦昭曰：
"幕，钱背也，音漫。"包恺音慢。（十、3162）

兴吉按：此亦为司马贞自注也。蔡本、耿本无划线文字。

司马贞《史记索隐》的体例和它所使用的底本以及写作程序有相当的关系。
笔者认为，司马贞做《索隐》所依据的底本应该是单《集解》本《史记》，其
注释的程序应该是先在底本上标注《索隐》内容，而后再摘录史文，与《索隐》
条目内容合成具体的条目。在整个过程中，史注体著作常有的问题就出现了，
就是难免有前后相近内容导致注释的重复[1]。即使司马贞有逐次强化的注释情
况，但是太多的重复，还是令人无所适从。此后在流传中，大量的讹变也混入
了《索隐》，再加上汲古阁本中存在的问题，现存世的《史记索隐》中的体例
相当复杂，这也是我们在今后的《史记索隐》研究中深入探究并努力加以解决
的问题。

---

[1] 兴吉按：即使如名著胡注《资治通鉴》，也有重复注释的问题。

第七章
《史记索隐》
史注体特点研究

　　《史记索隐》是史注体的著作，自然也就遵循着一般史注体的基本原则。不过，司马贞自视甚高，故而在《史记索隐》中除史注之外，司马贞还力求展示其学力与见识，呈现了自己的特点。

一、《史记索隐》与史注体

《史记索隐》作为史注体发展史上的一环，其特点体现了史注体的发展历程。

据瞿林东先生的观点，史注体可分为两种，一种是自注，一种是他注。自注的出现是以司马迁为最早，瞿先生的这个观点与章学诚相同。他注体的史注则是在《史记》《汉书》之后出现的。其中《汉书》的注释著作出现得最早，在东汉的末年已经有了服虔的《汉书音义》《汉书集解音义》，此后史注体的发展进入了高速发展的阶段，注释《史记》《汉书》者众多。此后史注体著作不仅数量众多，而且注释的理论也在不断地完善，历代注家开始有意识地总结史注体著作的注释原则，并付诸实施。

唐代也是史注体的发展时期，对《史记》的注释进入了一个高潮，《史记》注释著作众多。其中代表作就是司马贞的《史记索隐》和张守节的《史记正义》。二者都力求在前人的基础上，在史注体的实践与理论方面进行深入地开拓，这样的努力使二者不仅是《史记》注释的名著，也在史注体的发展史上有着重要的地位。

史注体的发展历程中，裴松之在《上三国志注表》中提出了"补阙、备异、惩妄、论辩"四个原则。其文曰：

> 其寿所不载，事宜存录者，则罔不毕取以补其阙；或同说一事，而辞有乖杂，或出事本，异疑不能判，并皆抄内以备异闻；若乃纰缪，显然言不附理，则随违矫正，以惩其妄；其时事当否，及寿之小失，颇以愚意有所论辩。

如果再进一步概括裴松之的观点，基本上就是两点，即补充史事和辩证讹误。有了这两点，史注体就可以与经注体仅局限于音义的注释或义理阐释的特点区分开来，所以在这个意义上说，裴松之注及其理论是新的史注体例的发端。

　　史注体发展到了唐代，已经比较成熟，不过还是带着很强烈的经注的影子。刘知几论史注（他用了"补注"这个词），将其分为三类，即传注、补阙、自注。他对补阙、自注两种体裁基本上是否定的。不过，他对于传注还是给予肯定的。传注这种来自于经注的题材，得到刘知几的肯定，或许就是因为这种体例在唐代已经非常成熟，是当时学界认同的一种形式。不过，诚如刘知几所言：

　　　　昔《诗》《书》既成，而毛、孔立传，传之时义，以训诂为主，亦犹《春秋》之传，配《经》而行也。降及中古，始名传曰注。盖传者，转也，转授于无穷。注者，流也，流通而靡绝。惟此二名其归一揆，如韩、戴、服、郑钻仰《六经》；裴、李、应、晋训解《三史》，开导后学，发明先义古今传授是曰儒宗……至若郑玄、王肃述《五经》而各异，何休、马融论《三传》而竞爽，欲加商榷，其流实繁，斯则义涉儒家，言非史氏。今并不书于此焉。[1]

　　刘知几在这段话中首先对注释体的形成过程进行了集中的论说，指出经注的基础上出现了史注。在他的思想中，明确地区分开了经注与史注的不同，并且对于史注也给予了很高的评价，认为：史注家也是"儒宗"，即史注家取得了经注家平等的地位。不过，他对于当时的史注著作并不很满意，因而给予了激烈的批评。所以他说："大抵撰史加注者，或因人成事，或自我作故，记录无限，规检不存，难以成一家之格言，千载之楷则。凡诸作者可不详之。"这是他的目光锐利之处，也表明在唐代学界中，对于史注体著作中所出现的问题已经有了比较清楚的认识。

　　笔者认为，刘知几所论，未见得就是对史注体最全、而且正面的论说，然而，他的确指出了史注体发展到当时的一些问题。用今天的话说，就是最初的史注类似于补注，因而随意性很大，体例掌控不严，导致在史注体走到了一定的阶段后，很难有理论性的突破，最终的结果只有一个，就是汇注。换言之，

---

[1] 刘知几撰、浦起龙释：《史通通释》第 133 页。

仅仅在史料学上有贡献，很难上升到史学理论思想的层面。这样，史注体在进入近代之后，除了文献学的意义外，思想性的不足是一个突出的问题。

正如前面所说，司马贞在著作《史记索隐》的时候，其创作主旨是有过很剧烈的变化的，他经历了一个其他人较少经历的过程，即他是从补《史记》过渡到注释《史记》的。这个思想的变化，即使在《史记索隐》完成的时候，似乎还没有完全结束，司马贞似乎对停止补《史记》还是有所不甘。此点从《史记索隐》的几个序中可以看出来。其中对自己的思想转变描绘最多的是《史记索隐》序：

> 贞谨闻陋识，颇事钻研。而家传是书，不敢失坠，初欲改更舛错，裨补疏遗，义有未通，兼重注述。然以此书残缺虽多，实为古史。忽加穿凿，难允物情。今止探求异闻，采摭典故，解其所示解，申其（张杅本无"所示解申其"五字）所未申者，释文演注，又重述赞。凡三十卷，号曰《史记索隐》。

最初的想法是"改更舛错"，即首先是想辨证《史记》的错误；其次是要"裨补疏遗"，即补充《史记》的遗落，或有增补遗篇的意味；最后是准备"义有未通，兼重注述"，即注释史文。从上面的叙述来看，司马贞最初《补史记》的思想，虽然没有裴松之这样清晰的史注体的写作思路，与裴松之的思想还是有些接近的，即《补史记》的目标是补遗、纠错、演绎。在其实践中，这种倾向也很明显。

将上述的看法与《史记索隐后序》比较，我们马上发现两者间的差异。在这里，司马贞说：

> 贞少从张学，晚更研寻。初以残阙处多，兼鄙褚少孙诬谬，因愤发而补史记，遂兼注之。然其功殆半，乃自惟曰：千载古史，良难紬绎。于是更撰音义，重作述赞。盖欲以剖盘根之错节，遵北辕之司南也。凡为三十卷，号曰《史记索隐》云。

此段文字中，司马贞自述自己最初的想法是"补史记"，而后是"兼注之"，而且工作已经进行了大半。其后退的态势极为清晰，《史记索隐序》中的三个方面，也改成了两个方面，即"更撰音义，重作述赞"。虽然司马贞在《史记索隐》的行文中，还是颇多对史文的辩证，但在此序中，却找不到他力求辩证史事思路的表述。上面提到的《后序》中"更撰音义，重作述赞"两个方面构思，似乎又退到了儒家经注的路数上去了。

值得注意的是，汲古阁本中只有这个后序，而没有人们所见的《史记索隐序》。据此解读，《史记索隐》旧本或有两种，《史记索隐序》当是比较早的序文，在较早的本子中保存；而《史记索隐后序》所在的本子当是较晚的本子，在较晚形成的本子中保存。

由此，我们可以认为，《史记》本文是司马贞注释的重点，司马贞原来有补《史记》的打算，因而其出发点与其他两注不同，虽然后来司马贞改变了初衷，从补《史记》变成了注释《史记》，但其宏大的气势，还依旧保存在存世的《史记索隐》中。突出特点有两个：其一是《史记索隐》对《史记》各篇的注释，比较均衡，而没有其他两注忽轻忽重的情况。[1]比如《史记》表部分，《集解》《正义》注释的数量都很少，而《索隐》则用了相当的条目进行了注释。具体情况见本章末附表。对《史记》全面的注释，也是历代学者推崇《索隐》的原因之一。其二是司马贞在策划补《史记》时期所形成的要对《史记》进行"改更舛错，裨补疏遗"的想法，也保留下来了。在具体的实践中，就体现在青木五郎先生所说的司马贞的批判精神，或者说是朱东润先生所说的"捍于立言"。

在附表中，我们可以清楚地看出司马贞注释《史记》的具体情况，虽然有不均衡的情况，但总体而言还是比较全面的。而学者批评《集解》的主要点，就是《集解》的详略不一。清人王鸣盛《十七史商榷》卷一中专门有"裴注下本部简略"一条，其文曰：

> 裴注上半部颇有可观，其下半部则简略，甚至连数纸不注一字。
> 《世家》自《陈涉》以下，《列传》自《张耳陈余》以下，裴于徐广旧

---

[1] 兴吉按：我们目前看到的《史记正义》是自三家注本才有的，虽然已经不是单行的《正义》原貌，但是《正义》的不均衡性，还是比较突出的，比如在《十表》中，几乎没有《正义》。

注外，但袭取服虔《汉书注》、晋灼、臣瓒及蔡谟《汉书音义》，裴所自为者十无一二。《汉书》之所取者《史记》也，今《史记》注反取《汉书》注以为注，陋矣。大约自战国以前，关涉《经传》者尚属用心，一入汉事即无所取。[1]

王鸣盛所言很是中肯，魏晋之后的史注体还是具有强烈的经注的风格，对于涉及经书的内容，就投入更多的注意力；同时，史注体还不成熟，还没有摆脱草创时期的痕迹，注释具有很大的灵活性，这是其最大优点，也是其最大的缺点，即注释的内容以及被注的对象选择都有主观随意性，导致史注体的著作，经常是或重或轻，即使是《三国志注》这样的名著也不例外。

笔者注意到这样一个现象，以 100 条以上作为一个基本的统计指标，《索隐》在《史记》各体中的数量多少如下：在《本纪》部分，卷八《高祖本纪》134 条，卷六《秦始皇本纪》106 条，卷一《五帝本纪》103 条；《表》部分，卷二十一《建元已来王子侯者年表》171 条，卷十八《高祖功臣侯者年表》170 条，卷二十《建元已来侯者年表》126 条，卷十九《惠景间侯者年表》106 条；《书》部分，卷二十七《天官书》170 条，卷二十八《封禅书》139 条。《世家》部分没有 100 条以上的，80 条以上的仅有卷三十一《吴太伯世家》95 条，《晋世家》88 条，《楚世家》85 条，《赵世家》80 条。《列传》部分，卷一百一十七《司马相如列传》307 条，卷六十九《苏秦列传》131 条，卷一百一十《匈奴列传》121 条，卷一百二十九《货殖列传》118 条，卷八十四《屈原贾生列传》117 条，卷六十七《仲尼弟子列传》116 条。以此考察司马贞《索隐》在《史记》各部分的分布，可以看出司马贞注释的着力点，首先是秦汉的历史；其次是经学相关的内容；再次是战国时期的历史；再次是文学。不过，司马贞虽然留意于秦汉历史的内容，但却没有全力展开其史事的注释范围，换言之，其依旧围绕着司马迁的记载展开，并没有超越司马迁的记事范围。即司马迁叙述较少的

[1] 王鸣盛：《十七史商榷》第 8 页。

事件、人物，司马贞也同样注释较少，即使是秦汉时期或稍早的历史。例如 130 卷中，我们对《索隐》仅有 10 条左右的各卷进行了考察。他们是卷五十《楚元王世家》12 条、卷五十六《陈丞相世家》11 条、卷六十四《司马穰苴列传》11 条、卷八十八《蒙恬列传》11 条、卷九十《魏豹彭越列传》11 条、卷五十《韩信卢绾列传》8 条（全书《索隐》最少）。虽然笔者所列举上述《索隐》分布的数字，并不一定具有研究的价值意义，但是，我们还是觉得，上述人物在其所处的时代中，本非泛泛之辈，司马迁或出于各种原因，没有展开他的叙述，司马贞本有机会通过补充司马迁叙事的不足，一展自己的史学才能，但可惜，我们没有见到这样的成果。

我们认为，刘知几对当时史注体史书的批评也适用于《史记索隐》，即司马贞最终只是一个注家，而不是一个历史学家。同时，司马贞虽然注释的是一部史书，但是其对经学的迷恋以及经学资料的丰富，导致在注释与议论中，他还是更注意《史记》中古史部分的注释。此外，司马贞对于注释音义以及训释字词，甚至是扩充史事上都颇有所得，然而一旦要其发出议论，司马贞的见解大多全无新意，反而流露出更多的儒学者常有的执拗与刚愎来。史注体的发展中，最佳的体例是以史事的辨证为最佳的内容，其目的也是以明晰原史的文义、思想为注释的皈依。至于音注、训释等固然是史注体所必需，然而不应是其最主要的或是全部的内容。

二、司马贞注释的特点

据笔者的统计，中华本中《史记索隐》6940 条[1]中，直接注释史文者有 6715 条，其他为注释《集解》或其他的内容。也就是说，《史记索隐》的主要精力还是投入到了注释《史记》本文。司马贞在他终止补《史记》，而改为注释《史记》之后，他的许多关于补《史记》的构想，在《史记索隐》中得以保存，并寻机发挥。

---

[1] 兴吉按：中华本的底本是清金陵书局本，其中《索隐》全部来自汲古阁本。

（一）为力求使读者更好地理解史文，司马贞的注释有时不惮繁琐、重复。如卷三十三史文"卫如晋，将舍于宿"下《索隐》：

> 注引<u>《左传》曰"将宿于戚"</u>。按：太史公欲自为一家，事虽出《左氏》，文则随义而换。既以"舍"字替"宿"，遂误下"宿"字替于"戚"。戚既是邑名，理应不易。今宜读宿为"戚"。戚，卫邑，孙文子旧所食地。（五、1458）

兴吉按：此段文字中虽有与《集解》重复者（划线文字），然司马贞意在为司马迁辩解，所以不可以视之为一般意义上的重复。

卷六十史文"强君连城"下《索隐》：

> 皇子未习教义，而强使为诸侯王，以君连城之人，<u>则大臣何有所劝？</u>（七、2107）

兴吉按：此处是引申司马迁的语义，令人豁然开朗；而汲古阁本无划线文字，是脱漏，文义不通，颇失司马贞本意。

卷六十一史文"犯忌讳，而<u>终身逸乐</u>"下《索隐》：

> 谓若鲁桓、楚灵、晋献、齐襄之比皆是。（七、2125）

兴吉按：司马迁在此并无专指，而司马贞引申之也。

（二）《索隐》在注释内容上比较全面，与其他两注相比也是比较突出的。《索隐》可分为音注、训释文字，注释史事、引申，辩证史事几个等几个方面。当然，以上几项并非是完全分开的，一条《索隐》注中可能包含了上述的数个内容。秉承古典注释的原则，《史记索隐》数量最大的还是音注，有两千多条，在第一章提到游尚功《史记索隐声类》指出，他"实得音切 2244 条，去其重复，计有 1854 条"。[1]而 2244 条的统计，是该文作者剔除了司马贞音注中，与司马贞音切关系不大的几种情况之后的结论，因此司马贞的音注的确是《史记索隐》六千余条中的主要部分，这也符合司马贞"更撰音义"的创作意图。

---

[1] 游尚功：《史记索隐声类》，《贵州大学学报》1981 年第 1 期。

（三）司马贞对前人记述以及史文的辨证也是很有成绩的。

1. 卷三十二史文"二年，伐灭郯"下《索隐》：

> 徐广曰一作谭。据《春秋》：鲁庄十年"齐师灭谭"是也。杜预
> 曰："谭国在济南平陵县西南"。然此郯乃东海郯县，盖亦不当作"谭"
> 字也。（五、1487）

兴吉按：司马贞对《集解》异文的辨证是很正确的，从中可以看出司马贞对于前人的结论大胆怀疑、勇于批评的特点。汲古阁本无划线文字。

2. 卷三十七史文"陈女"下《索隐》：

> 女弟，戴妫也。子桓公完为州吁所杀，戴妫归陈，《诗·燕燕于
> 飞》之篇是。（五、1592）

兴吉按：此陈女正如《索隐》所言为陈女之女弟，即妹妹也。或是引录史文有误，当为"陈女女弟"。又史文有"陈女女弟亦幸于庄公，而生子完。完母死，庄公令夫人齐女子之"。则司马贞所注与司马迁所说不同，司马贞单列一条，加以说明。

3. 卷四十三史文"主父开之"下《索隐》：

> 开谓开门而纳之。俗本亦作"闻"字者，非也。谯周及孔衍皆作
> "闭之"，闭谓藏之也。（六、1815）

4. 卷四十四史文"生魏绛"下《索隐》：

> 谥昭子。《系本》云："庄子"，文错也。《居篇》又曰："昭子徙
> 安邑"，亦与此文同也。（六、1836）

兴吉按：此上有《集解》曰：徐广曰：《世本》曰"庄子"。司马贞据此为论，且史文亦作"谥昭子"。

5. 卷四十六史文"夫大弦浊以春温者，君也"下《索隐》：

> 大弦浊以温者。君也。案：《春秋后语》："温"字作"春"，春气

温，义亦相通也。蔡邕曰："凡弦以缓急为清浊。琴，紧其弦则清，缦其弦则浊。"（六、1889），

兴吉按：司马贞辩证是也。后人补"春"，至"温、春"之意重复也。汲古阁本无"春"字，当是司马贞之旧。

6. 卷四十七史文"奉子以季氏"下《索隐》：

刘氏奉音扶用反，非也。今奉音如字，谓奉待孔子如鲁季氏之职，故下文云"以季孟之间待之"也。（六、1912）

7. 卷四十七史文"陈愍公"下《索隐》：

《家语》《国语》皆作"陈惠公"，非也。按：惠公以鲁昭元年立，定四年卒。又按《系家》：愍公六年孔子适陈，十三年亦在陈，则此愍公为是。（六、1922）

8. 卷四十七史文"攻秦监公军"下《索隐》：

按注，公者监之名，然《本纪》泗川监名平，则平是名，公为相尊之称也。（六、2022）

兴吉按：其上《集解》云："监，御史监郡者；公，名。"司马贞辩证是，《集解》所云非是。

9. 卷五十七史文 "东缗"下《索隐》：

小颜音昏，非也。《地理志》：山阳有东缗县，音旻。然则户牖之为东缗，音昏是。属陈留者音昏，属山阳者音旻也。（六、2066）

兴吉按：此为司马贞辩颜师古之音注误也。查《汉书》，司马贞是。

10. 卷五十八史文"以胜为梁王"下《索隐》：

《汉书》梁王名揖，盖是矣。按：景帝子中山靖王名胜，是《史记》误耳。（六、2082）

兴吉按：司马贞所辩为是。又《正义》亦引《汉书》有类似的辨证。

11. 卷六十四史文"常曾孙和，因自立为齐威王"下《索隐》：

> 按：此文误也，当云田和自立，至其孙，因号为齐威王。故《系家》（耿本、汲古阁本作"《世家》"）云：田和自立，号太公，<u>其孙因齐，号为威王</u>。（七、2159）

兴吉按：查《齐世家》，自田和立为齐侯，为诸侯，其后有田午，至田因齐为齐威王。如司马贞所引；杨宽《战国史》说，田氏的世系自田和，之后是田午、田剡、田因齐。[1]显然上述史文有误。蔡本、耿本划线文字作"其孙号威王"。

12. 卷六十五史文"李克曰：起贪而好色"下《索隐》：

> 按：王劭云："此李克言吴起贪。下文云：'魏文侯知起廉，尽能得士心。'又公叔之仆称起'为人节廉'，岂前贪而后廉，何言之相反也？"今按：李克言起贪者，起本家累千金，破产求仕，非实贪也；盖言贪者，是贪荣名耳，故母死不赴，杀妻将鲁是也。或者起未委质于魏，犹有贪迹，及其见用，则尽廉能，亦何异乎陈平之为人也。（七、2166）

兴吉按：此处的文字，是司马贞的评论，已经不是一般性的辩证了。司马贞解"贪"非"贪财"之"贪"，此处"贪"实为"贪名"，很是准确，是司马贞的灼见，《史记》本文就有"贪夫徇财，烈士徇名"的描绘。又未发达时，贪财是为了进取职位，上位后，转为徇名，也是合理的解释。

13. 卷六十六史文"大夫种"下《索隐》：

> 刘氏云："大夫姓，种名"，非也。按：今吴南有文种墓，则种姓文，为大夫官也。（七、2178）

兴吉按：司马贞辩刘氏之误，引当地地名辩证，所得甚是。司马贞对吴地

---

[1] 杨宽：《战国史》"战国系年表"。

的地名比较熟悉，或亦可证司马贞的确是吴人。

14. 卷六十九史文"夏州"下《索隐》：

> 裴骃据《左氏》及车胤说夏州，其文甚明，而刘伯庄以为夏州侯
> 之本国，亦未为得也。（七、2259）

15. 卷八十五史文"所母华阳后（汲古阁本作"所母华阳君"）"下《索隐》：

> 刘氏本作"所生母"，"生"衍字也。今检诸本并无"生"字。（八、
> 2509）

兴吉按：刘氏之误，司马贞所辩是也。然引史文已明言为"华阳夫人无
子，君"以子楚为子，"所母"即以华阳夫人为母之意，加"生"字，则与史
文文意相背。华阳君，《史记》卷七十九史文"穰侯，华阳君，昭王母宣太后
之同父弟也"，"华阳君"《索隐》中有："华阳君，芈戎，宣太后之同父弟，
亦号为新城君是也"（七、2404）。可知华阳君另有其人。而华阳夫人是秦孝
文王（安国君）夫人未即位的称号，华阳后当是秦孝文王即位后的称号，子
楚即位后，改称华阳太后，故今本为正。汲古阁本的改动有误。又水泽利忠
说：黄本、蔡本、耿本、彭本、凌本等古本中，史文"所母"作"所养母"。
笔者以为，这样似更准确。而张文虎说"各本'所'下有'养'字，《索隐》
本无，《杂志》云后人妄加"，[1]实际上《读史杂志》所说"妄加"的话，并没
有更好的依据。

16. 卷八十五史文"食河南雒阳"下《索隐》：

> 《战国策》曰："食蓝田十二县"。而《秦本纪》庄襄王元年初置
> 三川郡，《地理志》：高祖更名河南。此秦代而曰"河南"者，《史记》
> 后作，据汉郡而言之耳。（八、2509）

兴吉按：此处司马贞的辩证甚是有力，说明司马贞注意了历史地名的变迁。

---

[1] 张文虎：《校勘史记集解索隐正义》（下）卷五，第568页。

17. 卷九十七史文"闳籍孺"下《索隐》：

> 案：《佞幸传》云：高祖时有籍孺，孝惠时有闳孺。今总言"闳
> 籍孺"，误也。（八、2703）

按：司马贞所辩证是也，然"闳籍孺"，汲古阁本作"闳籍"，汲古阁本误
也，当为"闳孺"。据《史记·佞幸传》的《正义》注：闳、籍，皆人名，孺，
幼小之意（十、3191）。则两人是侏儒之类弄臣，所侍的不是同一皇帝。

18. 卷一百六史文"盛其头"下《索隐》：

> 张勃云："吴王濞葬丹徒县南，其地名相唐"。今注本云"武进县"，
> 恐错也。（八、2835）

兴吉按：其上《集解》引《吴地记》云在"武进县南"，司马贞辩之。据
《正义》引《太康地志》云："吴濞反，丹徒越人杀之此城南"。与司马贞所言合。

（四）《索隐》对《集解》的注释，也有可圈可点之处。《史记集解》在唐
代已经与《史记》本文合流，是当时通行的《史记》版本，司马贞既然要补《史
记》，就不能不对《集解》有所涉及。他不仅对《集解》中的内容加以注释，
也对《集解》中的问题加以阐明。不过，司马贞注释《集解》，在全部注释中
不是主要的部分。笔者做过统计，司马贞直接注《集解》的，仅有226条，数
量并不大。

司马贞对《集解》的注释，首先是在《集解》之上的引申：

1. 卷四十三史文"召公子职于韩立以为燕王"下《索隐》：

> 《燕系家》无其事，盖是疏也。今此云"使乐池送之"，必是凭旧
> 史为说。且《纪年》之书，其说又同，则裴骃之解得其旨矣。（五、1804）

兴吉按：汲古阁本无划线文字，司马贞又为裴骃之辩证也。

2. 卷五十一史文"以画干营陵侯泽"下《索隐》：

> 画，一音"计画"之"画"，又音"图画"之"画"，两家义并通
> 也。（六、1996）

兴吉按：其上《集解》"服虔曰：以计画干之也。文颖曰：以工画等得宠也"。司马贞在此基础上再加以引申也。

3. 卷五十九史文"美人淖姬"下《索隐》：

郑氏音卓，苏林音"泥淖"之"淖"，女教反。淖，姓也，齐有淖齿是。又《汉书》云："建召易王所爱淖姬等十人，与奸服舍中。"（六、2096）

兴吉按：其上《集解》："苏林曰：淖音泥淖。"司马贞再音注之。

4. 卷六十史文"毋迩宵人"下《索隐》：

侗音同。褚先生解云："无好轶乐驰骋弋猎。迩，近也。宵人，小人也。"邹氏宵音谬，谬亦小人也。或作"佞人"。（六、2112）。

兴吉按：汲古阁本《索隐》中划线文字单独一条，在史文"毋迩宵人"下，来自于其上《集解》："无好游逸之事，迩近小人"。

5. 卷六十九《索隐》"注常山有蒲吾县"：

按：徐氏所引，据《地理志》云然也。（七、2247）

兴吉按：其上有《集解》："徐广曰：'常山有蒲吾县。'"此处指出了徐广注的文献来源。

6. 卷七十九《索隐》"注徐云五十年"：

据《秦本纪》及《年表》而知之也。（七、2417）

兴吉按："注徐云五十年"一句，蔡本、耿本作"徐"字。

7. 卷八十六史文"宋子"下《索隐》：

徐注云"县名，属钜鹿"者，据《地理志》而知也。（八、2537）

8. 卷九十六《索隐》"注文帝二年"：

此徐氏据《汉书》为说，而误云"二年"，裴骃又引《报任安书》为证，为得其实。（八、2680）

兴吉按：司马贞指出徐广据《汉书》为说，有误，又赞同裴骃指出徐广之误也。然《正义》则指出：徐广不误，是裴骃失考也。

9. 卷一百六史文"汉后五十年东南有乱"下《索隐》：

> 案：应氏之意，以后五十年东南有乱，本是占气者所说，高祖素闻此说，自以前难未弭，恐后灾更生，故说此言，更以戒濞。如淳之说，亦合事理。（八、2822）

兴吉按：此上有《集解》引应劭的话，是赞同两人的看法。此处也是司马贞的议论，显然司马贞不信有占气之说，解刘邦只是用占气之说，来劝诫吴濞而已，并非迷信占气。此解或得其实。

司马贞对于《集解》的注释，诚如日本学者青木五郎所说，具有批判精神，也体现了司马贞在史注体上的特点，已经初步走出了唐代义疏体"注不破疏"的传统。

三、《史记索隐》内自身重复的情况分析

《索隐》中，无论是二家注本还是汲古阁本，都存在着对同一事多次出注的情况，其中又主要是以对名词的注释为主，而且内容并不是全面一致，有一些出入，但注释的核心词是相同的。

《索隐》的重复大致有三种情况，其一是二家注本为了方便读者所形成的重复。其实在《集解》亦有重复的情况，比如《集解》卷七注"卿子冠军"："徐广曰：'卿一作庆。'"卷八《集解》再注曰："徐广曰：'一作庆。'"仅少一卿字。这样的例子还有不少。大凡此类者，应是单行本合入史文之下时的有意为之，意在使读者方便，而并非《集解》的原貌。其二是因资料来源不同，有的时候是为了保存异说。此外在音注方面，历代注音多有讹变与不同，故而在多处重复注释。其三是出于反复说明深化注释的目的，我们认为这个情况也是司马贞注释的特点，这部分的数量最大。以下分三个部分进行说明。

（一）为方便读者形成的重复

1. "几"

（1）卷九史文"几代"下《索隐》：

上其纪反，又音祈也。（二、395）

（2）卷四十史文"几"下《索隐》：

音祈。（五、1737）

（3）卷四十七史文"几然而长"下《索隐》：

"几"与注"顾"，并音祈，《家语》无此四字。（六、1925）

（4）卷五十五史文"几败而公事！"下《索隐》：

高祖骂郦生为竖儒，谓此儒生竖子耳。几音祈。几者，殆近也。
而公，高祖自谓也。《汉书》作"乃公"，乃亦汝也。（六、2041）

（5）卷七十二史文"几尽故宋"下《索隐》：

上音祈。此时宋已灭，是秦将尽得宋地也。（七、2328）

（6）卷一百二史文"赵几霸"下《索隐》：

几音祈。（九、2758）

兴吉按：（1）（2）（6）当不是司马贞的原貌，是二家注本散析了原有《索隐》音注，而汲古阁本又摘录所致。

2. "朝鲜"

卷三十八史文"朝鲜"下《索隐》：

（1）潮仙二音。地因水为名也。（五、1620）

兴吉按：蔡本、耿本作"朝鲜音潮仙"

（2）卷六十九史文"朝鲜"下《索隐》：

潮仙二音，潮仙水名。（七、2243）

兴吉按：汲古阁本多划线文字。

（3）卷一百一十五《朝鲜列传》标题下《索隐》：

　　案：朝音潮，直骄反。鲜音仙。以有汕水，故名也。汕一音汕。

（九、2985）

兴吉按：三条注释中，第三条最为全面，其他两条注释的内容皆包括在这条注释中，故而怀疑前两条皆从第三条而来。

3．"过"

（1）卷三十一史文"有过氏"下《索隐》：

　　过音戈。寒浞之子浇所封国也，姺姓国。（下略）（五、1468）

（2）卷四十九史文"皆过栗姬"下《索隐》：

　　过音戈。谓逾之。（六、1967）

（3）卷七十史文"不得复过"下《索隐》：

　　音戈。言义渠道远，今日已后，不复得更过相见。（七、2303）

（4）卷七十六史文"邹衍过赵"下《索隐》：

　　过音戈。（七、2370）

兴吉按：此处汲古阁本作"邹衍过"，似引录有误，脱字，当引全句"邹衍过赵"。

（5）卷七十六史文"过平原君"下《索隐》：

　　过音。（七、2374）

兴吉按：此处汲古阁本作"过平原"，似引录有误，脱字，当引全句"过平原君"。

（6）卷九十七史文"率不过"下《索隐》：

　　率音律。过音戈。（八、2700）

（7）卷一百二史文"辇过"下《索隐》：

过音戈，谓文帝乘辇，会过郎署。（九、2757）

（8）卷一百一十七史文"过诧"下《索隐》：

上音戈，下音敕亚反。夸诧是也。（九、3002）

兴吉按：（2）注音、释义之后，以下各条不再释义，是司马贞的体例，故（4）（5）仅音注，不是司马贞的原本。蔡本、耿本无划线文字。

4．"范吉射""范献子"

（1）卷三十九史文"范吉射"下《索隐》：

音亦。范献子，士鞅之子。（六、1685）

（2）卷四十三史文"范氏"下《索隐》：

范氏，晋大夫隰叔之子，士蒍之后。蒍生成伯缺，缺生武子会，会生文叔燮，燮生宣叔匄，匄生献子鞅，鞅生吉射。（六、1790）

（3）卷四十四史文"范献子"下《索隐》：

范吉射。（六、1839）

5．"中行文子"

（1）卷四十三史文"中行文子"下《索隐》：

荀寅也。（六、1792）

（2）卷四十四史文"中行文子"下《索隐》：

荀寅。（六、1839）

兴吉按：上述两条，不当是司马贞所作，当是后人拆析。

6．"走"

（1）卷五十三史文"争走"下《索隐》：

音奏。奏者，趋向之。（六、2014）

（2）卷六十八史文"走商邑"下《索隐》：

　　走音奏。走，向也。（七、2237）

（3）卷八十八史文"北走"下《索隐》：

　　走音奏。走犹向也。邹氏音趋，趋亦向义，于字则乖。（八、2567）

（4）卷九十一史文"走汉"下《索隐》：

　　走音奏，向也。（八、2602）

（5）卷一百二史文"此走"下《索隐》：

　　音奏。案：走犹向也。（九、2753）

兴吉按：（1）（2）（4）（5）内容接近，甚至雷同，如此多的重复条目，不应是司马贞的本文。

　　7. "说"

（1）卷六十三史文"说难曰"下《索隐》：

　　说音税。难音奴干反（下略）。（七、2148）

（2）卷六十八史文"说君"下《索隐》：

　　音税，下同。（七、2228）

兴吉按："下同"的提法当在最初出现"说"处，即上文"说难曰"处，而不当在第二次注"说"处。其"下同"者，亦当不是司马贞所为。

（3）卷六十九史文"说燕文侯"下《索隐》：

　　说音税，下并同。燕文侯，史失名。（七、2243）

兴吉按：在此卷中"说"字句式最早见于苏秦到秦国"说惠王曰"，然其下无注；到了第二次"说燕文侯"才出现。

（4）卷七十史文"游说"下《索隐》：

　　音税。（七、2279）

（5）卷一百一十史文"而务谄纳（汲古阁本无"纳"字）其说"下《索隐》：音税。（九、2919）

8. "效"

卷九十二史文"效首虏"下《索隐》：

> 如淳曰："效，致也。"晋灼云："效，数也。"郑玄注《礼》："效犹呈见也"。（八、2616）

卷六十九史文"今兹效之"下《索隐》：

> 按：郑玄注《礼》云："效犹呈也，见也"。（十、2253）

卷六十九史文"割地以效实"下《索隐》：

> 谓割地献秦，以效己之诚实。（七、2255）

卷六十九史文"效愚计"下《索隐》：

> 此"效"犹呈也，见也。（十、2256）

9. "刎颈"

卷八十一史文"为刎颈之交"下《索隐》：

> 崔浩云："言要齐生死而刎颈无悔也。"（八、2443）

卷八十九"刎颈交"下《索隐》：

> 崔浩云："言要齐生死，断颈无悔。"（八、2572）

兴吉按：两条的内容几乎相同，却分为两处，应不是司马贞原文的形态。

10. "稷下学士"

（1）卷四十六史文"齐稷下学士复盛"下《索隐》：

> 刘向《别录》曰："齐有稷门，齐城门也。谈说之士期会于其下。"
《齐地记》曰"齐城西门侧，系水左右有讲室，趾往往存焉"。盖因侧系水出，故曰稷门，古侧稷音相近耳。又虞喜曰"齐有稷山，立馆其

下以待游士"，亦异说也。《春秋传》曰"莒子如齐，盟于稷门"。（六、1895）

兴吉按：黄本、蔡本、耿本、彭本无划线文字，以此上有相同的《集解》。

（2）卷七十四史文"齐之稷下先生"下《索隐》：

稷下，齐之城门也。或云稷下，山名。谓齐之学士集于稷门之下。（七、2346）

11."齐襄王"

（1）卷七十四史文"齐襄王时"下《索隐》：

按：襄王名法章，愍王子，莒人所立者。（七、2349）

（2）卷七十九史文"齐襄王"下《索隐》：

名法章。（七、2401）

兴吉按：后一条可不出注。

12."信"

（1）卷七十八史文"不信威"下《索隐》：

信音申。（十、2388）

（2）卷七十九史文"信而不能诎"下《索隐》：

信音申。诎音屈。谓志已展而不退。（七、2424）

13."漆身为厉"

（1）卷七十九史文"漆身为厉"《索隐》：

音赖，癞病也。言漆涂身，生疮如病癞。（七、2407）

（2）卷八十六史文"漆身为厉（汲古阁本作'疠'）"下《索隐》：

疠音赖。赖，恶疮病也。凡漆有毒，近之多患疮肿，若赖病然，故豫让以漆涂身，令其若癞耳。然厉赖声相近，古多假"厉"为"赖"，今之"癞"字从"疒"，故楚有赖乡，亦作"厉"字，《战国策》说此

亦作"厉"字。（八、2511）

兴吉按：汲古阁本前者史文作"厉"，后者史文作"疠"。此例似乎可以说明司马贞本身有一事多注的情况，而且详略不同，内容一致。或怀疑前一条是二家注本的刊行者所增。

14. "无恙"

（1）卷四十九史文"无恙"下《索隐》：

《尔雅》：云"恙，忧也"。一说，古者野居露宿，恙，噬人虫也，故人相恤云"得无恙乎"。（六、1969）

（2）卷八十六史文"无恙"下《索隐》：

《尔雅》云："恙，忧也。"《楚词》云："还及君之无恙。"《风俗通》云："恙，病也。凡人相见及通书，皆云'无恙'。"又《易传》云：上古之时，草居露宿。恙，啮虫也，善食人心，俗悉患之，故相劳云"无恙"。恙非病也。（八、2525）

总结以上重复各条之间的关系，我们似乎都可以从其中最完整的一条中找出其他条目的内容，我们认为这种情况是二家注本在拆分单《索隐》本时，为了读者方便而采用的方法。至于汲古阁本也有此种情况，似乎也在说明汲古阁本的底本并不一定是《史记索隐》的原本，而是与二家注本的关系更加密切。

（二）因存疑而形成的重复

1. "共和"

（1）卷四史文"号曰共和"下《索隐》：

共音如字。若《汲冢纪年》则云"共伯和干王位"。共音恭。共，国；伯，爵；和，其名；干，篡也。言共伯摄王政，故云"干王位"也。（一、144）

（2）卷十三"共和"下《索隐》：

周召二公共相王室，故曰共和。皇甫谧云：共伯和干王位，以共国伯爵，和其名也。干王位，言篡也。与司马迁之说不同，盖异说耳。
（二、504）

兴吉按：前者记异说，后者传统说法与异说的不同，或是司马贞有意为之。

2. "杜邮"

（1）卷七十三史文"杜邮"下《索隐》：

> 按：故咸阳城在渭北。杜邮，今在咸阳城中。（七、2337）

（2）卷一百三十史文"赐死杜邮"下《索隐》：

> 下音尤。李奇曰："地名，在咸阳西。"按《三秦记》：其地后改
为李里者也。（十、3286）

兴吉按：以上两注内容明显出入，一为"咸阳城中"，一为"咸阳西"。

3. "范昭子"

（1）卷四十三史文"范昭子"下《索隐》：

> 范吉射也。（六、1792）

（2）卷八十六史文"事范氏及中行氏"下《索隐》：

> 案：《左传》："范氏谓昭子吉射也。"自士会食邑于范，后因以邑
为氏。中行氏，中行文子荀寅也。自荀林父将中行后，因以官为氏。
（八、2519）

兴吉按：此处史文所载，与他处不一致，他处史文及《索隐》注"范献子"
是范吉射，故在此再次出注说明。

4. "曲遇"

（1）卷八史文"曲遇"下《索隐》：

> 徐广云："在中牟"。韦昭云："《志》不载"。司马彪《郡国志》：
中牟有曲遇聚也。（二、358）

兴吉按；此条《索隐》中的第一段划线文字同《集解》，第二段划线文字同《正义》也。见于今本卷五十四 "曲遇" 条上、下之《集解》《正义》（五、2024）。

（2）卷五十四史文 "曲遇" 下《索隐》：

卷曲，丘禹反。遇，牛凶反。（五、2024）

（3）卷九十五史文 "曲遇" 下《索隐》：

音龋颗二音，邑名也。（八、2652）

5. "从"

（1）卷四十史文 "起子从" 下《索隐》：

从音才松反。（五、1706）

（2）卷四十四史文 "异日者，从之不成也" 下《索隐》：

从音足松反。（六、1861）

兴吉按：汲古阁本无 "者" 字。

（3）卷四十四史文 "故臣原以从事" 下《索隐》：

从音足松反。从事，言合从事王也。《战国策》亦然。（六、1862）

兴吉按："言合" 汲古阁本作 "信而"。

（4）卷五十七史文 "有从理入口" 下《索隐》：

从音子容反。从理，横理。（六、2074）

（5）卷七十史文 "相约从亲" 下《索隐》：

从音足容反。（七、2280）

（6）卷八十六史文 "重自刑以绝从" 下《索隐》：

重音持用反。重犹复也。为人报雠死，乃以妾故复自刑其身，令

人不识也。从音踪，古字少，假借无旁"足"，而徐氏以为从坐，非

也。刘氏亦音足松反。（八、2525）

（7）卷七十八史文"从而伐齐"下《索隐》：

从音绝用反。刘氏云："从犹领也。"（七、2390）

（8）卷八十五史文"间，从容"下《索隐》：

间音闲。从音七恭反。（八、2508）

兴吉按：一"从"字，注音多达6种，而且"足松反"与"子容反"音注字不同，音却相同，表明司马贞所取音注当是来自不同书籍，所以至此。

6. "雕阴"

（1）卷六十九史文"雕阴"下《索隐》：

魏地也。刘氏曰"在龙门，河之西北。"按：《地理志》："雕阴，属上郡。"（七、2250）

（2）卷九十八史文"食邑雕阴"下《索隐》：

案：孟康、徐广云："县名，属上郡。"（八、2707）

兴吉按：资料来源不同，故重复出注。

7. "季子"

（1）卷六十九史文"苏秦者，东周雒阳人也"下《索隐》：

苏秦字季子，盖苏忿生之后，己姓也。谯周云："秦兄弟五人，秦最少。兄代，代弟厉及辟、鵠，并为游说之士。"此下云"秦弟代，代弟厉"也。（十、2241）

（2）卷六十九《索隐》注《集解》"注秦字季子"下《索隐》：

按：其嫂呼小叔为季子耳，未必即其字。允南即以为字，未之得也。（十、2262）

221

兴吉按：允南，为谯周字，司马贞前引其说，后言其失，盖不同说法。两说无法折衷，故两说并存。

8. "折胁摺齿"

（1）卷七十九史文"摺齿"下《索隐》：

摺音力答反。谓打折其胁而又拉折其齿也。（七、2401）

（2）卷八十三史文"范睢摺胁折齿"下《索隐》：

案：《应侯传》作"摺胁折齿"是也。《说文》："拉，摧也。"音力答反。（七、2473）

兴吉按：汲古阁本第一条仅引"摺齿"二字，却注"折胁摺齿"四字内容，不当也。又这里所说的《应侯传》是指卷七十九《范睢蔡泽列传列传》。

9. "东牟侯"

（1）卷九史文"东牟"下《索隐》：

韦昭云："东莱县。"（二、401）

（2）卷五十二史文"兴居为（汲古阁本无"为"字）东牟侯"下《索隐》：

《地理志》："县名，属东莱。"（五、2000）

10. "莫府"

（1）卷八十一史文"输入莫府"下《索隐》：

按：注如淳解"莫，大也"云云。又崔浩云"古者出征为将帅，军还则罢，理无常处，以幕帟为府署，故曰'莫府'"。则"莫"当作"幕"，字之讹耳。（八、2449）

（2）卷一百二史文"莫府"下《索隐》：

按：莫训大也。又崔浩云："古者出征（蔡本、耿本多"为将"二字）无常处，以幕为府舍，故云莫府。""莫"当为"幕"，古字少

耳。（八、2760）

（3）卷一百九史文"莫府"下《索隐》：

案：大颜云："凡将军谓之莫府者，盖兵行舍于帷帐，故称府。古字通用，遂作'莫'耳"。《小尔雅》训莫为大，非也。（九、2869）

兴吉按：司马贞所引史料不同，结论不一。"莫训大"见于第一条上《集解》如淳注，司马贞引崔浩语与如淳同。而第二条云"莫训大也"。第三条又云第二条此训为"非"。显然是据史料不同做结论，最后也没有来得及做全篇的统一。

11."天府"

（1）卷五十五史文"所谓金城千里，天府之国"下《索隐》：

按：此言"谓"者，皆是依凭古语。言秦有四塞之国，如金城也。故《淮南子》云"虽有金城，非粟不守"。又苏秦说秦惠王云："秦地势形便，所谓天府"。是所凭也。（六、2044）

（2）卷六十九史文"此天府也"下《索隐》：

按：《周礼·春官》有天府。郑玄曰："府，物所藏。"言天，尊此所藏若天府然。（七、2242）

（3）卷九十九史文"天府"下《索隐》：

案：《战国策》苏秦说惠王曰"大王之国，地势形便，此所谓天府"。高诱注云："府，聚也。"（八、2716）

12."东胡"

（1）卷一百十史文"东胡"下《索隐》：

服虔云："东胡，乌丸之先，后为鲜卑。在匈奴东，故曰东胡。"案：《续汉书》曰："汉初，匈奴冒顿灭其国，余类保乌桓山，以为号。

俗随水草，居无常处。以父之名字为姓（蔡本、耿本、黄本作"恒以之名鸟号为姓"）。父子男女悉髡头为轻便也。"（八、2885）

（2）卷一百二史文"东胡"下《索隐》：

案：崔浩云："乌丸之先也。国在匈奴之东，故云东胡也。"（九、1758）

（三）从多个侧面来解释字词

司马贞引用不同的资料，从各个侧面对条目加以诠释，因而形成了貌似重复的内容；另外还有因语境不同，词义也不同的情况，因此分别注释。

1. "英、六"

（1）卷二史文"英、六"下《索隐》：

《地理志》：六安国，六县，咎繇后偃姓所封国。英地阙，不知所在，以为黥布是其后也。（一、82）

（2）卷三十六史文"或封英、六"（汲古阁本作"蓼、六"）下《索隐》：

蓼、六，本或作英、六，皆通。然蓼、六皆咎繇之后也。据《系本》，二国皆偃姓，故《春秋》文五年《左传》云：楚人灭六，臧文仲闻六与蓼灭，曰"皋陶、庭坚不祀忽诸"。杜预曰："蓼与六皆咎繇后"。《地理志》云："六，故国，皋陶后，偃姓，为楚所灭。"又僖十七年："齐人徐人伐英氏。"杜预又曰："英、六皆皋陶后，国名。"是有英、蓼，实未能详。或者英后改号曰蓼也。（五、1585）

兴吉按：汲古阁本无划线文字，是司马贞所见本与它本不同，故辩证之。

2. "犀首"

（1）卷五史文"犀首"下《索隐》：

官名，若虎牙之类。姓公孙，名衍，魏人也。（一、206）

兴吉按：上有《集解》云："犀首，官名，姓公孙，名衍。"

（2）卷四十四史文"伐取我曲沃，走犀首"下《索隐》：

犀首，官名，即公孙衍。（六、1850）

卷六十九史文"因犀首属行"下《索隐》：

（3）犀首、公孙衍本魏将，因之以属军行。行音胡郎反，谓连兵相续也。（七、2275）

兴吉按："犀首、公孙衍"，蔡本、耿本"犀首者，公孙衍也"为正。

3. "咸阳"

（1）卷八史文"咸阳"下《索隐》：

韦昭云："秦所都，武帝更名渭城。"应劭云："今长安也。"按：《关中记》云"孝公都咸阳，今渭城是，在渭北。始皇都咸阳，今城南大城是也"。名咸阳者，山南曰阳，水北亦曰阳，其地在渭水之北，又在九嵕诸山之南，故曰咸阳。（二、344）

（2）卷八史文"徙治长安"下《索隐》：

按：《汉仪注》："高祖六年，更名咸阳曰长安。"《三辅旧事》云："扶风（汲古阁本无此二字）渭城，本城阳地（汲古阁本作"也"字），高帝为新城，七年属长安也。"（二、385）

（3）卷四十史文"咸阳"《索隐》：

右扶风渭城县，故咸阳城也，<u>在水北山南，故曰咸阳。咸，皆也。</u>（五、1728）

兴吉按：蔡本、耿本无划线文字。三说不同，所依据亦不同也。

（4）卷五十四史文"取咸阳，更名曰新城"下《索隐》：

按：《汉书》高帝元年咸阳名新城，武帝改名曰渭城。（六、2025）

（5）卷八十五史文"咸阳"下《索隐》：

《地理志》右扶风渭城县，故咸阳，高帝更名新城，景帝更名渭城。案：咸训皆，其地在渭水之北，北阪之南，水北曰阳，山南亦曰阳，皆在二者之阳也。（八、2510）

4. "大行"

（1）卷十一史文"典客为大行"下《索隐》：

韦昭云："大行，官名，秦时云典客，景帝初改云大行，后更名大鸿胪，武帝因而不改，故《汉书·景纪》有大鸿胪。《百官表》又云武帝改名大鸿胪。鸿，声也。胪，附皮。以言其掌四夷宾客，若皮胪之在外附于身也。复有大行令，故诸侯薨，大鸿胪奏谥，列侯薨，则大行奏诔。"按：此大行令即鸿胪之属官也。（二、446）

（2）卷二十三"大行"下《索隐》：

大行，秦官，主礼仪。汉景帝改曰大鸿胪。鸿胪，掌九宾之仪也。（四、1157）

（3）卷四十九史文"大行奏事"下《索隐》：

大行，礼官。行音衡。（六、1977）

（4）卷九十九史文"九宾，胪传"下《索隐》：

《汉书》云"设九宾胪句传"。苏林云："上传语告下为胪，下传语告上为句"。胪犹行者矣。韦昭云："大行人掌宾客之礼，今谓之鸿胪也。九宾，则周礼九仪也，谓公、侯、伯、子、男、孤、卿、大夫、士也"。汉依此以为胪传，依次传令上也。向秀注《庄子》云"从上语下为胪"，音闾。句音九注反。（八、2722）

兴吉按：以上各条司马贞引录史文不同，所以注释的内容因此而变化，虽然其中颇有重复，但各条的主旨不同，对于读者而言，阅读也很便利，可以认为是司马贞的固有风格。

5．"啑血""喋血"

（1）卷九史文"啑血"下《索隐》：

> 啑，邹音使接反。又云或作"喢"，音丁牒反。（二、400）

（2）卷十史文"新喋血"下《索隐》：

> 啑，《汉书》作"喋"，音跕，丁牒反。《汉书·陈汤杜业》皆言喋血，无盟歃事。《广雅》云"蹀，履也"，谓履涉之。（二、414）

（3）卷九十史文"喋血"下《索隐》：

> 音牒。喋犹践也。杀敌践血而行，《孝文纪》"喋血京师"是也。（八、2595）

（4）卷九十二史文"新喋血"下《索隐》：

> 喋，旧音歃，非也。案：《陈汤传》："喋血万里之外"，如淳云："杀人血流滂沱也"。韦昭音徒协反。（八、2615）

兴吉按：汲古阁本脱各条中划线文字，以上各条当是司马贞因不同的需要而出注。

6．"尚矣"

（1）卷一史文"尚矣"下《索隐》：

> 尚，上也，言久远也。然"尚矣"文出《大戴礼》。（一、46）

（2）卷十三史文"尚矣"下《索隐》：

> 刘氏云："尚犹久古也。"尚矣"之文元出《大戴礼》，彼文（蔡本、耿本无"文"字）云："黄帝尚矣。"（二、487）

兴吉按：两条的内容基本相同，而文字却有出入。

7. "大抵"

(1) 据卷二十三史文"大抵"下《索隐》:

> 按:大抵犹大略也。臣瓒以抵训为归,则是大略大归,其义通也。

(四、1160)

(2) 卷三十史文"大抵无虑"下《索隐》:

> 抵音氐。抵,归也。刘氏云:"大抵犹大略也。"案:大抵无虑者,谓言大略归于铸钱,更无他事从虑。(四、1433)

(3) 卷六十三史文"大抵率寓言也"下《索隐》:

> 大抵犹言大略也。其书十余万言,率皆立主客,使之相对语,故云"偶言"。又音寓,寓,寄也。故《别录》云"作人姓名,使相与语,是寄辞于其人,故庄子有寓言篇。"(七、2143)

兴吉按:以上各条中虽皆有"大抵"二字,但语境、语句结构不同,除第一条外,司马贞主要以解释其他字词为主,并非简单的重复注释。

7. "大较"

(1) 卷二十五史文"大较"下《索隐》:

> 大较,大法也。淳于髡曰:"车不较则不胜其任"是也。较音角。

(四、1241)

(2) 卷一百二十九史文"大较"下《索隐》:

> 音角。大较犹大略也。(十、3254)

8. "雎"

(1) 卷四十史文"昭雎"下《索隐》:

(蔡本、耿本多"雎"字)七余反。(五、1726)

(2) 卷四十四史文"唐雎"下《索隐》:

（蔡本、耿本多"雎音"二字）七余反。（五、1856）

兴吉按：注文全同，或因人物不同，故重复注音。

10."武安侯""田蚡"

（1）卷一十二史文"武安侯"下《索隐》：

> 服虔云："田蚡也。"韦昭云："武安属魏郡也。"（二、454）

（2）卷十九史文"武安侯田蚡"下《索隐》：

> 县名，属魏郡，孝景后同母弟（蔡本、耿本无划线文字）。（三、1024）

（3）卷二十八史文"武安侯"下《索隐》：

> 案：是田蚡也。（四、1383）

（4）卷四十九史文"封田蚡为武安侯"下《索隐》：

> 《地理志》：县名，属魏郡。（五、1977）

（5）卷一百七史文"田蚡" 下《索隐》：

> 扶粉反。如"蚡鼠"之"蚡"，音坟。（九、2841）

兴吉按：各条内容相近，各有所指。

11."朱虚侯"

（1）卷九"朱虚侯"下《索隐》：

> 虚音墟，琅邪县也。（二、401）

按：汲古阁本卷三吕太后第九"朱虚"条在"东牟"条（二、403）上，与今本所处位置不同。

（2）卷五十二汲古阁本引录史文"章封朱虚侯（史文作"章入宿于汉。吕太后封为朱虚侯"）"下《索隐》：

《地理志》：县名，属琅邪。（六、2000）

12．"高陵君""泾阳君"

（1）卷五史文"泾阳君"下《索隐》：

名市。（一、210）

（2）卷五史文"公子悝"下《索隐》：

悝号高陵君，初封于彭，昭襄王弟也。（一、212）

（3）卷七史文"高陵君（汲古阁本"君"作"县"字，误）"下《索隐》：

按：晋灼云"高陵属琅邪。"（一、303）

兴吉按：此高陵君是秦汉之际齐国使者，名显，与秦之高陵君无涉也。

（4）卷六十九史文"泾阳君、高陵君"下《索隐》：

二人，秦王母弟也。高陵君名显。泾阳君名悝。（七、3270）

（5）卷七十二史文"高陵君"下《索隐》：

名显。（七、2323）

（6）卷七十二史文"泾阳君"下《索隐》：

名悝。（七、2323）

兴吉按：司马贞此处多矛盾，最初言"高陵君名悝。泾阳君名市"；后又言"高陵君名显。泾阳君名悝"。是司马贞原有的错误，还是后来转录的错误，已不可考。

13．"间"

（1）卷四十一史文"请间行"下《索隐》：

间音纪闲反。间行犹微行。（五、1740）

（2）卷四十八史文"又间令"下《索隐》：

服虔云："间"音"中间"之"间"。郑氏云："间谓窃令人行也。"孔文祥又云："窃伺间隙，不欲令众知之也。"（六、1950）。

（3）卷七十七史文"屏人间语"下《索隐》：

间音闲。语谓静语也。（七、2380）

（4）卷八十史文"乐间"下《索隐》：

音纪闲反，乐毅之子也。（七、2434）

（5）卷八十五史文"承太子间，从容"下《索隐》：

间音闲。从音七恭反。（八、2508）

（6）卷九十一史文"先从间道"下《索隐》：

邹氏云："间犹闲也，谓私也。"今以间音纪觅反。间道即他道，犹若反间之义。（八、2598）

（7）卷一百六史文"间行"下《索隐》：

谓独行从他道逃走。间音纪闲反。（九、2823）

兴吉按："间"字多义多音，语境不同，音义亦异。

14．"阳晋"

（1）卷八十一史文"取阳晋"下《索隐》：

按：阳晋，卫地，后属齐，今赵取之。司马彪《郡国志》曰：今卫国阳晋城是也。有本作"晋阳"，非也。晋阳在太原，虽亦赵地，非齐所取。（七、2439）

（2）卷六十九史文"过卫阳晋之道"下《索隐》：

按：阳晋，魏邑也。《魏系家》："哀王十六年，秦拔魏蒲阪、阳晋、封陵"是也。刘氏云："阳晋，地名，盖适齐之道，卫国之西南

231

也"。（七、2258）

兴吉按：蔡本、耿本无划线文字。又汲古阁本"魏系家"作"魏世家"，又脱"国"字。

（3）卷七十史文"卫阳晋，必大关天下之匈"下《索隐》：

夫以常山为天下脊，则此卫及阳晋当天下焜，盖其地是秦、晋、齐、楚之交道也。以言秦兵据阳晋，是大关天下焜，则他国不得动也。（七、2292）

兴吉按：同一地名，史文所指语义有异，故司马贞从简到繁，从地志出发，终于议论"晋阳"所在的重要，层次还是很清晰的。亦可见，司马贞在各条目之间也有相互平衡，相互支撑的用意。汲古阁本（3）中引史文作"攻卫阳晋，大关天下胸。

15．"屈匄"

（1）卷十五史文"屈匄"下《索隐》：

上盖音。楚大夫。（二、733）

（2）卷八十四史文"虏楚将屈匄"下《索隐》：

屈，姓。匄，名，音盖也。（八、2483）

兴吉按：《史记》传本在文字每有不同，即使同一传本中，字亦有不同。"屈匄"在今本卷四十六作"屈丐"（六、1896）。

21．"醳"

（1）卷四十六史文"醳之愉"下《索隐》：

醳音释，与下文舍字并同。愉音舒也。（六、1889）

（2）卷七十史文"醳之"下《索隐》：

古释字。（七、2279）

（3）卷八十六史文"卒醳"下《索隐》：

> 卒，足律反。<u>醳音释，字亦作"释"。</u>（八、2519）

兴吉按：蔡本、耿本无划线文字，二本引录史文作"卒释"。或以此二本中无划文字。

（4）卷九十二史文"醳兵"下《索隐》：

> 刘氏依刘逵音。醳酒谓以酒食养兵士也。案：《史记》古"释"字皆如此作，岂亦谓以酒食醳兵士，故字从酉乎？（八、2618）

（5）卷九十四史文"乃醳齐"下《索隐》：

> 此岂亦以"醳酒"之义？并古"释"字。（八、2646）

兴吉按：蔡本、耿本无此条，引录史文作"乃释齐"。最末二条，司马贞解释过于迂回，醳既是古释字，字义亦当从"释"字解，不必再注。

16．"泜水"

（1）卷八十九史文"泜水"下《索隐》：

> 徐广音迟，苏林音祇。晋灼音丁礼反，今俗呼此水则然。案：《地理志》音脂，则苏音为得。郭景纯注《山海经》云："泜水出常山中丘县。"（八、2582）

（2）卷九十二史文"泜水"下《索隐》：

> 徐广音迟。刘氏音脂。（八、2617）

17．"抵"

（1）卷七十五史文"抵昭王幸姬"下《索隐》：

> 抵音丁礼反。按：抵谓触冒而求之也。（七、2354）

（2）卷九十五史文"抵蓟南"下《索隐》：

抵音丁礼反。抵训至。一云抵者，丞相之名。（八、2658）

18. "适"

（1）卷十七史文"或以适削地"下《索隐》：

适音宅。或作"过"。（三、803）

（2）卷三十九史文"适诸侯礼"下《索隐》：

适音敌。（五、1658）

（3）卷四十八史文"适戍渔阳"下《索隐》：

适音直革反，又音磔。（六、1950）

（4）卷六十九史文"适燕者"下《索隐》：

适音宅。适者，责也。下同。（七、2276）

（5）卷八十二史文"适人开户"下《索隐》：

<u>适音敌。若我</u>如处女之弱，则敌人轻侮，开户不为备也。（八、

2456）

兴吉按：蔡本、耿本划线作"言兵始"。又其上有《集解》云：适音敌。

（6）卷九十七史文"适郦生（汲古阁本此二字作"食其"）里中子"下《索隐》：

适音释。服虔、苏林皆云沛公骑士适是食其里中人也。案：言适

近作骑士。（八、2692）

（7）卷一百五史文"适有所学"下《索隐》：

适音释。言我适来有所受教命，故云学也。（八、2787）

（8）卷一百五史文"适其共养，此不当医"下《索隐》：

适音释。共音恭。案：谓山跗家适近所持财物共养我，我不敢当，

以言其人不堪疗也。（九、2802）

（9）卷一百六史文"擅适过"下《索隐》：

    适音直革反，又音宅。（九、2831）

（10）卷一百七史文"适诸窦"下《索隐》：

    适音直革反。（九、2843）

兴吉按："适"字亦多音多义，司马贞随史文而注之，可谓当矣。

18. "传"

（1）卷十史文"传置"下《索隐》：

    按：《广雅》云："置，驿也。"《续汉书》云"驿马三十里一置"。故乐产亦云：传置一也。言乘传者以传次受名，乘置者以马取匹。传音丁恋反。如淳云："律，四马高足为传置，四马中足为驰置，下足为乘置，一马二马为轺置，如置急者乘一马曰乘也。"（二、423）

（2）卷十一史文"用传出入"下《索隐》：

    传音丁恋反。如今之过所。（二、442）

（3）卷十四史文"其传指"下《索隐》：

    传音逐宣反。（二、509）

（4）卷四十九史文"与我决于传舍中"下《索隐》：

    决者，别也。传音转。传舍谓邮亭传置之舍。盖窦后初入宫时，别其弟于传舍之中也。（六、1974）

（5）卷七十五史文"传舍"下《索隐》：

    传音（此二字汲古阁本作"遂"）逐缘反。按：传舍、幸舍及代舍，并当上、中、下三等之客所舍之名耳。（七、2359）

（6）卷八十一史文"广成传"下《索隐》：

广成是传舍之名。传音张恋反。（八、2440）

（7）卷一百五史文"当传西之长安"下《索隐》：

传音竹恋反。传，乘传送之。（八、2795）

兴吉按：以上司马贞所注"传"，大抵都是"传舍、传置"之义，本不需要如此多的注释，或因所据史料不同，其音注材料也有所不同，故多重复注释。

19．"拊"

（1）卷二十一汲古阁本史文"安众康侯丹"下《索隐》：

志属南阳。山拊音跌。（三、1096）

兴吉按：此条汲古阁本引录史文中无"拊"字，却有注；查《史记》各本史文作"今侯山拊元年"下有《索隐》："拊音跌（三、1096）。"汲古阁本引录有误。以司马贞的体例，"山拊音跌"为一条，"山拊"为史文，大字；"音跌"为注，小字。而汲古阁本皆做小字，不当。

（2）卷二十三史文"县一钟尚拊膈"下《索隐》：

隔，悬钟格。拊音抚。拊隔，不击其钟而拊其格，不取其声，亦质也。邹氏隔音膊，盖依《大戴礼》也。而郑《礼注》云：搏，拊枹敔也。（四、1169）

兴吉按：蔡、耿本无"拊音抚"三字，汲古阁本无划线"拊"字。

（3）卷一百五史文"拊其头"下《索隐》：

拊音附，又音抚。（八、2807）

（4）卷一百六史文"拊"下《索隐》：

拊音抚。（九、2821）

20．"旦日"

（1）卷六十四史文"旦日日中"下《索隐》：

按：旦日谓明日。日中时期会于军门也。（七、2157）

（2）卷九十史文"与期旦日日出"下《索隐》：

旦日谓明日之朝，日出时也。（八、2591）

（3）卷一百五史文"当旦日日夕死"下《索隐》：

案：旦日，明日也。言明日之夕死也。（八、2813）

兴吉按：此上三条中，第一条最为准确，而第二、三条则是在其基础上衍伸接续的字词。

21. "食其"

（1）卷七史文"审食其"下《索隐》：

食音异。按：郦、审、赵三人同名，其音合并同，以六国时卫有司马食其，并慕其名。（一、322）

（2）卷一百九史文"食其"下《索隐》：

音异基。案：赵将军名也。或亦依字读。（八、2875）

兴吉按：卷九十七《郦生陆贾列传》首句云："郦生食其者"。司马贞不出注。而三家注本有《正义》云"历异基三音也"。（八、2691）

22. "祭天金人"

（1）卷一百十史文"祭天金人"下《索隐》：

韦昭云："作金人以为祭天主。"崔浩云："胡祭以金人为主，今浮图金人是也。"又《汉书音义》称"金人祭天，本在云阳甘泉山下，秦夺其地，徙之于休屠王右地，故休屠有祭天金人，象祭天人也"。事恐不然。案：得休屠金人，后置之于甘泉也。（九、2908）

（2）卷一百一十一史文"祭天金人"下《索隐》：

案：张晏云"佛徒祠金人也"。如淳云："祭天以金人为主也。"

屠音储。（九、2930）

23. 蔡本、耿本卷六十三卷首有《索隐》：

二人教迹全乖，不宜同传，先贤已有成说。今则不可依循。宜令老子、尹喜、庄周同传。其韩非可居商君末。（七、2139），

兴吉按：汲古阁本中此条分见于卷十七、卷三十。汲古阁本此条二见不合理，当是自二家注本中摘录之误也。与之相同者，又见《史记》卷四十七、卷一百六。即司马贞改订篇目的内容，在汲古阁本正文中所在卷首出现，是令人费解的。

24. "大夫种"

（1）卷三十一史文"大夫种"下《索隐》：

大夫，官也；种，名也。《吴越春秋》以为种姓文。而刘氏云"姓大夫"，非也。（五、1469）

（2）卷四十一史文"大夫种"《下索隐》：

大夫，官；种，名也。一曰大夫姓，犹司马、司徒之比，盖非也。成者，平也，求和于吴也。（五、1740）

兴吉按：史文原作"大夫种行成于吴"，此处汲古阁本仅引录"大夫种"三字，而注中又注"成"字，不当。

（3）卷六十六史文"大夫种"下《索隐》：

刘氏云"大夫姓，种名"，非也。按：今吴南有文种埭，则种姓文，为大夫官也。（七、2178）

兴吉按：同一人名称谓，反复三次说明者，或者为辩刘氏之误也。

25. "尉他"

（1）卷九十七史文"尉他"下《索隐》：

赵他为南越尉，故曰"尉他"。他音驼。（八、2697）

（2）卷一百一十三史文"尉佗者"下《索隐》：

尉他。尉，官也；他，名也；姓赵。他音徒河反。又《十三州记》
云："大郡曰守，小郡曰尉"（九、2968）

兴吉按：此亦是因资料不同而注不同，又此处蔡本、耿本史文皆作"尉佗"，
汲古阁本作"尉他"。

26. "迟明"与"犁旦"

（1）卷一百十一史文"迟明"下《索隐》：

上音值，待也。待天欲明，谓平明也。诸本多作"黎明"。邹氏
云："黎，迟也"。然黎，黑也，候天将明犹黑也。（九、1935）

（2）卷一百一十三史文"犁旦"下《索隐》：

邹氏云："犁，一作'比'，比音必至反。"然犁即比义。又解犁，
黑也，天未明尚黑时也。《汉书》亦作"迟明"。迟音稚。迟，待也，
亦犁之义也。（九、2976）

兴吉按：考察两条，是司马贞对异文的记述，内容亦接近。引文"《汉书》"
下蔡本、耿本多《史记》二字。

司马贞既自负自己有补《史记》的能力，又对前人的《史记》注释有所
不信，抱定了批判的念头，即使在终止补《史记》之后，其批判的精神也并
没有丧失。是以在注释《史记》时，在辩证前人观点方面，可谓竭尽全力，
不惜笔墨，因而在《史记索隐》中有大量的重复的内容。从二家注本所保存
的这些重复注释中，我们认为，这个特点是司马贞原本的特点，而不是后来
在《史记索隐》的流传中出现的，这点在《史记》其他各家注释中是比较少
见的。

表4　《索隐》在《史记》各卷的分布表（据中华本统计）

卷数	条目数	卷数	条目数	卷数	条目数	卷数	条目数	卷数	条目数
1	103	31	95	61	40	91	27	121	30
2	94	32	53	62	15	92	34	122	48
3	47	33	56	63	66	93	18	123	34
4	85	34	42	64	11	94	8	124	36
5	48	35	23	65	22	95	56	125	22
6	106	36	26	66	37	96	21	126	32
7	66	37	35	67	116	97	38	127	19
8	134	38	39	68	51	98	19	128	38
9	28	39	88	69	131	99	32	129	118
10	58	40	85	70	78	100	12	130	86
11	22	41	45	71	37	101	20		
12	96	42	32	72	23	102	44		
13	42	43	69	73	22	103	30		
14	84	44	80	74	31	104	12		
15	66	45	38	75	31	105	81		
16	64	46	64	76	21	106	28		
17	52	47	79	77	18	107	47		
18	170	48	67	78	30	108	18		
19	106	49	79	79	59	109	30		
20	126	50	12	80	28	110	121		
21	171	51	17	81	29	111	84		
22	38	52	28	82	17	112	38		
23	63	53	19	83	82	113	42		
24	40	54	36	84	117	114	16		
25	48	55	40	85	31	115	21		
26	48	56	11	86	97	116	24		
27	171	57	62	87	50	117	307		
28	139	58	28	88	11	118	34		
29	22	59	29	89	37	119	10		
30	84	60	40	90	11	120	18		

第八章

《史记索隐》总论

　　诚如前人所指出的那样，流传至今的《史记索隐》有很多讹误，这些讹误在《索隐》各版本中产生的原因和表现有所不同：在汲古阁本《史记索隐》系统中，是因毛晋的剪切、改写的影响而产生；而在二家注本中则表现为删削、变通，这与《集解》的平衡有关。然而笔者认为，无论是汲古阁本系统还是二家注本、三家注本系统，相当多的讹误和《索隐》流变并无直接的关联，讹误产生的根本原因在于《史记索隐》本身，即《索隐》原本中就已经存在讹误。形成这种情况的主要原因在于司马贞本身的史学修养不足，导致其虽有宏大的气魄，却无足够的能力支持著述。本章就集中讨论这个问题。

一、《史记索隐》中的讹误及原因

《史记索隐》的第一个问题在体例方面。笔者认为，史注体在唐代虽然已经比较成熟，但其自身的问题如体例不够严格、注释内容随意性较大的情况依旧存在。章学诚在《文史通义·史注》中指出："迁书自裴骃为注，固书自应劭作解，其后为之注者，犹若干家，则皆阐其家学也。魏晋以来，著作纷纷，前无师承，后无从学。且其为文也，体既滥漫，绝无古人笔削谨严之意。旨复浅近，亦无古人隐微难喻之故，自可随其诣力，行于世耳。"[1] 这一批评还是很准确的，指出了史注体在发展中，体例上存在过的重大缺欠。在此种背景下，司马贞《史记索隐》中的撰注体例也不太严谨，甚至比较混乱，其中以不当出注者加以注释的情况比较突出。

这首先表现在《史记》本文中已有明确说明，不当出注的内容，而司马贞还加以注释。

1. 卷五史文"缪公"下《索隐》：

秦自宣公已上皆史失其名。今按《系本》《古史考》，得缪公名任好。（一、185）

兴吉按：此段史文下有"缪公任好元年"，司马贞在此处仅可说自己引用古书，证实了《史记》的记载是正确的，而此处自云"得"，过矣。

2. 卷五史文"怀公"下《索隐》：

厉共公子也。生昭太子，未立而卒。太子之子，是为灵公。（一、199）

兴吉按：史文有云："怀公太子曰昭子，蚤死，大臣乃立太子昭子之子。是为灵公。"二者内容基本相同，司马贞毋庸再注。

3. 卷五史文"庄襄王"下《索隐》：

庄襄王者，孝文王之中子，昭襄王之孙也，名子楚。按：《战国

---

[1] 章学诚：《文史通义》（一）第69页。

策》本名子异，后为华阳夫人嗣，夫人楚人，因改名子楚也。（一、223）

兴吉按：史文已有明言。

4. 卷八史文"三章"下《索隐》：

> 杀人，伤人及盗。（二、363）

兴吉按：此下史文有"杀人者死，伤人及盗抵罪。"即为"法三章"的内容，所以无需注释也。

5. 卷九"史文太后女弟吕婆"下《索隐》：

> 韦昭云："樊哙妻，封林光侯。"（二、404）

兴吉按：此条多余也，史文亦有之矣。

6. 卷十二史文"武安侯"下《索隐》：

> 服虔云："田蚡也。"韦昭云："武安属魏郡也。"

兴吉按：前文已经说过，此注多见，可以不注。

7. 兴吉按：史文已经明言，可以不注的，司马贞有注。《表》部分，史文已经有明确记载的，而司马贞又加以概括的例子很多。如卷二十一河间献王诸子封侯事，史文已经说明各子因是献王之子而侯。在各条之末，司马贞再注云："以上皆河间献王之子"。（三、1085—1086）

8. 卷三十七史文"共伯入厘侯羡"下《索隐》：

> 音延。延，墓道。又音以战反。恭伯名余也。（五、1591）

兴吉按：划线文字，可以不出注，以其上有史文曰："太子共伯余立。"

9. 卷四十九史文"钩弋夫人"下《索隐》：

> 按：夫人姓赵，河间人。（下略）（五、1985）

兴吉按：蔡本、耿本无划线文字，是。因其下史文有"钩弋夫人，姓赵氏，河间人也"。

10. 卷五十一史文"定塞地"下《索隐》：

> 贾将兵定塞地，塞即桃林之塞。（六、1993）

兴吉按：亦是史文已有之矣。

11. 卷五十二史文"凡（汲古阁本多"为"字）七王"下《索隐》：

> 谓将闾为齐王；志为济北王；印，胶西王；辟光，济南王；贤，淄川王；章，城阳王；雄渠，胶东王。（六、2005）

兴吉按：史文亦有说明，司马贞之注为何？

12. 卷五十八史文"梁为五国"下《索隐》：

> 长子买，梁共王。子明，济川王。子彭离，济东王。子定，山阳王。子不识，济阴王（"王"字，耿本作"五王也"）。（六、2086）

兴吉按：其下史文亦有五王的说明。此处《索隐》无必要。从耿本也有此条《索隐》来看，则司马贞原本也是如此，并非后来汲古阁本所增窜的条目。

13. 卷五十四史文"子奇代侯"下有《索隐》：

> 谥简。（六、2031）

"子时代侯"下有《索隐》：

> 尚平阳公主，谥夷。（六、2031）

"子襄代侯"下有《索隐》：

> 尚长卫公主。（六、2031）

"子宗代侯"下有《索隐》：

> 谥恭。（六、2031），

兴吉按：上述除最末条外，皆见于史文，不当注也。最末条"曹宗"，据同卷史文云："征和二年，宗坐太子死，国除。"《汉书》说："子宗嗣（平阳侯），有罪，完为城旦"。(七、2011)。如此，则曹宗不当有谥号。又据《史记》卷十八《高祖功臣侯者年表》云："元鼎元年，今侯宗元年。"司马贞未注此条。又有"元光元年，恭侯襄元年"，显然曹宗之父曹襄谥号是"恭侯"。司马贞有误。以上各条，不见于蔡本、耿本、今本，而见于汲古阁本。但张文虎也没有说明此多出《索隐》的情况。

14. 卷六十七史文"为卫大夫"下《索隐》：

> 按：服虔云"为孔悝之邑宰。"(七、2194)

此注是注子路为孔悝之家臣，而前文亦有说明。

15. 卷六十七史文"方孔悝作乱"下《索隐》：

> 按：《左传》蒯聩入孔悝家，悝母伯姬劫悝于厕，强与之盟而立蒯聩，非悝本心自作乱也。(七、2194)

此注内容在史文中已经有说明。以上二注毋庸再注也。

16. 卷六十七史文"王无重世之德"下《索隐》：

> 重世犹累世也。(七、2391)

按：史文作"王无重世之德于韩、魏，而有累世之怨焉"，由此文义已很明白，毋庸再注也。

17. 卷六十七史文"商瞿，鲁人，字子木"下《索隐》：

> 《家语》云："瞿年三十八无子，母欲更娶室。孔子曰'瞿过四十当有五丈夫子'，果然。瞿谓梁鳣勿娶，'吾恐子或晚生，非妻之过也'。"

> 按：此注文字实见于史文(七、2216)也

其次，体例上的混乱还表现在，司马贞存在引录史文失当的问题。因二家注本的《索隐》是在史文中，这个问题不是很突出，而在汲古阁本是摘录史文文句并注释，其所摘录的史文中脱字、多字的现象，不是所谓《索隐》异文，而是司马贞自己的问题，可能也有后世流传中导致的讹误。

1. 卷十史文"铜虎符"下《索隐》：

《汉旧仪》：铜虎符发兵，长六寸。竹使符出入征发。《说文》云分符而合之。小颜云："右留京师，左与之。"《古今注》云："铜虎符银错书之。"张晏云："铜取其同心也。"（二、425）。

《索隐》仅引录"铜虎符"，全不管其下还有史文"竹使符"。

2. 卷三十八史文"景公杀昭公父纠"（五、1631），汲古阁本无"杀"字，不当。或是汲古阁本脱字。

3. 卷三十七史文"败之桂陵"下《索隐》：

在威王二十六年。（五、1593）

兴吉按：其上亦有说明此齐威王二十六年事，出注不当。

4. 卷三十九史文"秦军河上"下《索隐》：

晋地也。（五、1663）

按：从注来看，仅注"河上"足矣。

5. 卷五十史文"毋刑申公"下《索隐》：

《汉书》申公名培，王戊胥靡之。（五、1990）

6. 卷五十一史文"为营陵侯"下《索隐》：

《地理志》：县名，在北海。（五、1995）

按：注文仅注"营陵"耳，引录四字不当。

以上各条汲古阁本引录史文，多出划线文字，颇失体例。

7. 卷五十二史文"岂暇先言大人而后救火乎"（五、2004）

兴吉按：此当引全句，划线文字是为节录，不当。

8. 卷五十二史文"凡为七王"（五、2008）。

兴吉按：凡七王亦通，而司马贞加"为"字，未为得也。

9. 卷六十八史文"比三"下《索隐》:

> 比者，频也。谓频三见孝公，言帝王之道也。比音必耳反。（七、
> 2228）

兴吉按：史文作"以帝王之道比三代"，汲古阁本不引"比三代"，仅引录"比三"，费解。

10. 卷六十九史文"北有林胡、楼烦，西有云中、九原"（七、2243）。

兴吉按：司马贞注文中无"林胡"的说明，故"林胡"可不引录。

11. 卷九十八史文"别击陈豨丞相敞，破之"（八、2711），指靳歙为车骑将军，又击败陈豨的丞相侯敞。汲古阁本引录史文作"豨丞相敞破之"，令人不知所云，可见司马贞节引体例之混乱也。

12. 卷九十八史文"坐事国人过律"（八、2711），汲古阁本作"事国人过律"，混乱亦同上。综上所述，《史记索隐》引史文时出现的脱漏现象更多，应是司马贞原本存在的问题，而不是汲古阁本刊行时出现的问题，否则脱漏不会如此之多。

再次，司马贞的讹误还表现为，表面上是摘录史文有误，但若是仔细考察，是司马贞注释史文位置失当。

1. 卷六十四史文今本"司马穰苴者"下《索隐》:

按：穰苴，名，田氏之族，为大司马，故曰司马穰苴。（七、2157）兴吉按：汲古阁本此条在"乃荐田穰苴"之下，不当，且与注文不合。

2. 汲古阁本误将《集解》作为《索隐》的卷十二标题下《索隐》（二，45）:

> 裴骃云："《太史公自序》云'作今上本纪'，又其序事皆云'今
> 上'，'今天子'，今或言'孝武皇帝'者，悉后人所定也。"

兴吉按：此条《索隐》汲古阁本有大字云："注《武纪》，诸先生补作"，故知此条《索隐》不是汲古阁本所增加的，而司马贞原来如此。

3. 卷七十三史文"发年十五以上"下《索隐》：

> 时已属秦，故发其兵。（七、2334）

按此条当在"河内"之下，在"发年十五以上"之下，则不知所云，引文当为"河内"。然耿本、蔡本也在此下，可知此处的讹误并不是汲古阁本的问题，而是原本于司马贞的原文也。黄善夫本"河内"下则有《正义》一条，与此《索隐》全同。

4. 卷八十七史文"则舍为天下所役何事哉，可不哀邪"，汲古阁本仅作"则舍"，其下《索隐》：

> 舍犹废也，止也。言为人主不能行圣人督责之术，则已废止，何
> 为勤身苦心，为天下所役，是何哉？"可不哀邪"，言其非也。（八、
> 2556）

兴吉按：此处当引全句，注亦当在全句下，而汲古阁本仅引录"则舍"二字不当也，且若言简略，则"则"亦可省略也。

5. 卷六十七史文"柳下惠"下《索隐》：

> 《大戴礼》又云："孝恭慈仁，允德图义，约货亡怨，盖柳下惠之
> 行也。"（七、2186）

兴吉按：蔡本、耿本无此条。以上两条皆非《大戴礼》中的文字，实际是《孔子家语》中的记载。程金造先生在《考实》一书中也将这两条《索隐》不列入所引《大戴礼》项下，可见是司马贞之误注，而不是汲古阁本的错误也。

导致司马贞出现上述问题的第一个原因在于注史理念的不足。这首先体现在司马贞对自己的学识极富自信，即使前人已有明确结论，司马贞稍有不满，即提出有疑问，加以辨证，而这些辨证有一些是有问题的。

1. 卷一《索隐》注《集解》"注《皇览》"：

> 书名也。记先代冢墓之处，宜皇王之省览，故曰《皇览》。是魏

人王象、缪袭等所撰也。（一、5）

兴吉按：《皇览》一书，据《三国志·魏文帝纪》云：魏文帝"使诸儒撰集经传，随类相从，凡千余篇，号曰《皇览》"（一、88）。[1]可见，《皇览》一书所记述内容甚多，不单只有先代的冢墓也。这是司马贞学识未尽，强解经典也。

2. 卷八史文"楚隐王"下《索隐》：

《系家》作"幽王"，名择，负刍之兄。（二、391）

兴吉按：此处《索隐》认为：楚隐王当为楚幽王，不是指陈涉，误。史文作"楚隐王陈涉"，已是明确说明此处讲的是陈胜事。清武英殿本《史记考证》云："按此五字相连，《始皇本纪》云陈胜自立为楚王，《月表》云二世元年七月，楚隐王陈涉起兵入秦，《陈涉世家》云陈胜葬砀，谥曰隐王。高祖时，为陈涉置守冢三十家砀，至今血食。《索隐》乃截楚隐王三字，另作一人，而楚无此王，则以幽王当之，殊属牵强。且幽王亦名悼，不名择也。或以六国为疑，则燕韩业已不与，安见楚之必不可遗哉"。所辩证为是。

《汉书》卷一下亦云"师古曰陈胜也"。且楚幽王并非楚国最后一王，此后还有郝（《索隐》作"犹"）、负刍（犹之庶兄）相继为王。司马贞不明就里，强自为解也。

3. 卷四十九史文"冠军侯"下《索隐》：

子夫姊少儿之子去病封也。《地理志》："冠军属河阳。"（五、1980）

兴吉按：其上史文已经明言："卫皇后所谓姊卫少儿，少儿生子霍去病。"注文所注有误。各家注冠军，皆以霍去病功冠诸将，故号之为冠军。且《汉书·地理志》中无冠军县，后来诸书才有冠军县，皆云属南阳郡。

---

[1] 见中华本《三国志》（一、88）。又按：《隋书·经籍志》云：《皇览》一百二十卷。可知唐初此书还存世百卷以上。《三国志·魏志·刘劭传》云：刘劭"受诏集五经群书，以类相从，作《皇览》"。则《皇览》是类书。查今辑本《皇览》，除了《逸礼》外，就是《冢墓记》。后者多出自《史记集解》。

4. 卷七十九史文"釜鬲"下《索隐》：

> 父历二音。款者，空也。空足是曲足，云见《尔雅》，郭氏云"鼎曲脚"也。按：以款训曲，故云"曲脚"也。（七、2419）

兴吉按：汲古阁本"釜鬲"作"注款足谓之鬲"。鬲，其上《集解》云："《尔雅》曰'款足谓之鬲'。郭璞曰：鼎曲脚。"则鬲是曲足的空足鼎。查《尔雅注疏》有"款足者谓之鬲"条云："注鼎曲脚也"。则《集解》为是。汲古阁本注释有误，先云"空足是曲足"是见于《尔雅》的说法，全无依据，然司马贞训款为曲，更是强解。蔡本、耿本、黄本作"言其足中空也"。当是后人已经知道司马贞的错误，而改正也。

其次，司马贞在注释上力求出新，在悍于立言之外，《史记索隐》中一些注释，不知是出于怎样的目的，都令人费解。突出的例子是《索隐》为《集解》做注释的条目中，引录史文或《集解》注文更为混乱，再有就是《索隐》注释所依据的资料来源不明。

1. 卷二"注苇棺"下《索隐》：

> 抵，至也，音丁礼反。苇棺者，以苇为棺。谓蘧蒢而敛，非也。

（二、90）

兴吉按：其上《集解》中并无"抵"字，仅有"下午邸水"，司马贞或指此，然读者不见《集解》，而突见"抵"字，不能释疑，反生意乱也。

再次有司马贞所辩之事不见于《集解》，而言之者。

2. 卷五史文"二世皇帝"下《索隐》：

> 十三而立。《纪》云二十一。立三年，葬宜春。秦自襄公至二世，凡六百一十七岁。此实《本纪》而注别举之，以非本文耳。（一、221）

兴吉再按："六百一十七岁"，耿本、汲古阁本作"六百二十七岁"。此《索隐》上本无《集解》，故《索隐》中的"注"字，不知所云。

3. 卷七史文"戏"下《索隐》：

> 戏音义，水名也。言"下"者，如许下、洛下然也。按：上文云项羽入至戏西鸿门，沛公还军霸上，是羽初停军于戏水之下。后虽引兵西屠咸阳，烧秦宫室，则亦还戏下。今言"诸侯罢戏下"，是各受封邑号令讫，自戏下各就国。何须假借文字，以为旌麾之下乎？颜师古、刘伯庄之说皆非。（一、320）

兴吉按：此段文字，在于解释"戏下"乃地名，并在文末指出颜师古与刘伯庄的错误，然而《史记》各本并无二人的类似论说，同时，此条前后的《集解》中也没有二人的论说，司马贞的批驳从何而来，就令人疑惑了。

4. 卷二十五史文"大至君辱"下《索隐》：

> 徐广云："如宋襄公是也。"（四、1241）

此处并无《集解》，杭州本无，司马贞的引文何来？

5. 卷四十六史文"谓成侯驺忌曰"，汲古阁本其下仅有小字注"云云"二字，此《索隐》上无《集解》，不解何意。（五、1893）

6. 卷七十四列传第十四《孟子荀卿列传》卷首下《索隐》：

> 按：《序传》孟尝君第十四，而此传为第十五，盖后人差降之矣。（七、2343）

兴吉按：司马贞所云令人费解，似乎是说其所用之《序传》本中，将《孟子荀卿列传》卷作为列传第十五，然果真如此，也只能说是其所见本也，并非当时之本都是如司马贞所言，故司马贞当云"一本作十五"可也。且汲古阁本《索隐》也是作卷十四，而蔡本、耿本、黄本的《史记》目录与《太史公自序》（即《序传》）中皆是将《孟子荀卿列传》作列传卷十四。[1]而司马贞在列传卷十四下列此条，是辨版本的异同？张文虎也说："案：今《序传》与今本次序

---

[1] 兴吉按：杭州本无《史记》目录，但《太史公自序》也还是作卷十四。

同,《汉书·司马迁传》亦同。"[1]

7. 卷史文"朱英"下《索隐》:

朱亥。即上之朱英也。作"亥"者,史因赵有朱亥误也。(七、2398)

兴吉按:蔡本、耿本、黄本皆无此条,以此处皆作"朱英"故也。而汲古阁本知作"朱亥"为误,解"史因赵有朱亥误",未必,如司马贞所见之本作朱亥,仅一亥字,或讹误也,司马贞强为之解,全无意义。且《史记》中并无朱亥者。所以张文虎说:"各本同,惟《索隐》本作'朱亥',岂司马贞独见误本,抑后人改正也?"[2]

9. 卷八十史文"乐间"下《索隐》:

音纪闲反,乐毅之子也。(七、2434)

兴吉按:蔡本、耿本、黄本无划线文字。史文有"燕王复以乐毅子乐间为昌国君",故司马贞此注可不注。

10. 卷八十史文"赵封乐乘为武襄君"下《索隐》:

乐乘,乐毅之宗人也。(七、2436)

兴吉按:此注亦可不注。然蔡本、耿本、黄本有之。史文有云"乐乘,乐间之宗也",(七、2435)而乐间是乐毅之子。以此观之,以上类似的错误,并不是汲古阁本的问题,而是司马贞注释的问题了。

11. 卷八十一史文"断其车轴末",汲古阁本《索隐》作:

上音断,都缓反。断其轴,恐长相拨也。以铁裹轴头,坚而易进也。(八、2455)。

兴吉按:体例混乱。汲古阁中用所谓"上"字时都是,注音接本字,而此处作"上音断,都缓反",不当;今本作"断音都缓反",当。

---

[1] 张文虎:《校刊史记集解索隐正义札记》(下)第 532 页。
[2] 张文虎:《校刊史记集解索隐正义札记》(下)第 544 页。

12. 卷八十四史文"渔父"下《索隐》:

> 音甫。（八、2486）

兴吉按：汲古阁本作"鱼甫二音"，黄本作"父音甫"，皆较汲古阁本简明。

13. 卷八十四史文"以为下"下《索隐》:

> 音户。（八、2488）

兴吉按：此处汲古阁本引史文"以为下"，注云："音户"，以汲古阁本的体例，是指"下"字"音户"，蔡本、耿本作"下音户"，非常简明、准确。"下"字作"户"音，见《集韵》及《洪武正韵》，是古音。

14. 卷八十五史文"举立以为适而子之"下《索隐》:

> 以此为一句。子谓养之为子也。然欲分"立以为适"作上句，"而子之夫在则尊重"作下句，意亦通。（八、2507）

兴吉按：汲古阁本"意亦通"作"并通也"。此处当引全句，否则不通。

15. 卷八十六汲古阁本"四月丙子注僚之十二年夏也，《吴系家》以为十三年，非也"下《索隐》:

> 《左氏经传》唯言"夏四月"，《公羊》《谷梁》无传，<u>《经》更与</u>
> <u>《左氏》《吴系家》同</u>。此传称"丙子"，当有所据，不知出何书。（八、2518）

兴吉按：黄本无"注"字，且将汲古阁本所引大字作为《索隐》中的小字。可见，此处的问题并非汲古阁本的问题。司马贞所说的"注"通常是指《集解》，然各本此条《索隐》上皆无《集解》，司马贞所指为何？划线文字，蔡本、耿本、黄本作"其文，此与《吴系家》皆称'丙子'"。查《吴世家》无"丙子"之说，今本是。或疑各本"注"为"王"字之讹。

16. 卷八十五史文"漆其头以（汲古阁本无"以"字）为饮器"下《索隐》:

> 案：《大宛传》曰："匈奴破月氏王，以其头为饮器。"裴氏注彼

引韦昭云"饮器，椑榼也"，晋灼曰"饮器，虎子也"，皆非。椑榼所以盛酒耳，非用饮者。晋氏以为亵器者，以《韩子》《吕氏春秋》并云襄子漆智伯头为溲杅（蔡本、耿本、黄本作杯），故云。（八、2519）

兴吉按：各本此《索隐》上无《集解》，又查《大宛传》，此内容史文下亦无《集解》，司马贞所指"裴氏注"从何而来？

17. 卷八十七史文"能薄而材谫"下《索隐》：

<u>《音义》云宰殄反</u>。刘氏音将浅反，则谫亦浅义。古人语自有重轻，所以文字有异。（八、2549）

兴吉按：《集解》云："《史记音隐》宰显反"。蔡本、耿本无划线文字。而汲古阁本作"《音义》"，是指何《音义》，是《汉书音义》？还是《史记音义》？

18. 卷九十一史文"几是乎？"下《索隐》：

<u>裴骃曰："臣瓒音机。几，近也。"</u>《楚汉春秋》作"岂是乎"，故徐广云一作"岂"。刘氏作"祈"，祈者语辞也，亦通。（八、2597）

兴吉按：汲古阁本划线文字是取自《集解》，然《集解》作"徐广曰：几一作岂。骃谓几，近也"；其中并无"臣瓒"的音注，司马贞云裴骃引臣瓒，何由也？蔡本、耿本、黄本无"裴骃曰"三字。

19. 卷九十五史文"屠煮枣"下《索隐》：

检《地理志》无"煮枣"，晋说是。《功臣表》有煮枣侯，云清河有煮枣城。小颜以为"攻项籍，屠煮枣，合在河南，非清河之城明矣"。今案《续汉书郡国志》，在济阴宛朐也。（八、2656）

兴吉按：此注中"晋说是"，是指晋灼。然此《索隐》注中并未引晋灼语，故此句来得突兀，颇为费解。查《汉书》，方可知上述此段文字来自于其卷四十一《樊郦滕灌傅靳周传》中的晋灼及颜师古注。[1]

---

[1] 中华本《汉书》（七、2070）。

20. 卷九十八史文"蕲、竹邑"下《索隐》:

> 蕲，竹，二邑名。上音机。竹即竹邑。（八、2710）

兴吉按：汲古阁本引录史文作"蕲竹"，脱"邑"字，又云"竹即竹邑"，不知何意也，至少不甚简洁。

21. 卷一百史文"布母弟丁公"下《索隐》:

> 案：谓布之舅也。（八、2732）

兴吉按：母亲之弟，即舅父也。司马贞亦出注，多余。

22. 卷一百二史文"赵几霸"下《索隐》:

> 几音祈。（八、2760）

兴吉按：注一字用三字，用"几霸"，且"几音祈"注多次出现。

23. 卷一百五史文"血如豆比五六枚"下《索隐》:

> 比音必利反。（八、2807）

兴吉按：汲古阁本此处引录八个字，仅注一个"比"字，不仅与全书的体例不合，也是不合《索隐》音注的原则。

24. 卷一百五史文"杨中倩"下《索隐》:

> 倩音七见反，人姓名也。（八、2816）

兴吉按：以司马贞的体例，注字与史文相接，则用"上"字，不引本字也。又二句注文的顺序当为"人姓名，倩音七见反"。

25. 卷一百一十四史文"注东瓯王广武侯"下《索隐》:

> 徐广据《年表》而为说。（九、2980）

兴吉按：其上《集解》中有徐广曰"《年表》云……"，而司马贞又注之，何故？

导致司马贞出现上述讹误的第二个原因是个性使然。上面已经说过，司马贞引录史文并不严谨，随意性较大，同时，在注释上也有不严肃的地方，故而疏漏甚多。

首先是随意解读史文的情况比较突出。

1. 卷八高祖本纪史文"赵歇"下《索隐》：

> 苏林音如字。郑德音"遏绝"之"遏"。徐广音乌辖反。今依字读之也。（二、356）

兴吉按：然此条上并无《集解》，《索隐》中的"徐广"注来自《史记》卷八十五《集解》。然"赵歇"于《史记》中最早见于卷七。然司马贞未出注。

2. 卷三十八史文"殷其典丧"下《索隐》：

> 《尚书》"典"作"沦"，篆字变易，其义亦殊。<u>徐广曰："典，国典也。"</u>丧音息浪反。（五、1608）

兴吉按：蔡本、黄本无划线文字；耿本"徐广曰"作"裴骃曰"，其上《集解》有云："骃谓典，国典也。"都是发现了司马贞的错误而进行的改正。

3. 卷六十三史文"学术"下《索隐》：

> 按：术即刑名之法术也。（七、2146）

兴吉按：汲古阁本中《索隐》中"之"多余也。其下史文云："韩非者，韩之诸公子也。喜刑名法术之学。"刑名与法术并列，而非从属关系。蔡本、耿本皆无"之"字。

4. 卷六十九史文"臣人之与臣于人也"下《索隐》：

> 按：臣人谓己为彼臣也。臣于人者，谓我为主，使彼臣己也。（七、2248）

兴吉按：此句文义，司马贞的释义刚好与史文本意相反，当如《正义》所云："臣人谓己得人为臣。臣于人谓己事他人。"

5. 卷一百一十八史文"蔺忌"下《索隐》：

> 蔺，姓也，音奸。《严助传》则作"间忌"，亦同音奸。（十、3078）

兴吉按：蔡本、耿本亦同音，"奸"作"字音亦同"。《史记》中无《严助传》，查《汉书》中有此传。司马贞未加注明，亦疏漏也。

6. 卷一百二十六史文"武帝时，征北海太守"下《索隐》：

> 《汉书》宣帝征渤海太守龚遂，非武帝时，此褚先生记谬耳。（十、3210）

兴吉按：汲古阁本引录史文无"时"字。查《汉书·龚遂传》有记载，同《索隐》。然褚先生所记为北海太守事，与此不同，又褚先生所记或是道听途说，故其事与龚遂相类似，皆未必是事实也，司马贞之辨证或是无端也。

其次，司马贞的引文与其注文不合者甚多，也令人费解。

1. 卷四史文"悉求夫恶"下《索隐》：

> 言今悉求取夫恶人不知天命不顺周家者，咸贬责之，与纣同罪，故曰"贬从殷王受"。（一、129）

兴吉按：注释在"悉求夫恶"部分失当，当在史文"当贬从殷王受"（一、129）下，故今本改之。

2. 卷四史文"三涂"下《索隐》：

> 杜预云：三涂在陆浑县南。岳，盖河北太行山。鄙，都鄙，谓近岳之邑。度邑，《周书》篇名。度音徒各反。（一、130）

兴吉按：划线文字为《索隐》注《集解》，《集解》引《周书·度邑》。司马贞此处并不说明，突发此言，令人费解。

3. 卷七史文"高陵县"下《索隐》：

> 按：晋灼云："高陵属琅邪。"（一、302）

兴吉按："县"，各本及今本作"君"，又脱划线文字。此处汲古阁有误，然所以致误，在于此条应在"高陵"下，可不加"君"或"县"字，由此认为当是司马贞原本有误。

4. 卷十二史文"赤星，五，宽舒之祠官"下《索隐》：

> 赤星即上灵星祠也。灵星，龙左角，其色赤，故曰赤星。五者，太一也。三一也，冥羊也，马行也，赤星也。凡五，并祠官宽舒领之。（二、484）

兴吉按：薄忌泰一、三一、冥羊、马行、赤星为五星，《索隐》仅引一而注五。

5. 卷三十三史文"周公卒后（汲古阁本无"后"字），秋未获"下《索隐》：

> 据《尚书》，武王崩后有此雷风之异。今此言周公卒后更有暴风之变，始开金縢之书，当不然也。盖由司马迁不见《古文尚书》，故说乖误。（五、1522）

兴吉按：此处说周公卒后有暴风雷雨之变，周成王与大臣始开金縢之书。《索隐》注文与引录史文内容脱节也。

6. 卷四十五史文"列侯三年，聂政杀韩相侠累"下《索隐》：

> 《战国策》作"杀韩傀"，高诱曰"韩傀，侠侯累也"。（六、1867）

兴吉按：此段中仅引录"侠累"可也。

7. 卷五十七"沮阳"下《索隐》：

> 按：《地理志》：沮阳县属上谷。（五、2070）

兴吉按：汲古阁本引史文作"阻"，而注文中作"沮"。

8. 卷六十三史文"周泽未渥"下《索隐》：

> 按：谓人臣事上，其道未合，至周之恩未沾渥于下，而辄吐诚极

言，其说有功则其德亦亡。亡，无也。《韩子》作"则见忘"，然<u>"见忘"</u>胜于"德亡"也。（七、2150）

兴吉按：注文中有划线文字注释者，引录史文中却没有相应正文，表明没有全句引录。史文云："周泽未渥也而语极知，说行而有功则德亡。"汲古阁本引录不当，或司马贞原本如此。

9. 卷六十三汲古阁本史文"太傅费无忌"下《索隐》：

> 按：《左传》作"费无极"。（七、2171）

兴吉按：史文作"使伍奢为太傅，费无忌为少傅"，引录失当也，为太傅者，伍奢也。

10. 卷七十史文"相约从亲"下《索隐》：

> 从音足容反。（七、2280）

兴吉按：一字注音，却引录四字史文。

其次是司马贞引录《经传》及其他古书时有混乱的情况。

1. 卷三十一史文"不义曹君"下《索隐》：

> 成十三年《左传》曰："曹宣公卒于师。曹人使公子负刍守，使公子欣时逆丧。秋，负刍杀其太子而自立。"<u>杜预曰："皆宣公庶子也。负刍，成公也。欣时，子臧也。"</u>十五年传曰："会于戚，讨曹成公也，执而归诸京师。诸侯将见子臧于王而立之。子臧曰：'前志有之，曰圣达节，<u>杜预曰：圣人应天命，不拘常礼也。</u>次守节，<u>杜预曰：谓贤者也。</u>下失节。<u>杜预曰：愚者，妄动也。</u>为君，非吾节也。虽不能圣，敢失守乎？'遂逃奔宋。"（五、1450）

此段文字中，划线者实际上是杜预注《左传》的文字，取自杜预的《春秋经传集解》，此书原文下有杜预的注，是夹注的形式，司马贞引录时，还是原样的引录，虽然加了"杜预曰"作间隔，但还是容易将注文与传文混淆也。又此条今本在"以成曹君"下。

2. 卷七十五史文"齐威王少子而齐宣王庶弟也"下《索隐》：

> 按：《战国策》及诸书并无此言，盖诸田之别子也，故《战国策》每称"婴子""朌子"，高诱注云"田朌""田婴"也。王劭又按：《战国策》云"齐貌辩谓宣王曰：'王方为太子时，辩谓靖郭君，不若废太子，更立郊师。靖郭君不忍。'宣王太息曰：'寡人少，殊不知。'"以此言之，婴非宣王弟明也。（七、2352）

兴吉按：汲古阁本脱划线文字，不当，或是司马贞原本缺。

最后，学界在此前已经有广泛讨论的，在《索隐》中，经常有《集解》窜入的情况。这里仅举几个例子。

1. 卷六十七史文"晏平仲"下《索隐》：

> 《大戴礼》曰（耿本中《集解》作"裴骃曰"）："君择臣而使之，臣择君而事之，有道顺命，无道衡命，盖晏平仲之行也。"（七、2186）

兴吉按：此条上今本《集解》与《索隐》文字全同，且蔡本、耿本不删此条，由此知，司马贞之文中《索隐》与《集解》的重复，并非汲古阁本所独有也。

2. 卷十二史文"而大通焉"下《索隐》：

> 韦昭云："言大能通天意，故封之乐通。"乐通在临淮高平县也。（二、464）

兴吉按：此条《索隐》由两条《集解》合成，即"韦昭云：'言大能通天意，故封之乐通。'"（耿本无）其他为另一条在"乐通侯"下的《集解》，查杭州本，同。此条当在同卷史文"乐通侯"下为当（二、463）。

综上所述，笔者认为，除了少部分还要进一步甄别之外，上述所说《索隐》中所表现出的这些问题，还是司马贞原书固有的问题。这些问题，不给予全面的订正，将不利于我们更好地使用《史记索隐》。

二、司马贞在文献学上的成就

《史记》问世之后，不断有学者试图增补，这些增补大致有两类，其一是对《史记》中叙述较少的史事进行增补，其二是对《史记》之后的史事进行增补。后者演变出了《汉书》这样的著作，而前者逐渐转化为《史记》的注释著作。所以《史记索隐》的产生并不是一个偶然的情况，它的形成既得益于汉唐时期活跃的《史记》注释活动，也得益于此时期的《史记》增补活动。上面我们已经说过，司马贞的初衷就是补《史记》兼作注释的。

诚如前述，司马贞知难而退，《史记索隐》最终没有成为《史记》的增补之作，而以《史记》的注释之书传世。从中也可以看出，历代史家对增补《史记》的谨慎态度。而距《史记》著作的年代日渐久远，流传中渗入异文大量，人们理解《史记》日益困难。由此，后人开始不断为《史记》补注，也就在所难免。《史记索隐》一书在文献学上的成就主要有以下几点：

首先司马贞注意收集前人《史记》注释的成果，他在《史记索隐后序》中详细记录了历代注释《史记》的情况，可见他重视前人成果的特色。其文曰：

> 然古今为注解者绝省，音义亦希，始后汉延笃乃有《音义》一卷，又别有《章隐》五卷，不记作者何人，近代鲜有二家之本。宋中散大夫徐广作《音义》十三卷，唯记诸家本异同，于义少有解释。又中兵郎裴骃，亦名家之子也，作集解注本，合为八十卷，见行于代。仍云亦有《音义》，前代久已散亡。南齐轻车录事邹诞生亦撰《音义》三卷，音则尚奇，义则罕说。隋秘书监柳顾言尤善此史。刘伯庄云，其先人曾从彼公受业，或音解随而记录，凡三十卷。隋季丧乱，遂失此书。伯庄以贞观之初，奉敕于弘文馆讲授，遂采邹徐二说，兼记柳公音旨，遂作《音义》二十卷。音乃周备，义则更略，惜哉！古史微文遂由数贤秘宝，故其学殆绝。

但上述诸书在后来皆已散失，全篇今存者只有裴骃的《史记集解》一部而已。程金造先生对此问题也有全面的研究，他指出："太史公司马迁的《史记》，唐以前注释者为数不少。后汉延笃始有《史记音义》一卷，后无名氏有《史记音隐》五卷。吴张莹《史记正传》九卷，南朝宋徐广作《史记音义》十二卷，梁邹诞生亦撰《音义》三卷，隋柳顾言《史记音义》三十卷，唐徐子孺《史记注》一百三十卷，刘伯庄《音义》二十卷，王元感《史记注》一百三十卷，李镇《史记注》一百三十卷，又《史记义林》二十卷，陈伯宣《史记注》一百三十卷，徐坚《史记注》一百三十卷，裴安时《史记训纂》二十卷，所有这些注解，及今都已亡佚。只有六朝宋裴骃《史记集解》、唐司马贞《史记索隐》、张守节《史记正义》三书，流传到现在，时人称为《史记》三家注。"[1] 将《史记索隐后序》和《史记正义序》做一比较，我们会注意到，张守节在此序中，完全没有提到前人关于《史记》注释，反映了两者之间明显的差距。

在上述的《史记》注家中，司马贞引用的最多的是邹诞生、刘伯庄的成果。笔者据《史记考索》中的记载做初步的统计，司马贞引用刘氏成果 175 条，而《正义》仅引录了刘氏 55 条。据水泽先生的统计，《史记索隐》三十卷中，可以收罗到刘伯庄的佚文达 192 条。[2]

后人对《史记索隐》的评价中，最突出的是肯定其引录古书的数量，这是个惊人的数字，程金造先生的统计，总数有四百一十四种，其中包含经一百一十七种，史二百六十九种，子八十六，集诗文之类四十二种。可见其征集是下了功夫的。再与《史记正义》做比较，据《史记正义研究》[3]的成果，经部二十一种，史部七十九种，子部三十三种，集部一种，合计一百三十四种。《索隐》引录古书的数量，几乎是《正义》的三倍，据此我们可以说《索隐》在保存古典方面更有成就。自唐宋之后，就有学者使用《史记索隐》中的资料来进行辑佚的工作，今天也有学者留意《索隐》中保存的古佚书，如前面说到的吴

[1] 程金造：《论史记三家注解》，《史记管窥》第 243 页。

[2] 水泽利忠：《史记会注考证校补》第八卷第 241 页。

[3] 晶：《史记正义研究》，哈尔滨师范大学 2009 年硕士论文。

汝煜先生撰写专文《司马贞〈史记索隐〉与〈竹书纪年〉》，专门针对历代利用《索隐》做《竹书纪年》的辑佚工作加以总结。指出不仅清代学者辑佚《竹书纪年》的主要资料来自于《索隐》，"且辟伪本《纪年》之谬，往往把《索隐》所载据为定谳"。他还指出，当代学者搜罗《纪年》的佚文，虽然较前代学者有所超越，但《索隐》中的《纪年》佚文还是主要的部分。[1]由此可见《索隐》所具有的文献价值。今后，随着《索隐》研究的不断深入，学界将会在程金造先生《史记索隐引书考实》的基础上，深入挖掘《索隐》的史料来源，从更广的意义上推进古文献的辑佚及扩大古史的研究。

再次，受唐代史学大氛围的影响，《史记索隐》作为史注体的著作，也走上了与裴骃《集解》大致相同的《史记》注释道路，即特别注重训释音义，注重训释、疏通文义，这样就必须首先确定文本文字是否存在着讹误。《史记》流传到唐代，文本变化很大，所以版本问题是司马贞注释《史记》前，所面临的一个不可逾越的问题，因之司马贞很是认同徐广留意《史记》版本异同的观念。在保存《史记》版本异同方面，司马贞是有突出的成绩的。

司马贞在编定《史记索隐》过程中见到了许多不同版本，汲古阁本引录史文"太史公曰已下"下《索隐》：

> 检诸本或无此论。（五、1574）

兴吉按：此处划线文字"已下"，是指《史记》卷三十五"管蔡世家"文末的"太史公曰"，可见司马贞著作《史记索隐》时的确对校过相当数量的不同版本，甚至是《史记》之外的古书版本。今本、蔡本、耿本无"已下"二字。

笔者在校勘的过程中，注意到司马贞在考订《史记》文本时，大致有五种标示形式，其一是前面说过的"一本作（包括一本、一本或作），有 11 条；其二是"有本"，有 16 条；其三是"邹诞生本"；其四是"一作"；其五是"或作"。后两者数量巨大。笔者认为："一本作（包括一本、一本或作）""有本"与"邹

---

[1] 见吴汝煜：《史记论稿》第 223~230 页。

诞生本"是司马贞有《史记》版本依据的说法；而后两者则是依据《史记》之外的著作，对《史记》本文的异同进行比较。

除此之外，司马贞还依据古书的不同版本等其他材料，指出与《史记》文本相近的文本。

如卷七十九"从唐举相"下《索隐》：

> 《荀卿书》"唐莒"。（七、2419）

兴吉按：其上《集解》云："荀卿曰：梁有唐举。"查《荀子》，通行本多作"唐举"，是司马贞所见《荀子》文本有异，故记之。

又如卷二十四史文"未及（汲古阁本作"给"）下车"下《索隐》：

> 给，《礼》文作"及"，盖声相近而字误耳。（四、1231）

兴吉按：蔡本、耿本、黄本、中统各本史文中"给"皆作"及"，故无此条《索隐》，又经典中言及此事，皆作"未及下车"。独汲古阁本作"给"，当是司马贞所见本有异。

再如卷一百一十史文"周道衰"下《索隐》：

> 案：《周纪》云："周懿王时，王室衰，诗人作怨刺之诗"。不能
> 复雅也。（九、2882）

兴吉按：汲古阁本无此条。张文虎认为："单本无此条。懿王在穆王后，不当阑出其前。案：《汉》传懿、宣并引《采薇》《六月》诗，疑亦本《史》文，司马贞见本尚完，故有此注。及宋刊单本者见《史》无其文，以为衍而删之。它刻本亦以为无可附丽而系之于此。"[1]蔡本、耿本、黄本有此条。张文虎所辩或是，则是司马贞所见本不同也。

历史人物、历史事件在历代史籍的记载中是并不一致的，有时甚至可能是前后矛盾的，在史注体的史书著作中必须面对如何解决这样的问题。《索隐》

---

[1] 文虎：《史记集解索隐正义校刊札记》（下）第 648 页。

中也存在有类似的情况，即很多时候，司马贞的前后记载是不一致的。笔者认为，古书的流传中，文本会有不同的表述，司马贞保留了此种形态，承袭了自裴松之《三国志注》以来保存异说的传统。

1. 卷二十史文"合骑侯公孙敖"下《索隐》：

《表》在高城也。（二、1031）

卷一百一十一史文"合骑侯"下《索隐》：

案：非邑地，而以战功为号。谓以军合骠骑，故云"合骑"，若"冠军""从骠"然也。（九、2926）

兴吉按：两条皆是合骑侯公孙敖事，而司马贞注一事两说也。若从前说，"合骑"是地名，若从后说，"合骑"是功名而侯的称谓。

2. 卷十五史文"赵肃侯"下《索隐》：

名语。（二、723）

卷四十三史文"肃侯"下《索隐》：

《系本》云：肃侯名言。（六、1801）

卷六十九史文"因说赵肃侯"下《索隐》：

按：《世本》云：肃侯名言。（七、2245）

兴吉按：两条皆是注赵肃侯的名字，但有两说，"语"或"言"。即使是引《世本》同一部书，也还是两种说法并存。笔者查阅陈垣先生《史讳举要》，没有找到历代讳"言"或"语"者，因之认为：司马贞引《世本》，一作"世本"，一作"系本"，显然是使用了两种不同版本的《世本》，推测之，称"世本"者，当是唐之前所形成的本子；而称"系本"者，当是唐代的通行本，所以两者记载有异。

综上所论，司马贞的文献学成就还只是司马贞成果的一部分，近年来学界对于司马贞如何辩证司马迁的错误，发现《集解》的问题，以及司马贞的音韵、训诂学上的成果都有很多的研究。其成果俱在，这里就不再重复述说了。

三、司马贞的史学思想评价

评价司马贞的史学思想，除了评价司马贞自身的史学才识之外，还应该就当时学术流派影响以及学术思潮的变化展开研究，笔者在此也做一些初步的尝试。

（1）司马贞对《史记》体例的评论

司马贞对《史记》体例的看法，反映了他对于唐以前史书体例的基本认识，在力求简洁的史注体文字中，他也注意分析《史记》的体例。

1. 卷六十三史文"李耳无为自化，清静自正"下《索隐》：

> 此太史公因其行事，于当篇之末结以此言，亦是赞也。按：《老子》曰"我无为而民自化，我好静而民自正"，此是昔人所评老聃之德，故太史公于此引以记之。（七、2143）

兴吉按：此处是司马贞分析司马迁文义、篇次，指出此处是司马迁的论赞，表明了司马贞对于史书论赞的关注。蔡本、耿本无划线文字。水泽先生云："耿、庆、彭、凌、游、殿无此注十四字。"[1]

2. 卷四十九史文"孝景帝六岁（此下蔡本、耿秉本有"建元六年"四字）崩"下《索隐》：

> 是当武帝建元六年，此文是也。而《汉书》作"元光"，误。（六、1975）

兴吉按：蔡本、耿秉本有"建元六年"，当是后人所加。司马贞所辨证为正，表明了司马贞对《史记》体例的深入了解。据《史记》本卷的体例，凡"后某某年"者，是指皇帝死后的年数，史文"窦太后后孝景帝六岁崩"即云窦太后于孝景帝死后六年卒，正当孝武帝建元六年也。如"薄太后后文帝二年，以

---

[1] 泷川资言、水泽利忠：《史记会注考证附校补》第1307页右上。

孝景帝前二年崩",（六、1572）即文帝死后二年。

（2）司马贞对人物的评论

司马贞人物的评论虽多保存在《史记述赞》中，但也有很多是体现在行文中。司马贞是传统的儒学者，所以其评论大多中规中矩。这里仅举一个例子。

卷四十七卷首汲古阁本有《索隐》：

> 孔子非有诸侯之位，而亦称系家者，以是圣人为教化之主，又代有贤哲，故称系家焉。

兴吉按：司马贞在此的议论，并无过人之处，单就《史记》体例而言，孔子与陈涉皆不足以称为《世家》，司马迁称两者为《世家》，目的在于称颂两人的功业，故不惜违背全书的体例，专门设立两《世家》。司马贞的议论是出自道统的观念。其批评《陈涉世家》定为《世家》不当，甚力；而褒扬《孔子世家》列为《世家》为合理，甚殷，是儒学者的真面目耳。

（3）司马贞的史事评论

司马贞气魄宏大，所以注释《史记》通卷，并无孰重孰轻之感，前文已经有所陈述，然而如此也反映出司马贞过于自信，且史书之注，当注者注之，不当注者可不注。强自为注，故在史事的考辨、评论上颇有悍于立言之弊。

1. 卷二十三史文"太史公曰：至矣哉！"下《索隐》：

> 已下亦是太史公取荀卿《礼论》之意，极言礼之损益，以结《礼书》之论也。（四、1171）

兴吉按：《礼书》褚少孙所补做也，此卷末有《正义》曰："此书是褚先生取荀卿《礼论》兼为之。"司马贞自己也知道，此卷末有《索隐》云："然此文皆荀卿《礼论》也。"（四、1174）在此犹然极言赞之，令人啧啧称奇也。

2. 卷三十三史文"嘉天子命"下一《集解》："徐广曰：嘉一作鲁，今《书序》作旅也。"其下《索隐》：

> 徐广云：一作"鲁"，"鲁"字误也。今《书序》作"旅"。《史记》

267

"嘉天子命"，于文亦得，何须作"嘉旅"？（五、1519）

4. 卷三十三史文"未（汲古阁本作"不"字）敢训周公"下《集解》："徐广曰：训一作诮"。其下《索隐》：

> 按：《尚书》作"诮"。诮，让也。此作"训"，字误耳，义无所通。徐氏合定其本，何须云一作"诮"也！（五、1519）

以上两条，皆是司马贞批评《集解》，但所指为未当也。第一条中，徐广明确说，作"鲁"有误，并无作"嘉旅"的说法；第二条中裴骃只是引用前人的说法，没有明指作"训"之误。两者大致是经典注释中"疏不破注"的传统而已。司马贞的批评甚力，未得要领。

3. 卷三十七史文"武公（汲古阁本引录史文作"吴公和"）"下《索隐》：

> 和杀恭伯代立，此说盖非也。按：季札美康叔、武公之德。又《国语》称武公年九十五矣，犹箴诫于国，恭恪于朝，倚几有诵，至于没身，谓之睿圣。又《诗》著卫世子恭伯蚤卒，不云被杀。若武公杀兄而立，岂可以为训而形之于国史乎？盖太史公采杂说而为此记耳。（五、1590）

此段议论，司马贞所论大致是以卫武公即位后，有德行，为后人所称道，但依旧无法有证据否定卫武公曾弑君的事实；他所说的"《诗》著"，也不是《诗经》本文，而是《毛序》中的记述，见《鄘风·柏舟》之《毛序》："共姜自誓也，卫世子共伯蚤死，其妻守义，父母欲夺而嫁之，誓而勿许，故作是诗以绝之。"而司马贞据上述记载而责难司马迁，实不得当。再见《史记评林》评论中，此处有明人邵宝、王维桢都赞同司马贞的观点。但同时明人的杨慎却说："太史公作史记日，《毛序》《左传》俱未出，是以附会若此。"[1]

---

[1] 《史记评林》卷三十七，天津古籍影印明万历年间李光缙增补本第2册第904页眉批。

4. 卷三十九史文"汾阳之邑"下《索隐》：

按：《国语》"命里克汾阳之田百万，命邳郑以负蔡之田七十万"。
今此不言，亦其疏略也。（五、1650）

此处司马贞所引《国语》中的数字，显然是数字过侈，不足信。司马迁固有所略简，并无不当。而司马贞刻意批评司马迁，过也。

5. 卷四十七史文"适周"下《索隐》：

《庄子》云："孔子年五十一，南见老聃"。盖《系家》亦依此为
说而不究其旨，遂俱误也。何者？孔子适周，岂访礼之时即在十七？
且孔子见老聃，云"甚矣道之难行也"，此非十七之人语也，乃既仕
之后言耳。（六、1909）

兴吉按："甚矣道之难行也"之句，见于今本《孔子家语》卷三"观周十一"，众所周知，今本《孔子家语》系晚出之书，其所记述未必就是事实。且古史中多不明事件，司马贞自以为如《孔子家语》[1]等儒家经典所记皆为信史，于是强生争辩，以为十七岁的孔子不当有"道之难行"的感叹，当是其学术见识、思想状态与思维习惯的真实反映。

6. 卷四十七史文"征百牢"下《索隐》：

此哀七年时也。百牢，牢具一百也。周礼上公九牢，侯伯七牢，
子男五牢。今吴征百牢，夷不识礼故也。子贡对以周礼，而后吴亡是
征也。（六、1933）

兴吉按：所谓蛮夷不知礼法者，是司马贞之强辩。吴人若不知礼法，前有云季札博物君子也，如何不知礼？此处是吴人刁难鲁人耳，司马贞之辩不当。又其云"子贡对以周礼，而后吴亡是征也"，充满了儒学者的味道，试问吴国之亡，与吴人不知周礼有何关联？

---

[1] 据陈士珂《孔子家语疏证》，上述的文句也见于《说苑·反质篇》。

7. 卷四十七史文"车子鉏商"下《索隐》：

《春秋传》及《家语》并云"车子鉏商"，而服虔以"子"为姓，非也。今以车子为主车车士，微者之人也。人微故略其姓，则"子"非姓也。（五、1942）

兴吉按：其上《集解》："服虔曰：车子，微者也，鉏商，名也。""车子"犹言"车夫"，以身份低微，不言其姓，但举其名，《集解》论说已详，并无"以子为姓"之说，司马贞之辩服虔之误，与史文无涉，似可无辩。

8. 卷六十七史文"为魏文侯师"下《索隐》：

按：子夏文学著于四科，序《诗》，传《易》。又孔子以《春秋》属商。又传《礼》，著在《礼志》。而此史并不论，空记《论语》小事，亦其疏也。（七、2203）

兴吉按：司马贞责难司马迁也，然非当也。司马迁据己之所闻而记，未必尽是史实，然司马贞所论多是据后人追论，且《正义》中也仅言：魏文侯师事子夏，咨问国政。王叔岷先生说：《正义》"孔子卒后云云，本《家语》"。[1]若如此说，仅《孔子家语》中有如此说，则司马贞所言子夏事迹，多附会之词，尤不可信也。

9. 卷七十八史文"李园女弟初幸春申君有身而入之王所生子者遂立，是为楚幽王"（七、2398）下《索隐》：

按：楚捍有母弟犹，犹有庶兄负刍及昌平君，是楚君完非无子，而上文云考烈王无子，误也。（七、2398）

兴吉按：汲古阁本无引录史文中划线文字。又"楚捍"，《楚世家》作"楚

---

[1] 王叔岷《史记斠证》（四）第2123页。按：明刊各本《孔子家语》正文中，并没有司马贞所说的"序《诗》、传《易》"等内容。仅在汲本《家语》中有小字注云："子夏所叙《诗》义，今之《毛诗序》是"，钱本《家语》也有相近的注，文字小异。又其他的明刊黄本无此注，可见此注不是王肃的注，应该是后来才添加的内容。

悍"；水泽先生云：捍，中统本作"王"。[1]

又按：司马贞所辨证未为得也。清人梁玉绳在《史记志疑》卷三十提出了对司马贞结论的疑问，并有所辨证。[2]现在笔者做一深入的考证。《史记》卷四十《楚世家》云："幽王卒，同母弟犹代立，是为哀王。"又云：哀王庶兄负刍杀哀王自立。[3]据此，楚幽王（名悍）年长于哀王无疑，且哀王庶兄负刍，必年长于哀王，但未必年长于楚幽王（名悍），故司马迁云：楚考烈王无子，或指楚幽王（名悍）出生之前，楚考烈王无子的事实，未必是舛误也。

又司马贞所云昌平君，卷六史文"令相国昌平君、昌文君发卒攻毐"下《索隐》：

> 昌平君，楚之公子，立以为相，后徙于郢，项燕立为荆王，史失其名。昌文君名亦不知也。

据此记载，则昌平君何人之子，尚不可知，如何可以认为，昌平君是楚考烈王之子，且年长于楚幽王（名悍）。卷八"楚隐王"下《索隐》：

> 《系家》作"幽王"，名择，负刍之兄。（二、391）

兴吉按：此条记载也不可信，据《楚世家》史文"二十五年，考烈王卒，子幽王悍立"，不名"择"，又不言幽王是"负刍之兄"，司马贞前后失据也。所以，司马贞所辩者，并不准确。

10. 卷九十五史文"击西丞白水北"下《索隐》：

> 案：西谓陇西之西县。白水，水名，出武都，经西县东南流。言哙击西县之丞在白水之北耳，徐广等说皆非也。（八、2656）

兴吉按：其上《集解》云："徐广曰：陇西有西县，白水在武都。"反观司马贞的辨证大致与徐广相同，其否定各说，以徐广为首，谬矣。

---

[1] 泷川资言、水泽利忠：《史记会注考证附校补》第1470页右下。

[2] 梁玉绳：《史记志疑》（三）第1284页。

[3] 中华本《史记》（五、1736）。

11. 卷一百六史文"即山"下《索隐》：

> 案：即山，山名。又即者，就也。（八、2825）

兴吉按：此处显然是以后者为正，吴楚之地未闻有名即山者，司马贞自己亦存疑，然犹保存两说，未为得也。

除了悍于立言，司马贞的一些议论也显示出其对古史中疑难杂说的理解力有所不足。

1. 卷四十一史文"庄生"下《索隐》：

> 据其时代，非庄周也。然验其行事，非子休而谁能信任于楚王乎？
（五、1753）

古书中多寓言，未必皆是史实，司马贞不知有此，疑则加以议论。且司马贞信司马迁之说，不知司马迁书中多记奇闻异说，本来就难以一一求证，司马贞想要逐一加以考辩与议论，恐失仁者见仁、智者见者的境界。

2. 卷四十四史文"说者皆曰魏以不用信陵君……（汲古阁本作云云）魏虽得阿衡之佐，曷益乎？"下《索隐》：

> 按：谯周曰"以予所闻，所谓天之亡者，有贤而不用也，如用之，何有亡哉？使纣用三仁，周不能王，况秦虎狼乎？"（六、1864）

兴吉按：司马贞引谯周所论，批评司马迁之说，亦颇牵强。

3. 卷五十九史文"中山靖王胜"下《索隐》：

> 按：《汉书》建元三年，济川、中山王等来朝，闻乐而泣。天子问其故，王对以大臣内谗，肺腑日疏，其言甚雄壮，词切而理文。天子加亲亲之好。可谓汉之英藩矣。（六、2099）

司马贞"英藩"之议论，意在指是中山靖王等关注国家大事，假使朝廷之大臣不离间天子与诸侯的关系，此辈皆为贤诸侯王，是皇家最好的凭依，这是司马贞不了解汉代史事而得出的误解。疏藩、削藩乃是汉朝廷既定的国策，所为也是皆出于天子个人的旨意，而中山靖王等人的哭诉，不可能改变汉朝廷政策的主旨，也不可能改变汉朝廷对汉各诸侯国的一贯仇视态度。

4. 卷六十二史文"余虽为之执鞭，所忻慕焉"下《索隐》：

> 太史公之美慕仰企平仲之行，假令晏生在世，己虽与之为仆隶，为之执鞭，亦所忻慕。其好贤乐善如此（汲古阁本此句作"是其好善之至也"）。贤哉良史，可以示人臣之炯戒也。（七、2137）

兴吉按：此为司马贞对司马迁的称赞。然此段文字文义在史文中亦有表明，司马贞"贤哉"之语，似可无注；又颂扬司马迁的本义似在于称颂其"好贤乐善"，却与人臣的规矩并无关系，在此司马贞强解为司马迁可为"人臣之炯戒"，反映了司马贞受礼教影响至深的思想。

四、《史记索隐述赞》评价

《史记索隐述赞》是司马贞著《史记索隐》中的重要部分，也是其区别于其他二家注释的关键点，《述赞》集中地体现了司马贞的史学思想与修养，也代表了唐代史学思想的发展水平。

首先我们来探究一下《史记索隐述赞》的旨向与归属问题。《史记索隐述赞》在学术门类上应该属于史学评论的范畴，也就是古代史学中所说的论赞的范围。中国古代史书中的论赞，包含着史论、史赞两种形式，是中国史学评论的重要形式，集中地反映了我国历史学家史学思想的发展历程。论、赞的分类与发展过程，刘知几在《史通·论赞》中列举了自司马迁之后史论的各种名称后说："史官所撰，通称史臣，其名万殊，其义一揆，必取便于时者，则总归论、赞。夫论者，所以辩疑惑，释凝滞，若愚智共了，固无俟商榷。丘明'君子曰'者，其义实在于斯。司马迁始，限以篇终，各书一论，必理有非要，则强生其文，史论之烦，实萌于此。"接着，他又阐述了史赞的发展过程："马迁《自序传》后，历写诸篇，各叙其意。既而班固变为诗体，号之曰述。范晔改彼述名，呼之以赞。寻述赞为例，篇有一章。事多者则约之，使少；理寡者张之，令大，名实多爽，详略不同。且欲观人之善恶，史之褒贬，盖无假于此也。"从中可以看出，刘知几已经比较清楚地指出了论、赞的两个形式，即史论与史赞。在说到两个史学批评问题上的差别时，他指出：史论是要做到补充史事，所谓"史之有论也，盖欲事无重出"；而史赞，则是实现"观人之善恶，史之褒贬"的目标。[1]

总结史论、史赞的发展历程，如果将前四史与唐初的《晋书》中论赞的分布情况做一个表格，会注意到有这样一个情况：

表5　前四史、《晋书》史论、史赞名称对比表

史书名	史论名称	史赞的表述
史记	太史公曰	《自序》"作"
汉书	赞曰	《叙传》"述"[2]
后汉书	论曰	赞曰
三国志	评曰	
晋书	史臣曰	赞曰

上述史书的论、赞，各有所不同，史论在《史记》《汉书》中的"太史公曰""赞曰"在每篇之末。而史赞则在"太史公自序"与"汉书叙传"中。就用途而言，在《史记》《汉书》中，论是史家的评论，而赞是对每篇核心内容的概括兼有评议。《后汉书》的"论曰""赞曰"皆在每篇之末；《晋书》的"史臣曰""赞曰"都与此相同。就文体而言，史论各书皆用散文体，而史赞，仅《史记》多用四言韵文，兼用长短句，而《汉书》之后，皆用四字韵文。

刘知几在论及史赞时，总结了班固与范晔两个人的体例，他使用了"述赞"一词，当是唐代学界已经普遍使用的名词，以代替单字词"赞"。[3]而且《史记

---

[1] 刘知几、浦起龙：《史通通释》第81.83页。

[2] 兴吉按：此处班固或无深意，只是有相对于司马迁而言，取孔子"述而不作"之意吧。

[3]注释《史通》的清人浦起龙也说："论谓篇末赞辞，赞谓论后韵语"。

索隐述赞》，在内容上基本上体现了刘知几所说的"观人之善恶，史之褒贬"。从体例上看，四字韵文的《索隐述赞》也切合唐代史赞标准化的要求。所以说，《索隐述赞》在史学论赞中，是属于史赞的范围。

司马贞为何要作《索隐述赞》？司马贞自己对这个问题也有明确的阐述，在《史记》旧本的三家注、二家注本（张杅本、耿秉本例外）中，《五帝本纪》"索隐述赞"之后，有一段文字，对这个问题做了正面的说明。其文曰：

> 右述赞之体，深所不安。何者？夫叙事美功，合有首末，惩恶劝善，是称褒贬。观太史公赞论之中，或国有数君，或士兼百行，不能备论终始，自可略申梗概，遂乃颇取一事，偏引一奇，即为一篇之赞，将为龟镜（汲古阁本《史记索隐》作"鉴"），诚所不取，斯亦明月之珠，不能无类矣。今并重为一百三十篇之赞云。[1]

此段文字，在前面曾经引录过，这里是从司马贞思想的角度再次引录。从这段文字，我们可以看出，司马贞在这里用了"赞论"一词，乃是使用了《后汉书》之后对"史赞"的通行说法，他不满意司马迁史赞的体例，认为司马迁在史赞中，叙事不全，未有首末相合，没有终始。客观而言，司马贞的论说并非臆断，或是对司马迁的刻意批评，反而是比较准确地看到了司马迁的史赞特点。

在《史记索隐序》中，司马贞说："初欲改更舛错，裨补疏遗，义有未通，兼重注述。然以此书残缺虽多，实为古史。忽加穿凿，难允物情。今止探求异闻，采摭典故，解其所示解，申其（张杅本无"所示解申其"五字）所未申者，释文演注，又重述赞。凡三十卷，号曰《史记索隐》。"《补史记序》中则说："贞谢颥门人。非博古而家传是学，颇事讨论，斯欲续成先志，润色旧史，辄黜陟升降，改定篇目，其有不备并采诸典籍，以补阙遗。其百三十篇赞记，非周悉，并更申而述之，附于众篇之末，虽曰狂简，必有可观，其所改更，具条于后。"从中可以知道，司马贞在放弃了补《史记》之后，还是有所不甘，他认为《史

---

[1] 今本《史记》中无此段文字，张文虎《札记》中也没有说明。

记》的论赞还有很多不足，还想做一些补救。不过，司马迁在太史公自序中的"赞"，我们认为更具有总览《史记》各篇纲目的意义。司马贞或受此影响，他的《述赞》，也可能是他在构思补《史记》的纲目，补《史记》不成，而他的一百三十篇的纲目还保存下来，司马贞舍不得割弃，于是附在全书之末。

司马贞的《述赞》既然是属于入唐之后标准化史赞的范围，自然就与史赞最初的范本《汉书》中的史赞相近，而与《史记》中的史赞相远，这是也司马贞的所处的时代特点所决定的，也和他对抱有司马迁的批评态度相一致，这种批评的态度促使他补《史记》，也促使他展开对《史记》的批评。

我们做一些比较就可以看出这个特点：

如《史记·高祖本纪》篇末：

> 太史公曰：夏之政忠。忠之敝，小人以野，故殷人承之以敬。敬之敝，小人以鬼，故周人承之以文。文之敝，小人以僿，故救僿莫若以忠。三王之道若循环，终而复始。周秦之闲，可谓文敝矣。秦政不改，反酷刑法，岂不缪乎？故汉兴，承敝易变，使人不倦，得天统矣。朝以十月。车服黄屋左纛。葬长陵。

汉王朝兴起的原因何在，是汉初史家必须回答的问题。司马迁以历史循环演变中承善弃弊的观念，在此处的史论通过总结三代与秦王朝的接续中，历代施政的利弊，正面回答了这个问题，也是对汉王朝的兴起所作的正面肯定。行文中完全没有反映刘邦的个人事迹，这就是司马贞所说的"颇取一事，偏引一奇"。

而在《太史公自序》中，司马迁说：

> 子羽暴虐，汉行功德；愤发蜀汉，还定三秦；诛籍业帝，天下惟宁，改制易俗。作高祖本纪第八。

在上述的论赞中，司马迁用最精炼的语言，承袭了"太史公曰"的思路，对《高帝本纪》的汉兴的过程及业绩进行了全面的概括，而且突出了刘邦与项羽的差别。

班固在《叙传》中则说：

> 皇矣汉祖，纂尧之绪，实天生德，聪明神武。秦人不纲，罔漏于
> 楚，爰兹发迹，断蛇奋旅。神母告符，硃旗乃举，粤蹈秦郊，婴来稽
> 首。革命创制，三章是纪，应天顺民，五星同晷。项氏畔换，黜我巴、
> 汉，西土宅心，战士愤怒。乘衅而运，席卷三秦，割据河山，保此怀
> 民。股肱萧、曹，社稷是经，爪牙信、布，腹心良、平，龚行天罚，
> 赫赫明明。述《高纪》第一。

《索隐述赞》则说：

> 高祖初起，始自徒中。言从泗上，即号沛公。啸命豪杰，奋发材
> 雄。彤云郁砀，素灵告丰。龙变星聚，蛇分径空。项氏主命，负约弃
> 功。王我巴蜀，实愤于衷。三秦既北，五兵遂东。氾水即位，咸阳筑
> 宫。威加四海，还歌大风。

至于两者的差别，只是在于司马贞没有言及刘邦的先世，这是因为史记本
文中也没有言及。《述赞》中体现了司马贞一贯的批评态度，不仅集中在对"太
史公曰"，也对"太史公自序"的概括进行了批评。

当然如果从体例上说，司马贞的《述赞》与《汉书》的述赞是比较一致的，
思想上难免有继承关系，但总体而言，司马贞对于汉兴以及刘邦个人事迹的概
括还是比较准确的，至少是没有像班固那样在论赞中，直接地、毫不掩饰地哄
抬刘邦。

《史记述赞》是司马贞用力最勤的地方，《述赞》从体例到内容，都充分地
展示出了司马贞的史学思想。司马贞在《索隐后序》中认为，司马迁的史赞"既
非周悉"，所以他要补做；在补作中也呈现了自己的特点。

司马贞的《述赞》的第一个特点，是他虽然受到了唐代史赞的影响，但是
他在继承司马迁的笔法上还是下了功夫的，主要表现在是要概括《史记》每篇
的全部内容，以弥补司马迁史赞的不足。入唐之后，史书的"述赞"与此前的

史论,内容上颇多重复,刘知几曾进行了剧烈的批评。但是刘知几同时也承认:在班固之后,各家著作仿此体例,已经蔚然成风。我们认为,司马贞的《述赞》注意到了这个问题,他的《述赞》与唐代史赞有所不同。

我们看司马迁的卷四十七《孔子世家》篇末史论:

> 太史公曰:《诗》有之:"高山仰止,景行行止。"虽不能至,然心乡往之。余读孔氏书,想见其为人。适鲁,观仲尼庙堂车服礼器,诸生以时习礼其家,余祗回留之不能去云。天下君王至于贤人众矣,当时则荣,没则已焉。孔子布衣,传十余世,学者宗之。自天子王侯,中国言《六艺》者折中于夫子,可谓至圣矣!

《太史公自序》则说:

> 周室既衰,诸侯恣行。仲尼悼礼废乐崩,追修经术,以达王道,匡乱世反之于正,见其文辞,为天下制仪法,垂《六艺》之统纪于后世。作《孔子世家》第十七。

从史论到史赞,司马迁都把重点放在了孔子的时代以及他对经术的整理及贡献。语言上,充满了对孔子为人的敬仰,体现了司马迁对孔子个人魅力与学术影响力的无限向往。

而我们再看《史记·孔子世家》后的《索隐述赞》:

> 孔子之胄,出于商国。弗父能让,正考铭勒。防叔来奔,邹人猗足。尼丘诞圣,阙里生德。七十升堂,四方取则。卯诛两观,摄相夹谷。歌凤遽衰,泣麟何促!九流仰镜,万古钦躅。

从孔子的先世以及迁徙,到孔子的诞生再到孔子的事迹,加上司马贞的评论,完完整整,是最全面的概括,内容远比司马迁本人的论赞丰富。只是其对孔子的评价,却是与汉唐以来的评价并无二致,"九流仰镜,万古钦躅"是山呼万岁式的表述,缺少司马贞个人的色彩。

《史记索隐述赞》的第二个特点是，司马贞受班固、范晔的影响，过于追求形式上的统一与严整，已经到了妨害文意的程度。而这种追求文采、形式划一的特点，却是刘知几所嘉许的。由此可见，司马贞的述赞在实际上不只是他个人思想的反映，也是唐代史学思想的集中反映。

我们仅仅从《史记述赞》在"五体"的字数分布上，就可以看出司马贞的基础思想。据笔者统计，《史记述赞》五体中，对"十二本纪"，"述赞"多用二十句，80字；对"十表"，"述赞"有所区别，"三代世表"用十四句，56字，"十二诸侯年表"用十二句，48字，"秦楚之际月表"到"汉兴以来将相名臣年表"各表皆为十六句，64字；对"八书"，用十二句，48字；对"世家"，用十六句，64字；对"列传"，多用十句，40字。[1]

虽然有人会认为，上述的数字统计只是一个文字数量的多少问题，似乎无关司马贞的思想。但我们认为，司马贞正是想通过《史记述赞》来展示自己的史观，用如此整齐划一的形式，来全面揭示和概括《史记》每卷的内容，从而展示自己的思想境界。同时笔者认为，将五体的《史记述赞》分为不同句数的做法，是司马贞固有的等级观念导致的，从他要将"陈涉世家"降为列传，"项羽本纪"降为世家的最初动议，可以显示出来。同时，"本纪"中的"述赞"仅有《吕太后本纪》《孝文本纪》两个本纪用十六句，64字。《吕太后本纪》原也是司马贞要降级改写的部分。而列传中仅有《儒林列传》的"述赞"用十二句，48字，也表明了司马贞明晰的儒者唯尊的立场。

或因为上述的原因，司马贞的《史记述赞》虽然保存在众多的《史记》版本中，但是这种形式没有为后来的《史记》研究者所继承，甚至对《史记述赞》的研究也很少，这从一个侧面也能说明司马贞的《史记述赞》并没有得到后来学界的普遍认同。

当然，这个问题并不是司马贞个人的问题，刘知几对司马迁的史论、史赞

---

[1] 兴吉按："本纪"中，仅有《吕太后本纪》、《孝文本纪》两个本纪用十六句，64字；列传中仅有《儒林列传》的"述赞"十二句，48字。

就有激烈的批评，这些批评自然不全是出自刘知几个人的喜好。唐代史学家对司马迁论、赞的批评，来自于中国史学发展中的周折。中国史学，至少从目录学的角度来说，在魏晋之后已经摆脱了经学的荫庇，成为独立的学科。这种独立的过程中，史学家有特立的风格，成为一种要求，集中反映在史书的体例上，严谨的《汉书》体例就成为时人追求的典范。统一的体例，完整的论赞是史家的不懈追求。形式的要求，势必会妨害思想的驰骋。观刘知几之论史赞，司马贞之补史赞，皆可做如是观。因此《史记索隐述赞》在后世没有得到很好的反响，历代学者对于司马贞所补作《史记述赞》一百三十篇，大多没有很高的评价，极端者甚至主张可以删掉这些《述赞》。

笔者认为，《索隐述赞》所以有如此的境遇，有以下几个原因：

第一，司马迁与司马贞在思想上存在很大的差异，这种差异使得他无从理解司马迁的笔法，在《述赞》的撰写上就难免与史文有差距。同时，过于追求文采、文气，使得评论变成了流于空洞的虚文。

如《伯夷列传》中的《索隐述赞》：

> 天道平分，与善徒云。贤而饿死，盗且聚群。吉凶倚伏，报施纠纷。子罕言命，得自前闻。嗟彼素士，不附青云！

最后两句，实际是司马迁的牢骚话，即"闾巷之人，欲砥行立名者，非附青云之士，恶能施于后世乎"。[1]这是指伯夷、叔齐二人得孔子的赞誉，得以名垂青史，而司马迁却怀才不遇，或由此发出个人的感伤而已，未必有深远的境界。司马贞却将此句也概括入《述赞》，是想论说司马迁的感触，还是语及伯夷叔齐的结局，令人费解，即就《述赞》自身体例而言，也不是很严谨。

同传中，司马迁在开篇后不久就用"太史公曰"[2]展开论说，其中介绍伯夷的事迹不多，主要是夹杂司马迁自己对人生世事的议论。

---

[1] 中华本《史记》（七、2127）。

[2] 兴吉按：蔡梦弼本在此上另起一段。

《太史公自序》中说："末世争利，维彼奔义；让国饿死，天下称之。作伯夷列传第一。"毫无疑问，司马迁是个理想主义者，他崇尚的是为理想，甚至是功名而不懈努力的人，也全力为之鼓吹。其称颂伯夷、孔子、项羽等人皆如此类。所以，他的《伯夷列传》，就是理想主义的颂歌，倡导为"义"（理想）而生、而死。这和司马贞的思想有很大的距离的是显而易见的。

第二，《述赞》中所反映司马贞的史学思想，也是唐代史学方法的直接反映，具有着典型的唐代史学的特征。首先是"述赞"的体例方面，自司马迁开始的史赞，在《汉书》中已经比较成熟，形成了"诗体"的史赞，主要是说每句的押韵。近年来研究赞体文的学者指出：班固的"赞曰"在形式上，多数采用四言的形式，偶尔也使用杂言，语言比较典雅，篇幅短小，为后世赞体所仿效，刘勰《文心雕龙·史传》中评班固《汉书》"赞序弘丽，儒雅彬彬，信有遗味"。唐代刘知几《史通》也说："孟坚辞惟温雅，理多惬当。其尤美者，有典诰之风，翩翩奕奕，良可咏也。"刘勰、刘知几二人的评论都指出班固语言风格上典雅的特点，这与四言体的特点有关，刘勰说："四言正体，雅润为本"；也与班固的自觉文风追求与审美有关，班固在《典引序》中批评司马相如的《封禅文》"靡而不典"，批评扬雄的《剧秦美新》"典而不实"，反映了班固对于"典"的重视。[1]刘勰与刘知几的思想比较契合，以及刘知几对班固的"典诰之风"的史论的嘉许，都是唐代史学实践与史学思想的真实反映。

在中国史学史上，范晔的"赞"可以说是标准化史赞的开始，但其形式上全用四言，形成了过于追求典雅的结果，必然导致因文害义，不仅形式上呆板，而且不利于作者进一步抒发自己的思想。司马贞的史赞，基本只是对于传主事迹的概括，很少有过人的见识，同时，正是受时代的各种影响，文体也进入了比较呆板的时期，四字一句的形式，决定了在内容上也很难有更高的史学见解。

第三、史论、史赞用途原本各异，二者最初分在各篇末与"叙传"中。司

---

[1] 参见李成荣2006年硕士论文《先唐赞文体研究》第10页。

马迁、班固都是如此，范晔之后，论后加"赞"，内容多少有些重复，体例上已经是叠床架屋，至于唐初，官方编写《晋书》，在每篇末"史臣曰"之后，还有"赞"。文字多是虚文，有时所述的内容不着边际，刘知几对此也曾给予猛烈的批评。而司马贞的《述赞》也有唐代史赞的成分，后人给予批评也是很正常的。既然史赞本来是叙传中具有概括全篇宗旨的文字，是作者对于篇章的构思，旨在使读者了解本篇的大概以及创作本篇的缘由，司马迁、班固各篇的史赞相连，是叙传行文的需要。《后汉书》之后，论、赞相连，虽有重复，但从内容上也是彼此关照。而我们注意到在毛晋汲古阁本《史记索隐》中的《述赞》，既非在全书之末，也不是分在各卷，而在卷二十九、卷三十之中，前无引言，后接"补史记序"，往来突兀，既不足以成为《史记》全书的纲目，也不是《索隐》全书的引子，单独成篇的《述赞》，处境尴尬，又其与史文割裂，单独的"述赞"，顿成无根之水，容易被人忽略乃至于遗忘。观《史记》二家注本、三家注本，将《述赞》分置《史记》各篇之末，贴近史文，其中固有体例的原因，便于读者阅读也是一种考虑吧。

日本学者青木五郎在《史记索隐考论》一文中说："我在前面已经说过，司马贞对于《史记》体例的批评，是想基于自己的意图构思完备的史书，其具体化的实施就是《三皇本纪》的补撰与《索隐述赞》的撰述，即前者是《史记》体例批评的具体化，后者则是对司马迁论赞批评的具体化"。这最早地指出了司马贞《索隐述赞》的基本旨向。司马贞为唐人，因时代的隔阂，对古人的批评已经可以毫无顾忌，其在《述赞》批评汉武帝说"日不暇给，人无聊生。俯观嬴政，几欲齐衡"的话，也不是作为当时人的司马迁所能提出来的，也反映了唐人史学的特点。

司马贞从补《史记》到注释《史记》的转变，导致了其撰写《索隐》指导思想的变化，在司马贞重新撰述《史记索隐》的时候，就直接地影响了他的撰述体例。首先他的重点是放在了注释方面，特别是训释音义方面，其次则是他将对《史记》的一些看法，即他最终也没有舍弃他的补《史记》的想法，只不过是将补改成了重新做"史记述赞",保存下来,特别是把史学议论部分集中体现在《史记索隐述赞》之中,其中也不乏个人色彩浓厚的评论,例如其论陈涉。虽然司马贞从史书的体例出发,有过将《陈涉世家》降为列传的看法,但他对于陈涉个人及其功业,也是抱有深切的同情,所以他在《述赞》中所说"庄贾何人,反噬城父"的话,其中所包含的对陈涉之死的无限惋惜,也是后来史家中所少见的。此外,《述赞》也是《史记索隐》与《史记》其他二注《集解》《正义》的明显差异之一,也可以看作是司马贞《史记索隐》的独到之处。

参考书目与论文目录

一、《史记索隐》版本及对校资料

[1] 《史记集解》，文学古籍刊行社 1955 年据北京图书馆藏南宋绍兴初杭州刻《史记集解》影印本（简称杭本）。

[2] 《史记集解索隐》，南宋淳熙三年（1176）张杅桐川郡斋本（简称张本），国图藏本。

[3] 《史记集解索隐》，南宋淳熙八年（1181）张杅刊耿秉重修本（简称耿本），中华再造善本据北图藏 130 卷本影印。2003 年版。

[4] 《史记集解索隐》，南宋乾道七年（1171）蔡梦弼本（简称蔡本），中华再造善本据北图藏 130 卷本影印。2003 年版。

[5] 《史记集解索隐正义》，南宋黄善夫本（简称黄本），1996—1998 年日本汲古书院古典研究会丛书本，此本据日本历史民俗博物馆藏本影印。

[6] 《史记集解索隐》，蒙古中统二年（1260）段子成刊明修本（简称中统本），中华再造善本据北图藏 130 卷本影印，2006 年版。

[7] 《东莱先生增入正义音注史记详节》，元刻本，日本宫内厅书陵部藏本。

[8] 《史记集解索隐正义》，明嘉靖九年（1530）南京国子监张邦奇、江汝璧刊本（简称明南监本九年本，南九本），国图藏本。又三秦出版社 2000 年影印版。

[9] 《史记集解索隐正义》，明万历三年（1575）年南京国子监余有丁校刊本（简称明南监本三年本、南三本），国图藏本。

[10] 《史记集解索隐正义》，明万历二十四（1596）年北京国子监刘应秋、杨道宾校刊本（简称明北监本），国图藏本。

[11] 《史记集解索隐正义》，明万历二十六（1598）年南京国子监冯梦祯校刊本（简称明南监本二十六年本、南二十六本），国图、日本内阁文库藏本。

[12] 明凌稚隆：《史记评林》（评林本），天津古籍出版社 1998 年影印明李光缙增补本。

[13] 《史记索隐》，明崇祯十四年（1641）毛氏汲古阁刊本，安平秋先生、日本内阁文库藏本。

[14] 《孔子家语》，明汲古阁毛晋刊本，日本公文书馆藏本。

[15] 《史记集解索隐正义》，清乾隆四年(1739)武英殿校刊本，民国五年（1916）涵芬楼影印本。

[16] 《明治新刻·史记评林》，日本明治十四年（1882）东京印刷会社印本。

[17] 《史记索隐》，清光绪十九年（1893）广雅书局刊本。

[18] 《史记校勘记》，清光绪二十一年（1895）陕西味经书院刊本。

[19] 《归震川评点本史记》，清光绪二年（1910 年）武昌张氏校刊本。

[20] 《影宋百衲本史记》，1909 年商务印书馆涵芬楼借涭阳陶氏本影印本。

[21] 《孔子家语》，商务印书馆《四部丛刊初编》本，为影印江南图书馆藏明覆宋刊本。

[22] 《孔子家语》，汲古阁校，吴郡宝翰楼刊本，日本公文书馆藏本。

[23] 《汉书》，中华书局 1962 年版。

[24] 《史记》点校本，中华书局 1982 年版。

[25] 《丛书集成初编》本《史记索隐》，中华书局 1991 年排印本。

[26] 《史记索隐》，四川出版集团巴蜀书社、人民出版社 2010 年《二十四史研究资料汇编·史记》，影印清末广雅书局本。

[27] 王璐、赵望秦整理：《史记索隐》，陕西师范大学出版社 2018 年 9 月版。

二、《史记索隐》相关研究书籍

[1] 晋杜预注：《春秋经传集解》，上海古籍出版社 1978 年版。

[2] 唐陆德明：《经典释文》，清同治辛未粤秀山文澜阁重刻抱经堂本。

[3] 唐刘知几撰、清浦起龙释：《史通通释》，上海古籍出版社 1978 年版。

[4] 宋郑樵:《通志》,中华书局 1987 年影印民国万有文库本。

[5] 明毛扆:《汲古阁珍藏秘本目录》,商务印书馆 1937 年初版,1959 年补印本。

[6] 清方苞:《史记注补正》,见《史记订补文献汇编》,北京图书馆出版社 2004 年 4 月版。

[7] 清永瑢等:《四库全书总目提要》,中华书局 1965 年影印版。

[8] 清梁玉绳:《史记志疑》,中华书局 1981 年版。

[9] 清章学诚:《文史通义》,商务印书馆 1934 年《万有文库》本。

[10] 清王念孙:《读史杂记》,清光绪二十年上海醉六堂石印本。

[11] 清钱大昕:《二十二史考异》,上海古籍出版社 2004 年版。

[12] 清钱大昕:《十驾斋养新录》,上海书店 1983 年版。

[13] 清钱大昕:《考史拾遗》,商务印书馆 1958 年版。

[14] 清王鸣盛:《十七史商榷》,上海书店出版社 2005 年版。

[15] 清林茂春:《史记拾遗》,见《史记订补文献汇编》。

[16] 清卢文弨:《抱经堂文集》,清乾隆四十九年~嘉庆元年卢氏抱经堂丛书本。

[17] (日本)水泽利忠:《史记会注考证校补》(全九卷),(日本)《史记会注考证》校补刊行会 1957—1970 版。

[18] 清张文虎:《校刊史记集解索隐正义札记》排印本,中华书局 1977 年版。

[19] 清张文虎:《校刊史记集解索隐正义札记》,见《史记订补文献汇编》,北京图书馆出版社 2004 年影印版。

[20] 陆永品点校整理:《史记论文·史记评议》,东北师范大学出版社 1985 年版。

[21] 邵懿辰撰、邵章续录:《增订四库简明目录标注》,上海古籍出版社 1979 年版。

[22] 崔述:《史记探源》,中华书局 1986 年 9 月版。

[23] 张元济:《校史随笔》,商务印书馆 1990 年影印 1938 年版。

[24] 张元济:《涉园序跋集录》,古典文学出版社,1957 年版。

[25] 贺次君:《史记书录》,商务印书馆 1958 年版。

[26] 顾颉刚：《史林杂识初编》，中华书局 1977 年版。

[27] 池田四郎次郎著，池田英雄增补：《史记研究书目解题稿本》，日本明德出版社 1978 年版。

[28] 傅增湘：《藏园群书经眼录》，中华书局 1983 年版。

[29] 王重民：《中国善本书提要》，上海古籍出版社 1983 年版。

[30] 程金造：《史记管窥》，陕西人民出版社 1985 年版。

[31] （日本）泷川资言、水泽利忠：《史记会注考证附校补》，上海古籍出版社 1986 年版。

[32] 杨燕起、陈可青、赖长扬编：《历代名家评〈史记〉》，北京师范大学出版社 1986 年版。

[33] 尾崎康：《正史宋元版の研究》，（日本）汲古书院 1989 年版。

[34] 《中国古籍善本书目·史部》，上海古籍出版社 1991 年版。

[35] 朱东润：《史记考索》，华东师范大学出版社 1996 年版。

[36] 池田英雄：《史記学 50 年—日中"史記"研究の动向》，（日本）明德印刷出版社 1996 年版。

[37] 张元济《百衲本二十四史校勘记—史记校勘记》，商务印书馆 1997 年版。

[38] 缪荃孙、吴昌绶、董康撰，吴格整理点校：《嘉业堂藏书志》，复旦大学出版社 1997 年版。

[39] 程金造：《史记索隐引书考实》，中华书局 1998 年版。

[40] 叶德辉：《书林清话》，北京燕山出版社 1999 年版。

[41] 张玉春：《史记版本研究》，商务印书馆 2001 年版。

[42] 杨海峥：《汉唐史记研究论稿》，齐鲁书社 2003 年版。

[43] 张兴吉：《元刻史记彭寅翁本研究》，凤凰出版社 2006 年版。

[44] 王叔岷：《史记斠证》，中华书局 2007 年版。

[45] 应三玉：《〈史记〉三家注研究》，凤凰出版社 2009 年版。

三、《史记索隐》相关论文

[1] 赵澄：《史记板本考》，《史学年报》第 1 卷第 3 期，1931 年。

[2] 黄文弼：《史记源流及其体例》，《说文月刊》1944 年第 4 卷。

[3] 青木五郎：《史记索隐论考》，《国立京都工业高等专门学校报告书》1969 年度第 1 号。

[4] 青木五郎：《司马贞的史学——论《史记索隐》在史学史上的地位》，《加贺博士退官纪念、中国文史哲学论集》，1979 年加贺博士退官纪念论集刊行会出版。

[5] 游尚功：《史记索隐声类》，《贵州大学学报》1981 年第 1 期。

[6] 吴汝煜：《司马贞〈史记索隐〉与〈竹书纪年〉》，《文献》1983 年第 2 期。

[7] 安平秋：《史记版本述要》，《古籍整理与研究》1987 年第 1 期。

[8] 赵英翘：《史记三家注体例略述》，《社会科学辑刊》1988 年第 2 期。

[9] 陈连庆：《史记板本述略》，《中国古代史—陈连庆教授学术论集》，吉林文史出版社 1991 年版。

[10] 李梅训：《司马贞生平著述考》，《安徽师范大学》(人文社会科学版) 2000 年 2 月第 1 期。

[11] 袁传璋：《"史记会注考证新增正义的来源和真伪"辨正》，《河南大学学报 (社会科学版)》 2000 年第 2 期。

[12] 张兴吉：《元刻〈史记〉彭寅翁本研究》，北京大学 2003 年博士论文。

[13] 张玉春：论单行本《〈史记索隐〉的唐写本特点》，《史学集刊》2002 年年第 2 期。

[14] 张丽娟：《明代建阳书坊慎独斋刻书考述》，《王重民先生百年诞辰纪念文集》，北京图书馆出版社 2003 年版。

[15] 蔡先锋：《关于〈史记索隐〉的几个问题》，安徽大学 2004 年硕士论文。

[16] 范景斌：《略论司马贞〈史记索隐〉 的批判精神》，《华北水利水电学院

学报（社科版）》2005 年第 4 期。

[17] 李成荣：《先唐赞文体研究》，2006 年硕士论文。

[18] 范景斌：《略论司马贞〈史记索隐〉对〈史记〉的驳正》，郑州大学 2007
      年硕士论文。

[19] 王涛：《司马贞补〈史记〉 及其对〈史记〉版本的影响》，《山东教育学
      院学报》2007 年第 1 期。

[20] 王涛：《元前〈史记〉诠释文献研究》，山东大学 2008 年博士论文。

[21] 冯晶：《〈史记正义〉研究》，哈尔滨师范大学 2009 年硕士论文。

[22] 王勇：《明毛晋刻〈史记索隐〉研究》，南京师范大学 2009 年博士论文。

[23] 张兴吉：《影宋百衲本〈史记〉考》，《中国典籍与文化》2010 年第 1 期。

[24] 郝敬：《唐人史注与 "小说 " 观念—以 〈史记索隐〉〈史记正义〉为
      例》，《兰州学刊》2011 年第 1 期。

[25] 牛巧红：《司马贞籍里考辨》，《大家》2012 年第 20 期。

[26] 龙向平：《〈史记索隐〉训诂内容研究》，西南大学 2013 年硕士论文。

[27] 韦琳：《〈史记索隐〉词义训释方法研究》，西南大学 2013 年硕士论文。

[28] 牛巧红：《司马贞〈史记索隐〉研究》，郑州大学 2013 年博士论文。

[29] 王璐：《单行本〈史记索隐〉研究》，陕西师范大学 2020 年博士论文。

附录：

含《史记索隐》的《史记》古本图版

1.《史记集解索隐》，南宋乾道七年（1171）蔡梦弼本"三皇本纪"，据中华再造善本。

2. 《史记集解索隐》，南宋乾道七年（1171）蔡梦弼本"五帝本纪"，据中华再造善本。

五帝本紀第一

史記一、

司馬貞索隱曰紀者記也本其事而記之故曰本紀又紀理也絲縷有紀而帝王書稱紀者言為後代綱紀也

黃帝者　徐廣曰號有熊索隱曰按有土德之瑞土色黃故稱黃帝猶神農火德王而稱炎帝然也孔安國皇甫謐帝王代紀及孫氏註皆以黃帝為五帝之首蓋依大戴禮五帝德又譙周應劭宋均皆以伏羲神農黃帝為三皇少昊顓頊高辛唐虞為五帝譙周字允南蜀人魏散騎常侍嵩之後拜此所引者是其所著古史考之說也

少典之子　熊國君少典諸侯國號索隱曰少典者諸侯國號亦非人名也又按國語云少典娶有蟜氏女生黃帝炎帝然則炎帝亦少典之子炎黃二帝雖則承少典之後但經五百餘年

姓公孫名曰軒轅　甫謐云黃帝生於壽丘長於姬水因以為姓居軒轅之丘因以為名又以為號

生而神靈弱而能言　甫謐云黃帝即言索隱曰潘岳有哀弱子篇其子未能言

幼而徇　索隱曰弱謂幼弱時也蓋未合能言之時而黃帝即言所以為神異也徇齊

3.《史记集解索隐》，南宋淳熙八年（1181）张杅刊耿秉重修本"史记集解序"，据中华再造善本。

史記集解序　裴駰

班固有言曰○索隱曰固字孟堅扶風人後漢明帝時仕至中護軍父彪之太中大夫固撰漢書作司馬遷傳評其作史記所得失故裴駰此序先引之為說也按固之書兼論其得失故裴駰作傳引之為說也　司馬遷據左氏國語○索隱曰左丘明魯太史明所撰上起周穆王下訖敬王其諸侯之事起於古　采世本戰國策○索隱曰世本者之所記也錄黃帝以來帝王諸侯系謚名號也戰國策者劉向所撰記戰國時事高誘云六國時事也　述楚漢春秋○索隱曰漢太中大夫楚人陸賈所撰記項氏與漢興之事　接其後事訖于天漢○索隱曰接拾也音之涉反至武帝年號天漢之末也　其言秦漢詳矣至於采經摭傳○索隱曰摭拾也音之赤反又摭字書分散數家之事甚多疏略或有牴牾者○索隱曰牴音丁禮反摭亦音丁禮反按牴牾之名按今屋攠之攠謂之攠下攠謂也　又其牴牾相拄言其參差也以言敵此二文皆同出一家而自相拄牾也按針柱言其參差也是以言敵此二文皆同出一家而自相拄牾也

4. 《史记集解索隐》，南宋淳熙八年（1181）张杅刊耿秉重修本"五帝本纪"，据中华再造善本。

5. 《史记集解索隐》，蒙古中统二年（1260）段子成刊明修本"史记集解序"，据中华再造善本。

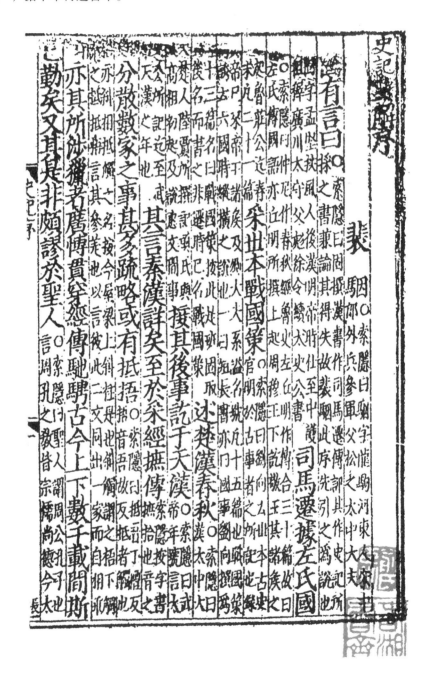

6. 《史记集解索隐》，蒙古中统二年（1260）段子成刊明修本"三皇本纪"，据中华再造善本。

7. 《史记集解索隐》，蒙古中统二年（1260）段子成刊明修本"史记目录"首页，据中华再造善本。

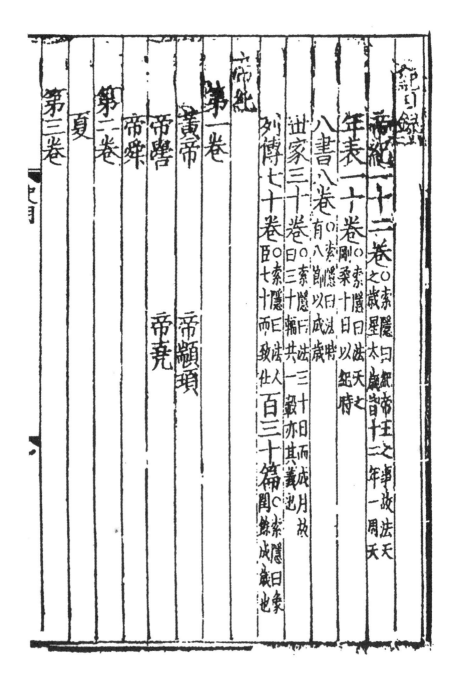

8.《史记集解索隐》，蒙古中统二年（1260）段子成刊明修本 "史记目录"
末页，据中华再造善本。

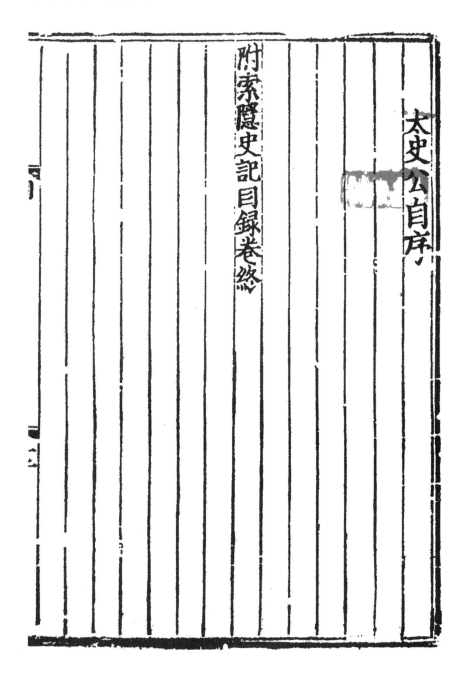

9.《史记集解索隐》，蒙古中统二年（1260）段子成刊明修本"五帝本纪"，据中华再造善本。

10.《史记集解索隐正义》，南宋黄善夫本"史记集解序"，据中华再造善本。

史記集解序

裴駰

司馬貞索隱曰：駰字龍駒，河東聞喜人，宋中郎外兵曹參軍。父松之，字世期，太中大夫，注三國志、宋書，父子同傳。

正義曰：裴駰採九經、諸史并漢書音義及眾書，故題史記集解序。序之目而解之也。孫炎子炎。

云：謂詩端緒之也，孔子作易卦……

班固有言曰

索隱曰：其作史記，固所採漢書之書，兼論其得失。固所撰漢書之書，作司馬遷傳，評其得失。

故裴駰此序先引之為說也。按：固字孟堅，扶風人，後漢書固所撰。漢明帝時仕至中護軍。祖稚，潁川太守。父彪，徐令，後續。

司馬遷

正義曰：子長，馮朔人也，漢武帝時為太史令，撰史記百三十篇。父談，亦為太史令。

太史公書

據左氏國語

索隱曰：左丘明作春秋經，魯史。左丘明作春秋經傳，合三十篇。

史亦為大史令，公書。

11.《史记集解索隐正义》，南宋黄善夫本"三皇本纪"，据中华再造善本。

三皇本紀

補史記

小司馬氏撰并注

小司馬氏云太史公作史記古今君臣宜應上自開闢下迄當代以為一家之首者正以大戴禮有五帝德篇又帝繫世皆敍自黃帝巳下故因以五帝本紀為首既論古史不合全關近代皇甫謐作帝王代紀徐整作三五曆皆論三皇巳來事斯亦近古之一說今坿採而集之作三皇本紀雖復淺近聊補闕云

太皞庖犧氏風姓代燧人氏繼天而王母曰華胥履大人迹於雷澤而生庖犧於成紀蛇身人首按伏犧風姓出國語其華胥已下出帝王世紀然雷澤澤名即舜所漁之地在濟陰成紀亦地名按天水有成紀縣

晉復大人迹於雷澤而生庖犧於成紀蛇身人

聖德仰則觀象於天俯則觀法於地旁觀鳥獸之文與地之宜近取諸身遠取諸物始畫八

12.《史记集解索隐正义》，南宋黄善夫本"五帝本纪"，据中华再造善本。

五帝本紀第一　　史記一

裴駰曰凡是徐氏義稱徐姓名以別之餘者悉是駰
註解并集眾家義○司馬貞索隱曰紀者記也本其
事而記之故曰本紀又紀理也絲縷有紀而帝王書
稱紀者言為後代綱紀也○正義曰鄭玄註中候勑
省圖云德合五帝坐星者稱帝又坤靈圖云德配天
地在正不在私曰帝按太史公依世本大戴禮以黃
帝顓頊帝嚳唐堯虞舜為五帝譙周應劭宋均皆同
而孔安國尚書序皇甫謐帝王世紀孫氏注世本并
以伏羲神農黃帝為三皇少昊顓頊高辛唐虞為五
帝裴松之史目云天子稱本紀諸侯曰世家本者繫
其本紀者理也繫也繫之年月名之年月名之繫
曰紀第者次序之目一者舉數之由故曰五帝本紀
義第一○又曰禮云動則左史書之言則右史書之
云云故記動記言皆為尚書事為春秋之正
史按左陽故置左右
按春秋時置左右史記也

黃帝者
徐廣曰號有熊○索隱曰按有土德之瑞土色黃
故稱黃帝猶神農火德王而稱炎帝然也此以黃

301

13. 《史记集解索隐》，南宋淳熙八年（1181）张杅刊耿秉重修本卷二，据中华再造善本，注意左二行小字"索隐注同今不复具"。

14.《史记集解索隐》，南宋乾道七年（1171）蔡梦弼本卷二，据中华再造善本，注意左一行小字"索隐注同"。

秩祀郊祀也　駟案尚書大傳
曰鳥山大川五嶽四瀆之屬

禹傷先人父鯀功之不成受誅

乃勞身焦思居外十三年過家門不敢入薄衣食致孝于

鬼神　祝融曰祭

卑宮室致費於溝淢　句氏曰方里為井井間有溝溝廣深四尺十里為成成間有洫

陸行乘車水行乘船泥行乘橇　徐廣曰橇一作橇形如箕擿行泥上

山行乘檋　徐廣曰檋一作梮孟康曰檋謂以鐵如錐頭長半寸施之履下以上山不蹉跌也

載四時　王肅曰所以行不違四時之宜也

左準繩右規矩　以開九州通九道

陂九澤度九山令益予衆庶稻可種卑濕命后稷予衆庶

難得之食食少調有餘相給以均諸侯禹乃行相地宜所

有以貢及山川之便利　禹行自冀州始冀州既載

壺口治梁及岐　孔安國曰壺口山在河東北嶽梁山在左馮翊夏陽岐山在右扶風美陽西南

既修太原至于嶽陽　鄭玄曰地理志壺口在河東郡堯所都也　孔安國曰太原今為郡名太原西南山南曰陽

陽　索隱註同

15. 明末毛晋汲古阁本《史记索隐》，据日本公文书馆藏本。

史記集解序

裴駰

班固有言曰：司馬遷據左氏、國語，采世本、戰國策，述楚漢春秋，接其後事，訖于天漢。其言秦、漢詳矣。至於采經摭傳，分散數家之事，甚多疏略，或有抵捂。亦其所涉獵者廣博，貫穿經傳，馳騁古今，上下數千載間，斯已勤矣。又其是非頗繆於聖人，論大道則先黃老而後六經，序遊俠則退處士而進姦雄，述貨殖則崇勢利而羞賤貧，此其所蔽也。然自劉向、揚雄博極群書，皆稱遷有良史之才，服其善序事理，辯而不華，質而不俚，其文直

16. 明末毛晋汲古阁本《史记索隐》卷五，据日本公文书馆藏本。

始皇享國三十七年蘂麗邑生二世皇帝始皇生十三年而立二世

皇帝享國三年蘂宜春趙高為丞相安武侯二世生十二年而立右秦

襄公至二世六百一十歳孝明皇帝十七年十月十五日乙丑日

十二呂政者始皇名也是呂不韋姬有娠莊襄王而生始皇故云呂政

周歷已移仁不代母秦直其位

呂政殘虐然以諸侯

并兼天下極情縱欲養育宗親三十七年

兵無所不加制作政令施於後王蓋得聖人之威河神授圖據狼狐踊

參伐佐政驅除距之稱始皇既歿胡亥愚鄙酈山未畢復作阿房

以遂前策云几所為貴有天下者肆意極欲大臣至欲罷先君所為誅

斯去疾任用趙高痛哉言乎人頭畜鳴不威不伐不篤不虛亡距之

不得醠殘虐以促期雖居形便之國猶不得存子嬰度次得關冠玉佩

華紱車黃屋從百司謁七廟小人乗非位莫不忽失守偷安日日獨

能長念卻慮父子作權近取於戶牖之間竟誅猾臣為君討賊高死之

後賓婚未得盡相勞餐未及下喁酒未及濡脣楚兵已屠關中真人翔

17. 明末毛晋汲古阁本《史记索隐》卷末毛晋跋文，据安平秋先生藏本。

補紀之也

三曰挿提紀四曰合雒紀五曰連通紀六曰序命紀七曰修飛紀八曰
因提紀九曰禪通紀十曰流訖紀當黃帝時制九紀之間是以錄於此

史記索隱卷三十 終

讀史家多尚索隱宋諸儒尤推小司馬史記與小顏氏漢書如日
月並煌故淳熙咸鶴間官本頗多盧漢張介仲削去褚少孫續補
諸篇以索隱為附庸尊正史也趙山甫病非全書取所削者別刊
一帙澄江耿直之又病其未便流覽以少孫所續循此卷第而附
入之雖桐川郡有三刻惟耿本最精余家幸藏桐川本有二摹從
張本恐流俗深人之深難免山甫之嫟擬從耿本恐列三皇本紀
為冠大非太史公象閏餘而成歲之數遂訂裝駢集解而重新焉
每讀至卦遂同異處如宰我未嘗從田橫之類輒不能忘情于小

18. 明末毛晋汲古阁本《史记索隐》卷末毛晋跋文，据安平秋先生藏本。

司馬貞又過一索隱單行本子凡三十卷自序綴於二十八卷之
尾後二卷為贊述為三皇本紀迤北宋秘省大字刊本晉亟亟其
為謬亟貽附于裴駰集解之後真讀史第一快事也尚有問張守
節正義者有有王震澤先生行本在古虞毛晉識
按汴本釋文演注與桐川郡諸刻微有不同如鄭德作鄭玄劉氏
作劉兆姓氏易曉其訛如詩含神霧援引書目豈得作時含神霧
但樂彥通本作樂產未知何據高祖本紀中人乃以嫗為不誠欲
笞之諸本皆然漢書作欲苦之茲本獨作欲告之此類頗多不敢
妄改至如世家世本俱作系家系本避孝唐諱也後人輒為改易
小司馬能無遺憾耶晉又識

19. 元刻本《东莱先生增入正义音注史记详节》“补史记序”与“集解序”，据日本宫内厅书陵部藏本。

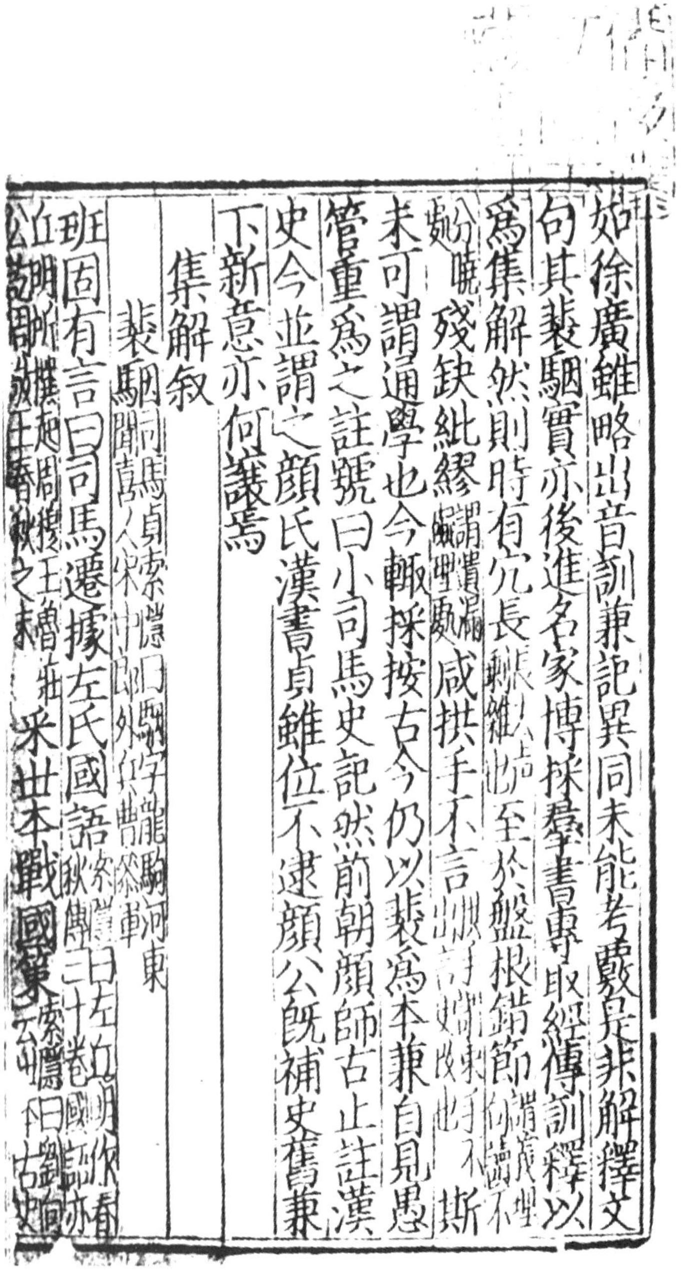

如徐廣雖略出音訓兼記異同未能考覈是非解釋文
句其裴駰實亦後進名家博採羣書專取經傳訓釋以
爲集解然則時有冗長……至於盤根錯節……
……殘缺紕繆……咸拱手不言……斯
未可謂通學也今輒採按古今仍以裴爲本兼自見愚
管重爲之註號曰小司馬史記然前朝顏師古止註漢
史今並謂之顏氏漢書貞雖位不逮顏公既補史舊兼
下新意亦何讓焉

集解叙

裴駰（司馬貞索隱曰駰字龍駒河東聞喜人宋中郎外兵曹參軍）

班固有言曰司馬遷據左氏國語……采世本戰國策……

20. 《史记集解索隐正义》"三皇本纪"，据明嘉靖九年南京国子监刊本。

三皇本紀第一上　史記一上

唐國子博士弘文學士　河内司馬貞補撰并註

大明南京國子監祭酒臣張邦奇司業臣江汝璧奉
敕校刊

大史公作史記古今君臣宜應上自開闢下迄
當代以爲一家之首尾今闕三皇而以五帝爲
首者正以大戴禮有五帝德篇又帝繫篇皆敍自
黃帝以下故因君臣之始教化之先
不合全闕今抑整補之作古史
還載籍罕備然既論古
五曆皆論三皇已來事斯亦近
採而集之作三皇本紀雖亦淺近聊補闕云今並

大皞庖犧氏風姓代燧人氏繼天而王母曰華胥
人迹於雷澤而生庖犧於成紀蛇身人首出
案伏犧風姓出國語其華胥

嘉靖九年刊　史記三皇本紀

21.《史记集解索隐正义》明万历三年南监本"三皇本纪",据日本内阁文库藏本。

三皇本紀

唐國子博士弘文學士河內司馬貞補撰并註

太史公作史記,古今君臣宜應上自開闢下迄當代,以一家之首尾,今關三皇而以五帝為首者,正以大戴禮有五帝德篇,又帝系篇,皆敘自黃帝以下,故因以五帝本紀為首,其實三皇以還,載籍罕備,然君臣之始,教化之先,既論古史,不合全關,近代皇甫謐作帝王代紀,徐整作三五曆,皆論古史,今並採而集之,作三皇本紀,雖復淺近,聊補闕云。

太皞庖犧氏,風姓,代燧人氏繼天而王。母曰華胥,履大人跡於雷澤,而生庖犧於成紀,【按:雷澤,澤名,即舜所漁之澤,在濟陰。成紀亦地名,按天水有成紀縣。】蛇身人首,有聖德,仰則觀象於天,俯則觀法於地,旁觀鳥獸之文與地之宜,近取諸身,遠取諸物,始……

萬曆二年刊……己巳三月……

22.《史记集解索隐正义》明万历二十四年南监本"三皇本纪"，据日本内阁文库藏本。

三皇本紀

史記補

唐國子博士弘文學士　河內司馬貞補撰并註

太史公作史記古今君臣宜應上自開闢下迄當代以為一
家之首尾今闕三皇而以五帝為首者正以大戴禮有五帝
德篇又帝世皆敘自黃帝以下故因以五帝本紀為首其實
三皇已還載籍罕備然君臣之始教化之先既論古史不合
全闕近代皇甫謐作帝王代紀徐整作三五曆皆論三皇已
來事斯亦近古之一證今並採而集之作三皇本紀雖復淺
近聊補
闕云

太皞庖犧氏風姓代燧人氏繼天而王母曰華胥履大人
迹於雷澤而生庖犧於成紀蛇身人首 按伏羲風姓出國語其華胥已下出帝王
世紀然雷澤澤名卽舜所漁之地在
濟陰成紀亦地名按天水有成紀縣
有聖德仰則觀象於天俯
則觀法於地旁觀鳥獸之文與地之宜近取諸身遠取

萬曆二十四年刊

311

23.《史记集解索隐正义》明万历二十六年北监本"三皇本纪",据日本内阁文库藏本。

史記卷一上　三皇本紀第一上

唐國子博士弘文學士　河內司馬貞補撰并註

皇明朝列大夫國子監祭酒　臣劉應秋

承直郎國子監司業　臣楊道賓等奉

勅重校刊

太史公作史記古今君臣宜應上自開闢下迄當代以爲一家之首尾今闕三皇而以五帝爲首者以大戴禮有五帝德篇又帝繫篇皆敘自黃帝以下故因以五帝本紀爲首其實三皇已還載籍罕備然君臣之始教化之先既論古史不合全闕近代皇甫謐作帝王代紀徐整作三五曆皆敘三皇已來事斯亦近古之一證今並採而集之作三皇本紀雖復淺近聊補闕云

太皞庖犧氏風姓代燧人氏繼天而王母曰華胥履大

萬曆二十六年刊

24. 《史记评林》，据天津古籍出版社 1998 年影印明李光缙增补本。右四行小字"真实"，"真"字内缺一横。

25. 《史记集解索隐正义》，据民国五年（1916）涵芬楼影印清乾隆四年（1739）武英殿校刊本。

26.《史记索隐》"史记集解序"，据清光绪十九年（1893）广雅书局翻刻本。

史記集解序

裴　駰

駰字龍駒河東人宋中大夫外兵參軍父松之太中大夫仲尼作經兼論

班固有言曰（固撰漢書作司馬遷傳評其作史記先引之爲說也按固字孟堅扶風人後漢明帝時仕至中護軍此序先引之爲說也按固字孟堅）

司馬遷據左氏國語（左氏魯史左丘明作傳合三十篇故曰左氏也國語亦左丘明所撰凡二十一篇起周穆王下訖魯敬王作徐令合三十篇故曰左氏諸侯之事起魯莊公於古春秋末上明所撰續太史公書也）

采世本戰國策（世本古史官所記黃帝以來帝王諸侯卿大夫系諡名號凡十五篇也戰國策高誘云六國時縱橫之說也）

述楚漢春秋（氏與漢之高祖初起及項籍楚漢之事陸賈所撰也）

迄至武帝年號天漢之年也

事記于天漢（按字書撫拾之赤反撫亦針相抵觸謂之抵捂謂之抵捂言其參差也）

其言秦漢詳矣至於采經

擄傳（音之赤反撫也故反抵者觸也直抵觸皆曰抵針觸謂之捂下觸謂之抵捂言以言彼此二文同出也一家而自相乖忤也）

分散數家之事甚多疏略或有抵捂（抵音丁禮反捂音吾是抵梧斜柱也按今屋梁上斜柱曰抵捂）

亦其所涉獵者廣博貫穿經傳馳騁古今上

廣雅書局梓

一

315

27.《史记索隐》"史记索隐第一"，据清光绪十九年（1893）广雅书局翻刻本。

史記索隱卷第一

五帝本紀第一

黃帝

小司馬氏撰

紀者，記也。本其事而記之，故曰本紀。又紀，理也，絲縷有紀。而帝王書稱紀者，言為後代綱紀也。五帝，黃帝、顓頊、高辛、唐、虞也。

按：有土德之瑞，土色黃，故稱黃帝。猶神農火德王而稱炎帝然也。此以黃帝為五帝之首，蓋依大戴禮五帝德。又譙周、宋均亦以為然。而孔安國、皇甫謐帝王代紀及孫氏注系本，並以伏羲、神農、黃帝為三皇，少昊、顓頊、高辛、唐、虞為五帝。

少典之

少典者，諸侯國號，非人名也。又按：國語云少典娶有蟜氏女，生黃帝、炎帝。然則炎帝亦少典之子。炎、黃二帝雖則相承，如帝王代紀中間凡隔八帝。五百餘年，若以少典是其父名，豈黃帝經五百餘年而始代炎帝後為天子乎？何其年之長也！

子

少典氏又稱有熊國君，乃少典氏之子，即黃帝也。而國語云少典娶有蟜氏女，是少典之妻。既稱黃帝，即黃帝之父，是其父名也。

軒轅

黃帝生於壽丘，長於姬水，因以為姓。居軒轅之丘，因以為名，又以為號。

弱而能言

弱謂幼弱時也。蓋未合能言之時而黃帝即言，所以為神異也。潘岳有哀弱子篇，其子未七旬曰弱。徇齊，皆德也。

徇齊

斯文未是。今按：徇，疾；齊，速也。言聖德幼而疾速也。又按：玄子是也。皇甫謐帝王代紀云居軒轅之丘，因以為名，又以為號。

（廣雅書局校）